Peking University
Cultural Industries Review

北大文化产业评论

2015 年

主编◎叶　朗

执行主编◎陈少峰　向　勇　张立波

華文出版社
SINO-CULTURE PRESS

图书在版编目（CIP）数据

北大文化产业评论 . 2015 年 / 叶朗主编 .
—北京：华文出版社，2015. 10
ISBN 978 - 7 - 5075 - 4387 - 2

Ⅰ. ①北… Ⅱ. ①叶… Ⅲ. ①文化产业—研究 Ⅳ. ①G114

中国版本图书馆 CIP 数据核字（2015）第 244760 号

北大文化产业评论 2015 年

主　　编：叶　朗
责任编辑：韦玉莲　徐日莉
出版发行：华文出版社
地　　址：北京市西城区广外大街 305 号 8 区 2 号楼
邮政编码：100055
网　　址：http：//www. hwcbs. com. cn
投稿邮箱：hwcbs@ 126. com
电　　话：总编室 010 - 58336210　责任编辑 010 - 58336222
发行部 010 - 58336270　010 - 58336267
经　　销：新华书店
印　　刷：三河市宏盛印务有限公司
开　　本：710mm × 1000mm　1/16
印　　张：17. 5
字　　数：280 千
版　　次：2015 年 11 月第 1 版
印　　次：2015 年 11 月第 1 次印刷
标准书号：ISBN 978 - 7 - 5075 - 4387 - 2
定　　价：60. 00 元

主　办

北京大学文化产业研究院

编写委员会

主　　编　叶　朗

执行主编　陈少峰　向　勇　张立波

目　录 CONTENTS

全国公共文化投入均等化差距检测

Testing Equipotent Gap of the Countrywide Public Culture Investment

王亚南[①]

Wang Yanan

摘要： 把公共文化投入增长放到经济、财政增长相关背景中，放到教科文卫综合投入增长的相邻关系中，放到文化投入人均值地区差与均等化理想的差距检测中，全面检验各方面增长的协调性和均衡性。按照2000～2012年平均增速测算，假设实现产值→财政支出→教科文卫综合投入→文化投入历年各项最佳比值“应然增长”，2012年全国文化投入应达到4057.13亿元；假设实现各地文化投入均等化“理想增长”，2012年全国文化投入应达到9342.27亿元，而实际总量仅为2268.35亿元。

关键词： 全国省域；文化投入；地区差距；均等化

Abstract: By referring the public culture investment growth to national economic growth and revenue increase, comparing against the overall growth of educational, scientific, cultural, healthcare investment, and testing the gap between regional differences of per capita culture input and the ideal of equalization, we can evaluate comprehensively the coordination and balance of all aspects of growth. Based upon the average growth rate from 2000 to 2012, if it should get the ought-to-be growth at the best ratio over the years in terms of the production value, the fiscal expenditure, the E. S. C. H. investment and the culture investment, it would reach 405.713 billion yuan in 2012; if the ideal

① 王亚南，云南省社会科学院研究员，文化研究中心主任，中国文化消费需求景气评价中心首席科学家，中国社会科学院创新工程学术出版项目《中国文化消费需求景气评价报告》及《中国文化产业供需协调检测报告》、《中国公共文化投入增长测评报告》主编，主要从事文化理论、文化战略和文化产业研究。

growth of the equal culture investment should realize, it would reach 934. 227 billion yuan in 2012. But it actually is only 226. 835 billion yuan in 2012.

Key words: across the provinces; cultural investment; interlocal gap; equalization

研究中国任何全局性问题，都不能回避城乡差距和地区差距；研究公共服务均等化课题，更是必须直面这两大社会鸿沟。公共文化服务和公共文化投入的均等化目标已经正式进入“社会议题”，目前现实差距如何有必要首先厘清。公共文化投入人均值演算结果是衡量均等化的重要基准，只有基于人均值才能检测各地文化投入高低，进而看到各地之间的地区差距。更为重要的是，逐步缩小直至消除文化投入地区差距，实现公共文化服务均等化势在必行，唯有实现文化投入人均值的均等化，才谈得上文化服务条件和服务质量的均等化。

本文运用多年前立足“中国现实”特地创制的“地区差”指数[①]，基于全国及各地产值、财政收入、支出及教科文卫投入各类人均值检测地区差距，这对于检验当前公共财政、公共文化服务的均等化目标距离至关重要。基础数据来源为国家统计局《中国统计年鉴》历年卷，2012 年数据为截至此文撰稿时正式出版发布的最新数据。因基础数据未提供文化投入的城乡投向，故缺反映“中国现实”同样极为重要的“城乡比”指数，实在遗憾。

一、全国公共文化投入的地区差距

2000 ~ 2012 年全国文化投入人均值地区差变动态势见图 1。图中将东部、中部、西部和东北四大区域文化投入人均绝对值转换为图形面积直观比例，并设置动态曲线标明全国文化投入人均值地区差变动态势，另附全国文化消费人均值地区差。必须说明，全国地区差指数基于全部 31 个省域相应数值进行演算，此处仅仅出于制图可行考虑，姑且以四大区域代替 31 个省域作为示意。

全国文化投入人均值地区差指数大小及其扩减变化，取决于全国与 31 个省域文化投入人均值关系及其历年增长变动差异。鉴于直接使用 31 个省域数据无

① 详见王亚南主编《中国文化消费需求景气评价报告（2011）》，社会科学文献出版社，2011 年 7 月。该报告对“地区差”指标研制及改进过程有详细说明。

法融入一图，在此权变使用四大区域数据演示，以 2012 年数据为例加以说明。

首先，对照图 4 以 2012 年全国文化投入人均值为基准 1，取同年四大区域人均值与之形成商值，东部整体为 1. 0128，即高于全国人均值 1. 28%；东北整体为 0. 9445，即低于全国人均值 5. 55%；中部整体为 0. 6028，即低于全国人均值 39. 72%；西部整体为 1. 0915，即高于全国人均值 9. 15%。到此看出本项研究为何坚持保留地区差指数 4 位小数，转化为高低偏差值百分数之际，正好对应成为 2 位小数百分值。

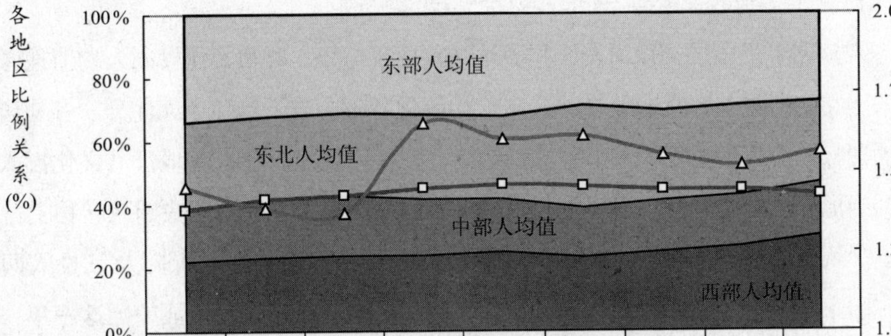

	2000年	2005年	2006年	2007年	2008年	2009年	2010年	2011年	2012年
东部文化投入	28.61	62.67	72.15	74.43	92.06	112.94	129.24	147.96	170.09
东北文化投入	23.26	50.01	61.02	62.28	75.59	127.83	118.31	143.96	158.61
中部文化投入	14.12	35.33	44.17	41.77	48.27	62.14	68.06	83.84	101.23
西部文化投入	19.13	44.86	55.53	56.69	72.21	91.20	104.49	136.84	183.31
投入地区差	1.4571	1.3890	1.3748	1.6581	1.6054	1.6169	1.5536	1.5236	1.5659
消费地区差	1.3836	1.4140	1.4260	1.4473	1.4593	1.4555	1.4422	1.4445	1.4295

图 1：2000 ~ 2012 年全国文化投入人均值地区差变动态势

左轴面积：四大区域（代替 31 省域示例）文化投入人均值（元转换为%），地区间变动呈比例关系；右轴曲线：全国文化投入人均值地区差指数（无差距 =1，为检测细微差异，取 4 位小数），另附全国文化消费人均值地区差指数。囿于制图篇幅限制，图中“九五”和“十五”末年直接对接，文中描述数据增长变化以 2005 年为起点，以便对照。

其次，把四大区域示例数值转换为对应全国均值基准 1 的绝对偏差值，无论高于全国均值，还是低于全国均值，只看各地的绝对偏离程度，东部整体为 0. 0128，东北整体为 0. 0555，中部整体为 0. 3972，西部整体为 0. 0915。假设这里得出 31 个省域数值，则先求合计数再取平均值，得到与全国均值基准 1 对应的全部省域人均值之绝对偏差值的平均值。若再予细分，人均值高于全国均值的省域地区差为与全国均值的倍差值，人均值低于全国均值的省域地区差逆向演算，为全国均值与其人均值的倍差值。这两种演算统一即为绝对偏差值再加全国均值基准 1。

最后，各省域人均值之绝对偏差值与全国均值基准 1 之和，即为当地自身地区差；31 个省域人均值之绝对偏差值的平均值与基准 1 之和，即为全国总体地区差；四大区域所属省域人均值之绝对偏差值的平均值与基准 1 之和，即为四大区域各自整体地区差。四大区域和全国地区差演算方式相同，而非取四大区域各自整体绝对偏差值，因而示例演算无须最后一步。这一切均在数据库里设置为演算函数程序，指令计算机自动实现。本项研究测评体系的演算衍生数据量巨大，指标检测工艺流程复杂，绝非人力手工能够完成。

对比图 1 里全国文化消费人均值地区差历年指数，可知文化投入人均值地区差明显大于文化消费人均值地区差，这在“均等化”理念之下难免令人诧异。各地居民文化消费状况受到当地收入水平、消费结构、积蓄传统等影响，各地公共文化投入状况受到当地经济发展程度、财政收入水平、财政支出平衡（包括中央财政转移支付）等影响。认真说起来，在各地居民收入及其消费支出、公共财政保障及其投入两个方面，国家及中央财政显然都有责任在其间起到平衡器的作用，保证中国这一单一制共和国的“国民待遇”基本均衡。这就是“均等化”理想的宪政法理依据。

从图 1 中 2000 ~ 2012 年数据看来，西部整体文化投入人均值从全国人均值的 80.42% 提高至 109.15%，显然得到中央财政专项转移支付的大力扶持；中部整体文化投入人均值从全国人均值的 59.39% 提高至 60.28%，公共财政投入的“中部文化塌陷”事实赫然在目。若干年以来，中部一直为避免在全国经济发展中“塌陷”而努力“崛起”，然而，当务之急还在于尽快扭转公共财政投入的“中部文化塌陷”。其实已在“中部崛起”国家战略中颇多获益的中部各省域并非没有这样的财力，问题恐怕还在于是否真正重视公共文化服务发展不至于“塌陷”。

到此集中来看全国总体地区差。2000 ~ 2012 年，全国文化投入人均值地区差指数由 1.4571 扩大为 1.5659，扩大了 7.47%。其中，“十五”期间缩小 4.67%，“十一五”期间扩大 11.85%，“十二五”前两年扩大 0.79%。地区差指数历年起伏变化（2000 ~ 2015 年因制图局限略去），2006 年、2008 年、2010 ~ 2011 年 4 个年度地区差缩小，2007 年、2009 年、2012 年 3 个年度地区差扩大，前后对比总体处于扩大态势。最小地区差为 2006 年 1.3748，最大地区差为 2007 年 1.6581。数据事实让人不得不承认，正值当今社会普遍形成“公共服务（包括文化服务）均等化”共识之时，全国文化投入人均值地区差却呈现扩大之势，这无疑已经构成一种不容忽视的“逆动”效果。

实际上，自2000年以来，在“全面建成小康社会”进程中，国家、各级政府及其公共财政已经做出了应有努力，并且取得了实质性的重大进展。就以本文涉及的全国及各地产值、财政收入和支出，以及教育、科技、卫生投入相关背景数据，运用本项测评体系的后台演算数据库展开分析。

2000~2012年，在文化投入的相关背景方面，全国产值人均值地区差在2006~2008年、2010~2012年6个年度缩小，在2009年1个年度扩大，前后对比总体呈现为缩小；财政收入人均值地区差在2006年、2008~2012年6个年度缩小，在2007年1个年度扩大，前后对比总体呈现为缩小；财政支出人均值地区差在2006~2012年7个年度缩小，前后对比总体呈现为缩小。

在文化投入的相邻关系方面，全国教育投入人均值地区差在2006~2008年、2010~2012年6个年度缩小，在2009年1个年度扩大，前后对比总体呈现为缩小；科技投入人均值地区差在2007~2008年、2010~2012年5个年度缩小，在2006年、2009年2个年度扩大，前后对比总体呈现为缩小；卫生投入人均值地区差在2006~2012年7个年度缩小，前后对比总体呈现为缩小。

必须注意到，在此全面检测全国产值、财政收入和支出，以及教科文卫投入各类人均值地区差变动态势，除了文化投入以外，其余各类数据的地区差皆呈现缩小态势，而且均在2012年缩减至历年最小值。全国各地经济、财政收入和支出，以及教育、科技、卫生投入“均等增长”，正在逐渐成为现实，而不再仅仅是一种追求中的理想。与之相比，文化投入增长的差距不但表现在数量的可比性之上，而且表现在质量的可比性之上。以人均值衡量的公共文化投入均等化进展明显滞后，而公共文化投入均等化恰恰是公共文化服务均等化的基础。

二、财政支出增长系数的均衡性检验

本项研究测评首先需要提取财政支出历年数据与产值历年数据加以比较，检测财政支出与产值比变动态势，并将此项比值界定为“财政支出增长系数”。此项系数的增长协调性分析已有另文处理①，这里集中于各地产值、财政收入和支

① 参看王亚南《中国公共文化投入的应有增长空间》，《中国文化创新报告（2015）》，社会科学文献出版社，2015年7月。

出增长均衡性分析。2012 年各地产值、财政收入和支出人均值对比见图 2，可供详细检测全国及各地产值、财政收入和支出三项人均值地区差指数的差异。

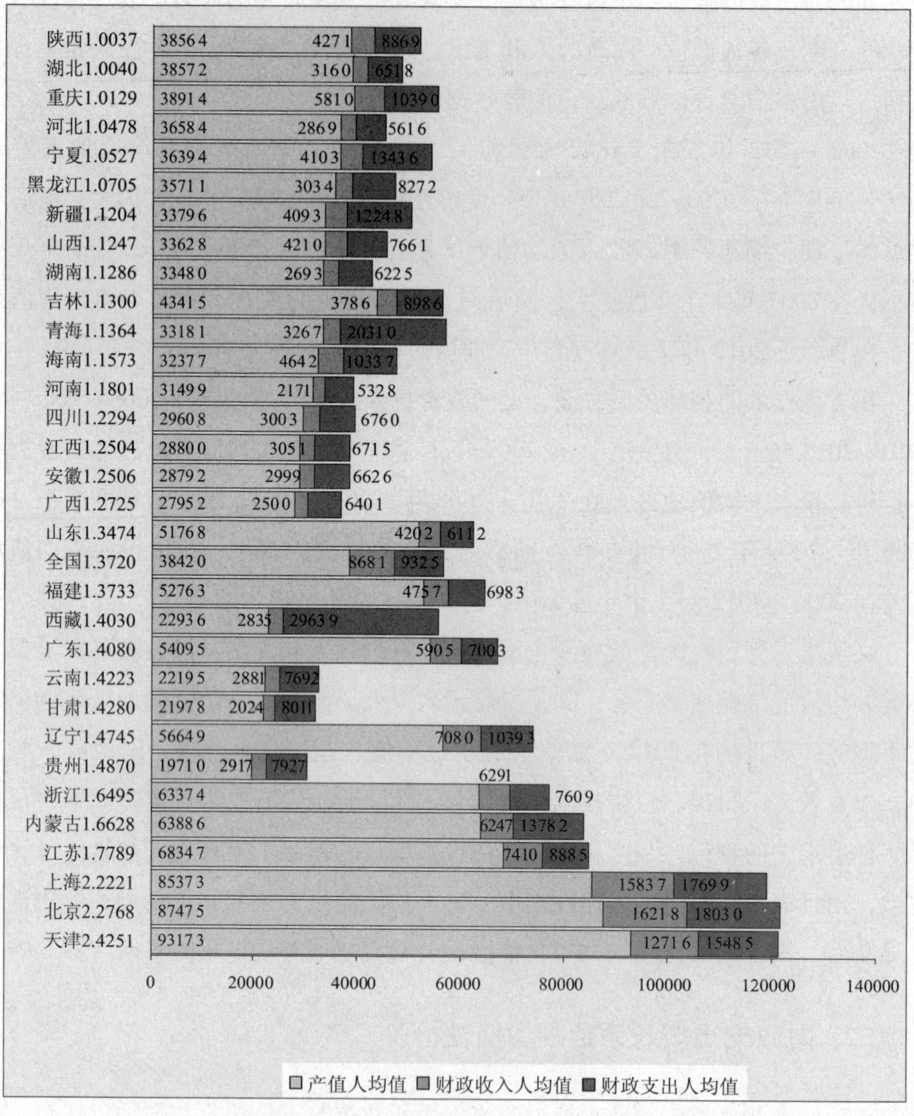

图 2：2012 年全国及各地产值、财政收入、财政支出人均值对比

坐标轴：产值人均值地区差（无差距 =1），按从小到大序自上而下排列；管状：人均值（因图中显示空间局限而取整数），左为产值，中为财政收入，右为财政支出。

依照本项研究独创的地区差距指标检测，2012 年，全国产值人均值的地区差为 1.3720，财政收入人均值的地区差为 1.5558（制图限制省略数据，演算方式相同，后财政支出人均值地区差亦然），财政支出人均值的地区差为 1.3856。这就是说，基于各地产值、财政收入和支出三项人均值数据分别演算，31 个省域产值人均值与全国总体人均值之绝对偏差值的平均值为 0.3720 或 37.20%；财政收入人均值与全国总体人均值之绝对偏差值的平均值为 0.5558 或 55.58%；财政支出人均值与全国总体人均值之绝对偏差值的平均值为 0.3856 或 38.56%。

根据本项测评体系的后台演算数据库筛查，2000 年以来，全国产值人均值地区差的最小（最佳）值为 2012 年 1.3720，最大值为 2005 年 1.5044。现有实际地区差指数值即为最佳值，“均衡增长”差距缩小，检测演算结果不变。

18 个省域产值人均值地区差小于全国总体地区差，按地区差大小倒序为陕西、湖北、重庆、河北、宁夏、黑龙江、新疆、山西、湖南、吉林、青海、海南、河南、四川、江西、安徽、广西、山东；13 个省域产值人均值地区差大于全国总体地区差，按地区差大小倒序为福建、西藏、广东、云南、甘肃、辽宁、贵州、浙江、内蒙古、江苏、上海、北京、天津。其中，陕西产值人均值地区差处于首位，低至全国总体地区差的 73.16%；天津产值人均值地区差处于末位，高达全国总体地区差的 176.76%。

根据本项测评体系的后台演算数据库检验，2012 年计有北京、上海、浙江、广东、安徽、湖北、江西、湖南、陕西、宁夏、甘肃、青海、重庆、四川、贵州、广西 16 个省域产值人均值的地区差为 2000 年以来历年最佳（最小）值。这意味着，其余 15 个省域在此项指标检测中存在着地区之间既有“均衡增长”的“应然差距”。在这 15 个省域里，河南此项地区差检测差距最小，其现有实际值大于历年最佳值 0.56%；内蒙古此项地区差检测差距最大，其现有实际值大于历年最佳值 60.67%。

2000 年以来，全国财政收入人均值地区差的最小（最佳）值为 2012 年 1.5558，最大值为 2004 年 1.7037。现有实际地区差指数值即为最佳值，“均衡增长”差距缩小，检测演算结果不变。

14 个省域财政收入人均值地区差小于全国总体地区差，按地区差大小倒序为江苏、辽宁、浙江、内蒙古、广东、重庆、福建、天津、海南、陕西、山西、山东、宁夏、新疆；17 个省域财政收入人均值地区差大于全国总体地区差，按地区差大小倒序为吉林、青海、湖北、江西、黑龙江、四川、安徽、贵州、云南、河北、西藏、湖南、广西、河南、甘肃、上海、北京。其中，江苏财政收入人均值地区差处于首位，低至全国总体地区差的73.69%；北京财政收入人均值地区差处于末位，高达全国总体地区差的120.08%。

根据本项测评体系的后台演算数据库检验，2012年计有北京、江苏、上海、海南、吉林、辽宁、河南、安徽、湖北、江西、湖南、内蒙古、宁夏、甘肃、青海、新疆、重庆、四川、贵州、西藏20个省域财政收入人均值的地区差为2000年以来历年最佳（最小）值。这意味着，其余11个省域在此项指标检测中存在着地区之间既有“均衡增长”的“应然差距”。在这11个省域里，广西此项地区差检测差距最小，其现有实际值大于历年最佳值0.29%；广东此项地区差检测差距最大，其现有实际值大于历年最佳值30.31%。

2000年以来，全国财政支出人均值地区差的最小（最佳）值为2012年1.3856，最大值为2002年1.5040。现有实际地区差指数值即为最佳值，“均衡增长”差距缩小，检测演算结果不变。

22个省域财政支出人均值地区差小于全国总体地区差，按地区差大小倒序为吉林、江苏、陕西、海南、黑龙江、重庆、辽宁、甘肃、贵州、云南、山西、浙江、广东、福建、四川、江西、安徽、湖北、新疆、广西、湖南、山东；9个省域财政支出人均值地区差大于全国总体地区差，按地区差大小倒序为河北、河南、宁夏、内蒙古、天津、上海、北京、青海、西藏。其中，吉林财政支出人均值地区差处于首位，低至全国总体地区差的74.79%；西藏财政支出人均值地区差处于末位，高达全国总体地区差的229.38%。

根据本项测评体系的后台演算数据库检验，2012年计有北京、山东、上海、河南、安徽、湖北、江西、湖南、贵州、广西、云南11个省域财政支出人均值的地区差为2000年以来历年最佳（最小）值。这意味着，其余20个省域在此项指标检测中存在着地区之间既有“均衡增长”的“应然差距”。在这20个省域里，河北此项地区差检测差距最小，其现有实际值大于历年最佳值0.06%；青海此项地区差检测差距最大，其现有实际值大于历年最佳值106.15%。

三、教科文卫投入增长系数的均衡性检验

本项研究测评需要提取教科文卫综合投入历年数据与财政支出历年数据加以

比较，检测教科文卫综合投入占财政支出比变动态势，并将此项比值界定为“教科文卫投入增长系数”。此项系数的增长协调性分析已有另文处理①，这里集中于各地教育、科技、卫生投入增长均衡性分析。2012 年各地教育、科技、卫生投入人均值对比见图 3，可供详细检测全国及各地教育、科技和卫生投入三项人均值地区差指数的差异。

依照本项研究独创的地区差距指标检测，2012 年，全国教育投入人均值的地区差为 1.2497，科技投入人均值的地区差为 1.7081（制图限制省略数据，演算方式相同，后卫生投入人均值地区差亦然），卫生投入人均值的地区差为 1.2477。这就是说，基于各地教育、科技和卫生投入三项人均值数据分别演算，31 个省域教育投入人均值与全国总体人均值之绝对偏差值的平均值为 0.2497 或 24.97%；科技投入人均值与全国总体人均值之绝对偏差值的平均值为 0.7081 或 70.81%；卫生投入人均值与全国总体人均值之绝对偏差值的平均值为 0.2477 或 24.77%。

根据本项测评体系的后台演算数据库筛查，2000 年以来，全国教育投入人均值地区差的最小（最佳）值为 2012 年 1.2497，最大值为 2000 年 1.4524。现有实际地区差指数值即为最佳值，“均衡增长”差距缩小，检测演算结果不变。

24 个省域教育投入人均值地区差小于全国总体地区差，按地区差大小倒序为山西、浙江、重庆、福建、吉林、宁夏、辽宁、云南、贵州、江苏、甘肃、广东、黑龙江、江西、内蒙古、山东、海南、湖北、陕西、广西、四川、湖南、安徽、河北；7 个省域教育投入人均值地区差大于全国总体地区差，按地区差大小倒序为河南、新疆、天津、上海、青海、北京、西藏。其中，山西教育投入人均值地区差处于首位，低至全国总体地区差的 81.21%；西藏教育投入人均值地区差处于末位，高达全国总体地区差的 157.39%。

根据本项测评体系的后台演算数据库检验，2012 年计有北京、天津、上海、浙江、河南、湖北、江西、湖南、重庆、四川、贵州 11 个省域教育投入人均值的地区差为 2000 年以来历年最佳（最小）值。这意味着，其余 20 个省域在此项指标检测中存在着地区之间既有“均衡增长”的“应然差距”。在这 20 个省域里，宁夏此项地区差检测差距最小，其现有实际值大于历年最佳值 0.25%；青海

① 参看王亚南《中国公共文化投入的应有增长空间》，《中国文化创新报告（2015）》，社会科学文献出版社，2015 年 7 月。

此项地区差检测差距最大，其现有实际值大于历年最佳值 89.38%。

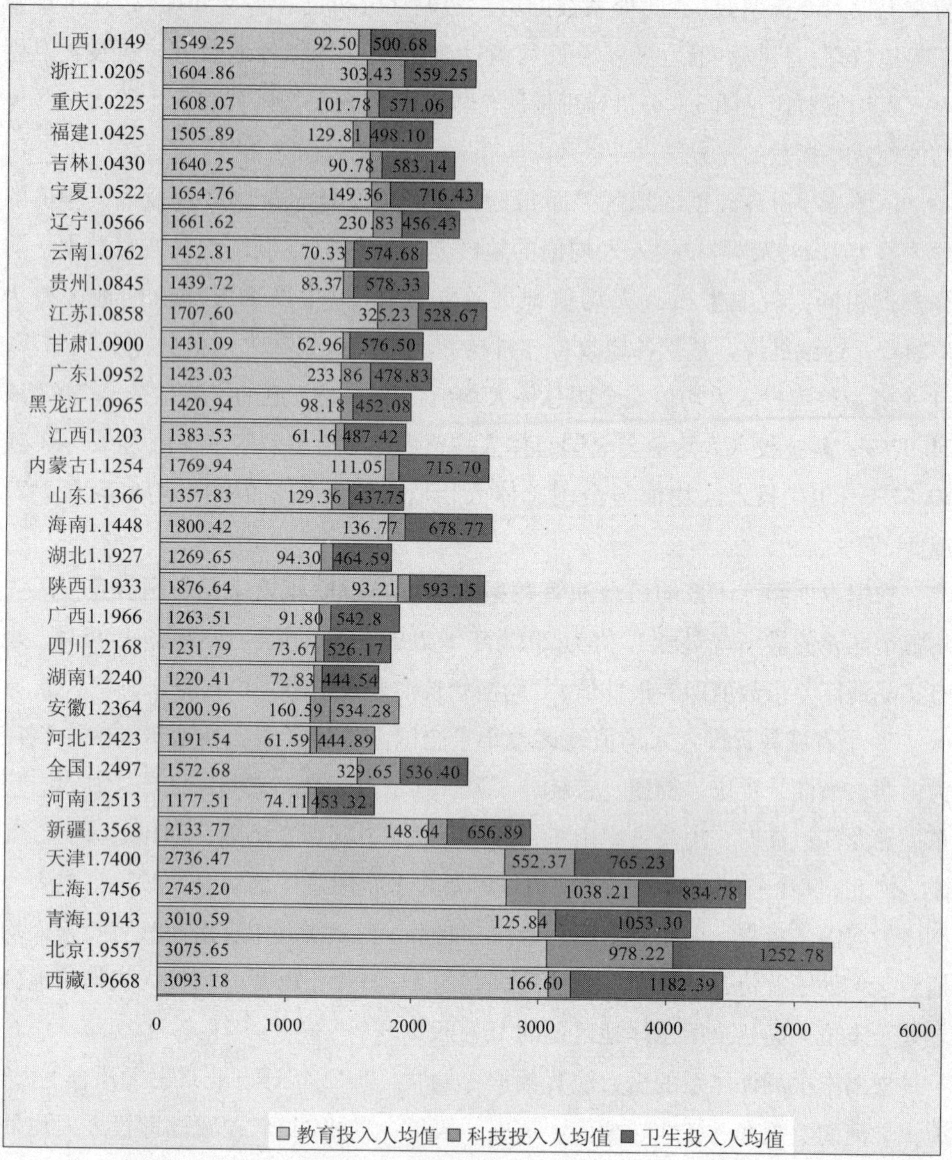

图 3：2012 年全国及各地教育、科技、卫生投入人均值对比

坐标轴：教育投入人均值地区差（无差距 =1），按从小到大顺序自上而下排列；管状：人均值，左为教育投入，中为科技投入，右为卫生投入。

2000 年以来，全国科技投入人均值地区差的最小（最佳）值为 2012 年 1.7081，最大值为 2009 年 1.8297。现有实际地区差指数值即为最佳值，“均衡增长”差距缩小，检测演算结果不变。

16个省域科技投入人均值地区差小于全国总体地区差，按地区差大小倒序为江苏、浙江、广东、辽宁、西藏、安徽、宁夏、新疆、海南、福建、山东、青海、内蒙古、天津、重庆、黑龙江；15个省域科技投入人均值地区差大于全国总体地区差，按地区差大小倒序为湖北、陕西、山西、广西、吉林、贵州、河南、四川、湖南、云南、甘肃、河北、江西、北京、上海。其中，江苏科技投入人均值地区差处于首位，低至全国总体地区差的59.33%；上海科技投入人均值地区差处于末位，高达全国总体地区差的184.38%。

根据本项测评体系的后台演算数据库检验，2012年仅有北京、江苏、海南、河南、安徽、湖北6个省域科技投入人均值的地区差为2000年以来历年最佳（最小）值。这意味着，其余25个省域在此项指标检测中存在着地区之间既有“均衡增长”的“应然差距”。在这25个省域里，山东此项地区差检测差距最小，其现有实际值大于历年最佳值0.27%；天津此项地区差检测差距最大，其现有实际值大于历年最佳值65.45%。

2000年以来，全国卫生投入人均值地区差的最小（最佳）值为2012年1.2477，最大值为2000年1.6569。现有实际地区差指数值即为最佳值，“均衡增长”差距缩小，检测演算结果不变。

23个省域卫生投入人均值地区差小于全国总体地区差，按地区差大小倒序为安徽、广西、江苏、四川、浙江、重庆、山西、云南、福建、甘肃、贵州、吉林、江西、陕西、广东、湖北、辽宁、河南、黑龙江、河北、湖南、山东、新疆；8个省域卫生投入人均值地区差大于全国总体地区差，按地区差大小倒序为海南、内蒙古、宁夏、天津、上海、青海、西藏、北京。其中，安徽卫生投入人均值地区差处于首位，低至全国总体地区差的80.47%；北京卫生投入人均值地区差处于末位，高达全国总体地区差的187.19%。

根据本项测评体系的后台演算数据库检验，2012年计有北京、山东、上海、浙江、河南、安徽、新疆、四川、广西、云南、西藏11个省域卫生投入人均值的地区差为2000年以来历年最佳（最小）值。这意味着，其余20个省域在此项指标检测中存在着地区之间既有“均衡增长”的“应然差距”。在这20个省域里，天津此项地区差检测差距最小，其现有实际值大于历年最佳值0.04%；青海此项地区差检测差距最大，其现有实际值大于历年最佳值39.87%。

四、文化投入增长系数的均衡性检验

本项研究测评最后需要提取文化投入历年数据与教科文卫综合投入历年数据加以比较，检测文化投入占教科文卫综合投入比变动态势，并将此项比值界定为“文化投入增长系数”。此项系数的增长协调性分析已有另文处理①，这里集中于各地文化投入增长均衡性分析。2012 年各地文化投入人均值对比见图 4，可供详细检测全国及各地文化投入人均值地区差指数的差异。

依照本项研究独创的地区差距指标检测，2012 年，全国文化投入人均值的地区差为 1.5659。这就是说，基于各地文化投入人均值数据分别演算，31 个省域文化投入人均值与全国总体人均值之绝对偏差值的平均值为 0.5659 或 56.59%。

根据本项测评体系的后台演算数据库筛查，2000 年以来，全国文化投入人均值地区差的最小（最佳）值为 2006 年的 1.3748，最大值为 2007 年的 1.6581。现有实际地区差指数值大于最佳值 13.90%，“均衡增长”差距显著扩大。按照本项测评体系所设置的指标及其方法检验，这就是 2000 年以来全国各地之间文化投入增长保持既有均衡“最佳状态”的“应然差距”。

25 个省域文化投入人均值地区差小于全国总体地区差，按地区差大小倒序为山西、浙江、吉林、辽宁、四川、江苏、贵州、甘肃、云南、广东、福建、黑龙江、安徽、山东、重庆、宁夏、海南、湖北、江西、广西、陕西、湖南、河北、天津、河南；6 个省域文化投入人均值地区差大于全国总体地区差，按地区差大小倒序为上海、新疆、青海、内蒙古、北京、西藏。其中，山西文化投入人均值地区差处于首位，低至全国总体地区差的 64.17%；西藏文化投入人均值地区差处于末位，高达全国总体地区差的 301.04%。

根据本项测评体系的后台演算数据库检验，2012 年仅有天津、上海、浙江、四川 4 个省域文化投入人均值的地区差为 2000 年以来历年最佳（最小）值。这意味着，其余 27 个省域在此项指标检测中存在着地区之间既有“均衡增长”的“应然差距”。在这 27 个省域里，山西此项地区差检测差距最小，其现有实际值

---

① 参看王亚南《中国公共文化投入的应有增长空间》，《中国文化创新报告（2015）》，社会科学文献出版社，2015 年 7 月。

大于历年最佳值0.20%；西藏此项地区差检测差距最大，其现有实际值大于历年最佳值98.80%。

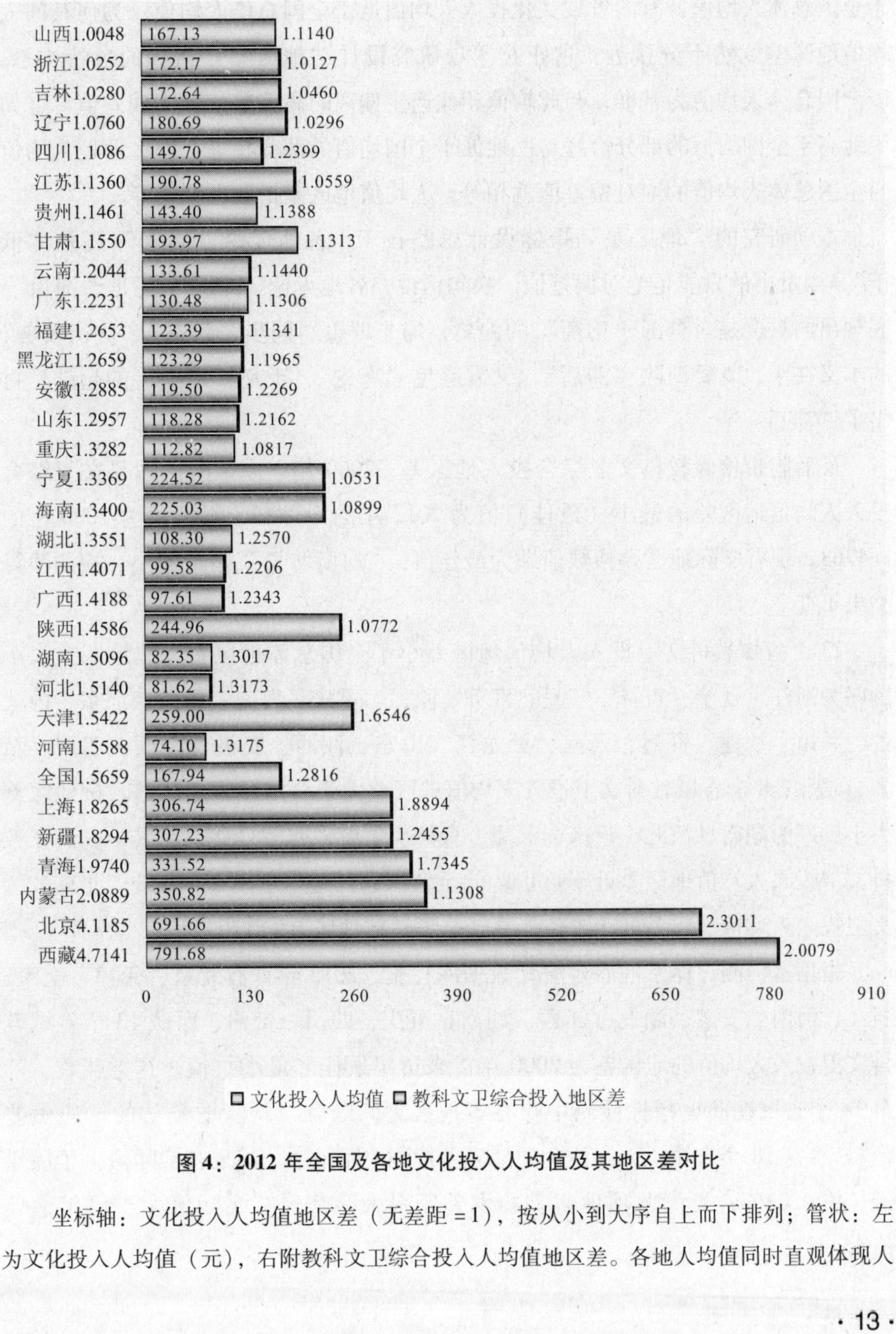

图4：2012年全国及各地文化投入人均值及其地区差对比

坐标轴：文化投入人均值地区差（无差距=1），按从小到大序自上而下排列；管状：左为文化投入人均值（元），右附教科文卫综合投入人均值地区差。各地人均值同时直观体现人均值地区差距。

在此有必要说明，如图4所示，相邻各地之间，有的省域文化投入人均值高于全国总体人均值，有的省域文化投入人均值低于全国总体人均值，为何其间人均值地区差竟然十分接近？这正是本项研究设计“地区差”指标的独特构思。以全国总体人均值为基准，与此均值相比产生偏离的高低数值皆为偏差值。譬如甲地高于全国均值的部分恰好与乙地低于全国均值的部分相等，那么两地人均值与全国总体人均值的绝对偏差值就相等，人均值地区差指数也就相等。

本项研究的“地区差”指标设计思路在于，各地无论“高于”还是“低于”，测量出的只能是绝对偏差值。换句话说，各地无论“率先”还是“滞后”，表现出的只会是对全国“均衡”的偏离，均非理想“同步”状态。“均衡发展”的本义在于，既要消除“滞后”，又需避免“率先”，正是“率先”的超越反衬出了“滞后”。

最后附带检验教科文卫综合投入地区差，2000年以来，全国教科文卫综合投入人均值地区差的最小（最佳）值为2012年的1.2816，最大值为2000年的1.4763。现有实际地区差指数值即为最佳值，“均衡增长”差距缩小，检测演算结果不变。

23个省域教科文卫投入人均值地区差小于全国总体地区差，按地区差大小倒序为浙江、辽宁、吉林、宁夏、江苏、陕西、重庆、海南、山西、广东、内蒙古、甘肃、福建、贵州、云南、黑龙江、山东、江西、安徽、广西、四川、新疆、湖北；8个省域教科文卫投入人均值地区差大于全国总体地区差，按地区差大小倒序为湖南、河北、河南、天津、青海、上海、西藏、北京。其中，浙江教科文卫投入人均值地区差处于首位，低至全国总体地区差的79.02%；北京教科文卫投入人均值地区差处于末位，高达全国总体地区差的179.55%。

根据本项测评体系的后台演算数据库检验，2012年计有北京、天津、上海、浙江、河南、安徽、湖北、江西、湖南、重庆、四川、贵州、西藏13个省域教科文卫投入人均值的地区差为2000年以来历年最佳（最小）值。这意味着，其余18个省域在此项指标检测中存在着地区之间既有“均衡增长”的“应然差距”。在这18个省域里，广西此项地区差检测差距最小，其现有实际值大于历年最佳值0.03%；青海此项地区差检测差距最大，其现有实际值大于历年最佳值65.41%。

地区差指数分析表明，2000～2012年间，在公共财政、公共文化服务体制和机制逐步完备，公共文化投入“均等化”的理想要求逐步明确的同时，各省域之间文化投入人均值变化动态的“增长均衡性”却明显欠佳。在较多省域，文化投入人均值及其增减变动向着与全国总体平均值更加偏离（包括偏高和偏低）的方向发展，不仅导致自身地区差扩大，而且带来全国总体地区差扩大。

五、全国公共文化投入增长的应然测算

2012年各地文化投入总量、人均值增长目标距离测算见图5，其中增长目标测算值包括“最佳比值”和“全国均等”两项，前者属于协调增长“应然目标”测算，后者属于均衡发展“理想目标”测算。各地依此类推。

（1）最佳比值目标：假设全国产值人均值→财政支出人均值、财政支出人均值→教科文卫综合投入人均值、教科文卫综合投入人均值→文化投入人均值之间均实现2000年以来最佳比值，以三项最佳比值叠加测算。按照这一“应然目标”测算，2012年全国文化投入人均值应达到300.37元，总量应达到4057.13亿元，皆为现有实际值的178.86%。

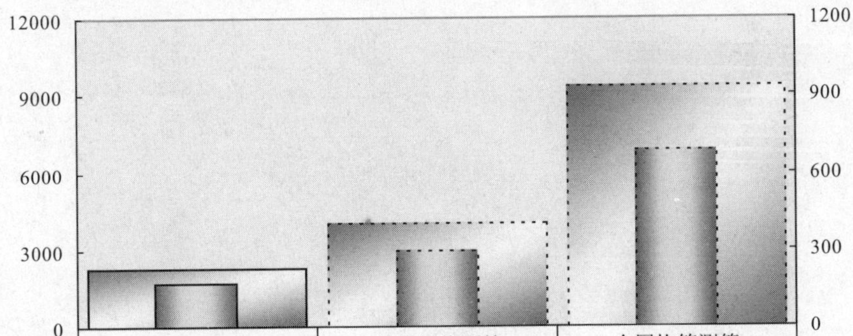

	现有实际值	最佳比值测算	全国均等测算
左轴：总量(亿元)	2268.35	4057.13	9342.27
右轴：人均值(元)	167.94	300.37	691.66

图5：2012年全国文化投入总量、人均值增长目标测算

实线：现有实际值；虚线：目标测算值。

（2）全国均等目标：假设全国各地之间产值人均值→财政支出人均值→教科文卫综合投入人均值→文化投入人均值全面消除地区差距，同时全面实现2000年以来三项最佳比值（唯有北京如此），以北京文化投入人均值测算。按照这一

"理想目标"测算，2012 年全国文化投入人均值应达到 691.66 元，总量应达到 9342.27 亿元，皆为现有实际值的 411.85%。

实际上，最佳比例增长假定测算已得出重要发现：如果各地普遍实现三项最佳比值增长，那么文化投入人均值地区差将普遍明显缩小，各地文化投入人均值也将会较为接近，为今后真正实现全国文化投入人均值均等化奠定良好基础。最终达到全国各地文化投入均等化正是公共财政、公共文化服务追求的理想目标。

转变我国文化创意产业发展方式的意义和途径[①]

The Significance and Approaches of Transforming Our National Cultural and Creative Industry Development Mode

孙连才[②]

Sun Liancai

摘要：在经济发展方式转变过程中，文化创意产业体现了新的发展理念、新的经济发展方式、新的生活方式。我国的文化产业目前还存在独有的文化管理体制造成“文化产业孤岛”，产业链上的内容创意和模式创新匮乏制约产业发展和知识产权的保护十分薄弱等一系列问题。我国文化创意产业应将调整发展目标、拓展发展内涵、打通文化产业与文化事业联系和转变政府的管理模式等方面作为转变发展方式的有效途径。

关键词：文化创意产业；发展方式；文化科技融合；转型升级；文化事业

Abstract：In the transformation process of economic development mode，cultural and creative industry reflects a new development concept，a new mode of economic development，and a new life style. Currently，our national cultural industry is still facing a series of problems，such as “the cultural industry isolated island” caused by the unique culture management system，the lack of content creation and mode innovation on the industrial chain restricting the industry development，and the weak intellectual property protection，

---

① 中国博士后科学基金项目“转变我国文化创意产业发展方式的思路和支持体系研究”（2014M560065）的阶段性成果。

② 孙连才，国家行政学院社会与文化教研部博士后，北大纵横管理咨询集团高级合伙人，研究方向为文化产业和文化政策。

etc. The effective approaches of transforming the development mode of our national cultural and creative industry are: adjusting the goal of cultural and creative industry development, extending the scope of development, connecting cultural industry with cultural undertakings, and changing government management mode, etc.

Key words: culture and creative industry; development mode; integration of culture and science and technology; transformation and upgrading; cultural undertaking

党的十八届三中全会进一步明确把文化产业培育成为国民经济支柱性产业，并提出了文化产业的文化体制机制创新，文化创意产业将成为新的经济引擎。文化产业与其他产业的深度融合度日益加深，文化产业对经济社会发展的驱动作用明显增强。在促进经济发展方式转变、保持经济社会可持续发展、提高综合国力进程中，文化创意产业已经显示其不可替代的重要作用。

转变经济发展方式不仅要调整阻碍经济发展不合理的结构，还要扶持战略性新兴产业发展，培育新的经济增长点。近年来，文化创意产业已经成为各个国家和地区颠覆传统经济发展方式、优化产业结构、创新经济运行机制、引导现代生活方式、提升区域竞争力、扩大就业、推动我国文化多样性的政策和战略选择。未来的文化创意产业发展将会体现新的发展理念和新的经济发展方式，从而影响和改变人们的生活方式。

一、反思我国文化产业发展方式

我国的文化创意产业目前存在的问题比较多，主要体现在创意人才的培养短缺、中小文化企业的扶持力度不够和融资困难及创意知识产权保护体系的不完善等方面，实际上，反思我国的文化创意产业发展，“文化产业孤岛”已经成为需要尽快重视和亟待解决的问题，总的说来，文化创意产业主要存在以下五个方面的问题。

（一）独有的文化管理体制造成“文化产业孤岛”

我国的文化创意产业发展是在民推官办的基础上发展起来的，在发展文化创意产业上国家和地方的发展初衷并不一致，中央政府是为了国有企业改制和发展，而地方政府的最大动力就是 GDP 的提高，文化创意产业就在这样的中央和地方目标不一致的博弈中成为了“文化产业孤岛”，在其他相关产业逐步发展起来后，文化创意产业就这样尴尬地发展了很多年，很多问题也随之出现。

文化的管理在中国的主管部门有中宣部和文化部，这样人为地把文化创意产业割裂开来分部门管理也造成了文化创意产业多部门管理但谁也管不好的局面，体制的先天性缺陷也就预示文化创意产业发展筚路蓝缕，艰辛无比。

西方的文化创意产业是在经济发展到一定阶段的必然选择，在此基础之上提出一系列的发展理念来指导文化产业的发展，符合经济和产业的发展规律，是自上而下的整体协作发展，因此我们面临文化创意产业发展理念和发展方式的转变，尽快改变“文化产业孤岛”现象。

（二）有特色的文化创意产业区凤毛麟角

创意产业集聚区“千园一面”重复建设，同质化十分严重。在各地政府出台的大力鼓励发展文化创意产业政策引导下，许多城市和地区都以创意产业集聚区的载体建设为创意产业发展的主要工作着眼点，不顾当地的实际情况和创意产业的自身发展阶段的规律性，没有找准本区域特色的文化创意产业作为产业集聚区的相对优势产业，同时对产业集聚区缺乏清晰的定位，没有按照产业链和产业生态的发展特点和要求，盲目投资建立各种各样的创意产业园区，出现有其名无其实的严重资源浪费，其中以设计产品展示文化旅游、动漫游戏、以消费为主的集聚区在全国数量最多，造成重复建设、“千园一面”的局面。

创意产业集聚区缺乏文化特色、区域特色、产品特色，产业结构没有太大的差异，这种集聚区“同质化”导致了资源利用的分散与浪费；由于园区管理水平参差不齐，集聚区管理机沿用一般产业集聚区的管理模式，没有能力向入驻的中小创意企业提供各种商业资讯和公共服务；先天的规划缺陷导致很多地方有园区缺企业，有管理缺服务，有“牌子”缺内容等名不副实的情况出现。由于园区管理多为粗放式经营的管理模式，产业集聚效应和扩散效应很难发挥作用。健康的文化创意产业集聚区应该与当地经济发展、历史文化相得益彰，产业链上的分工合作使不同组织自发地“有机”集聚，同时由于很多关联企业自发形成的产业集聚区没有得到官方的“认证”，因而在产业政策、企业服务等方面没有得到应有的支持。

（三）注重硬件基础设施与忽视营造软环境而本末倒置

文化创意产业发展先天缺陷的一个重要特征就是“政府主导”倾向严重。

由于政府这只“看得见的手”的全方位、多渠道的介入和大力推动，造成产业集聚区建设、公共设施建设等硬件基础设施的投入过大过多，而在“创意基础设施”即软环境营造方面上十分匮乏，这种投入不仅需要资金投资、融资服务、资讯共享，更需要政府前瞻性的规划管理、创意氛围营造和社会宽容度等。创意基础设施软环境需要在公共研发体系、创意人才培养体系、市场交易体系、法律保障体系以及政策体系和管理机制等方面进行长期有效的投入与建设，如果缺乏吸引创意阶层、集聚创意资源的创意宽松环境，一切硬件设施都是为创意经济产生而存在的工具，不能产生好的创意和产品，更会造成投资的硬件投资建设巨大浪费，不利于发挥创意产业发展的潜力。在信息技术快速发展的时代，网络建设方面是实现互联互通、跨界融合的最主要工具，许多管理者误以为投资建设宽带、电脑、数字技术设备、信息化软件等技术平台建设就是网络建设，其实更需要为企业提供无形的“社会网络”、市场网络、营销渠道和畅通的信息沟通网络，这样的网络建设才是对文化创意企业发展最好的支持。

（四）产业链上的内容创意和模式创新匮乏制约产业发展

文化创意产业价值形成的起点和核心是内容创意，它是关联企业基于价值链和产业生态系统合作的基础。文化创意产业的目前主要问题是基于价值链的产业合作失衡，表现在价值链源头上的内容创意相对滞后、创新乏力，创意开发与科技进步脱节，原创内容的深入挖掘和生产跟不上科技创新带来的技术进步。数字技术、三网融合的快速传播正在强劲推动价值链中创意产品的生产制造、传播推广和渠道销售等环节，虽然创意产品的表现形式多样，但在内容上却呈现题材单一、缺乏新意、竞争乏力的现象。“一项创意、多次使用”的赢利模式设计，以及过于快速的“创意产业化”步伐可能造成创意产品和服务的快餐化和同质化，产业传播渠道上往往是内容相似或相同的产品，原创动力不足不能为企业市场竞争做出有效地保障。此外，产业跨界融合的发展趋势也呼唤商业模式的创新，如果政府管理介入不足够深，市场机制是可以推动商业模式的创新。

（五）现有的知识产权保护体系使创意“自危”

知识产权保护问题始终困扰着文化创意产业的健康发展。文化创意产品具有研发设计投入高、容易被模仿、复制成本低、传播速度快的特点，如果创意企业高额投入形成的知识产权得不到有效保护，仿冒者很容易以低成本获取创意成果并从中谋利，将极大挫伤创意人员的创作热情和文化创意企业的投资意愿，形成劣币驱逐良币的局面，对文化创意氛围和产业发展百害而无一利。目前，我国现有的知识产权保护制度无法为创意企业的创意等无形资产提供有效的法律保障。当前的文化创意企业主要提过商标权、著作权、专利权等有限的知识产权保护形式，而创意大多数是一个新主意、发展新思路或要素新组合，很难形成上述知识产权形式。即使有知识产权相关法律，但社会价值观的缺失导致对创意的尊重，盗版、仿冒、侵权行为随处可见，充斥在人们日常生产与生活的方方面面，盗版的成本十分低廉，打击盗版和侵权行为的成本往往很高，政府及管理机构缺乏有效的规范保护机制、强有力的管理手段和执法力度，在相当长一段时间内，文化创意产业将在知识产权保护和知识权益分享的博弈中，曲折而顽强地向前发展。

二、转变文化创意产业发展方式对经济结构转型的作用

国际金融危机不仅让欧美等地经济严重受挫，也给快速增长的中国经济带来极大的震动。从党的十七大提出“转变经济发展模式”，实现三个转变以来，党的十八大也对发展文化创意产业给出一系列设定目标，同时期从中央到地方密集出台了诸多的文化创意产业政策，我国文化创意产业发展方式正在由主要依靠第二产业带动向依靠第一、第二、第三产业协调带动转变，由主要依靠增加物质资源消耗向主要依靠技术进步、管理创新、劳动力素质提高转变，大规模的经济转型与产业结构调整在我国正在全面展开，从区域经济阶梯发展态势来看，从东到西，从南到北，各地在实现快速实现工业化、城镇化和农业现代化之后，未来我国的整个经济体系很大程度上将会依托创意经济、知识经济的框架进行重新架构与整合，因而发展文化创意产业是催化传统经济增长方式转型的重要战略举措，也是推动经济发展方式实现重大转变的有效途径。

（一）文化创意产业发展方式的转变促进产业结构调整

发展文化创意产业，有助于调整产业结构和产业升级。从产业属性上看，文化创意产业具有双重属性，其本身既是生产型服务业，也是消费型服务业，不仅包含设计、研发、制造、销售等传统生产销售领域的活动，而且包含文化、艺术、娱乐、信息和休闲等消费领域的服务，再加上文化创意产业具有高知识性、低资源消耗和高融合性的特点，因而能加速第一、二产业的“三产化”和第三产业内部结构合理化。从产业升级角度考察，文化创意产业通过占领设计前沿和

应用新技术，形成知识密集、自由的创新者—生产者—消费者网络，促使产品具有竞争优势，进而影响传统产业部门。文化创意推动传统产业升级，产业升级又带动要素升级和有效配置，在新旧产业交替更换的过程中，生产要素从收益率低的产业配置到文化创意产业等新兴产业中，构建经济发展过程中新的增长点，文化创意产业在采用新的技术或新的经营方式满足新的消费需求的过程中，成长为一个支柱型产业部门，并成为提升社会产业结构级次的先导。

（二）文化创意产业发展方式转变促使消费结构升级

消费结构是在一定的社会经济条件下，消费主体在消费过程中所消费的各种不同类型的消费资料间的比例关系。消费结构变动与文化创意产业发展有着天然的、密切的正向关系，并且相互促进、互为作用、共同发展。

首先，文化创意产业的快速发展为市场和消费者提供了更加丰富的文化消费产品和服务，创造出更多适合、满足消费者生活、使用并具有较高审美价值的产品和服务，丰富了文化艺术创作（包括艺术家和大众），并不断改变人们的生活消费习惯，消费者的素质修养、审美情趣和生活质量得到提升；其次，文化娱乐、体验消费、科技进步、设计和功能创新又为经济发展提供了新的增长点，创造更多个人价值和社会财富；最后，文化创意的多样性和社会包容性更为成熟，这一切功能叠加起来，使得人们的消费理念和消费潜力不断提升，因而在经济、社会领域推动消费需求的进一步提高，改善人们的生产、生活品质。

（三）文化创意产业发展方式转变迫使主导产业更替

主导产业一般是指在一个国家或地区经济发展的某个阶段，在产业体系中处于领先和主导地位，代表着该区域产业结构演变的方向或趋势的产业。主导产业具有广阔的市场发展前景和技术扩散效应，对经济发展起导向和带动作用，能够带动和促进整个经济发展的产业，并促进产业结构的高度市场化，推动未来经济持续发展。一个国家或地区能否正确甄选主导产业并加以引导、扶持和协助，对其能否以该产业带动其他产业的发展，实现经济的快速腾飞有着至关重要的作用。在产业结构的演化和调整进程中，各个产业发展此消彼长，而是总存在几个快速增长、具有带动作用的先导性产业部门，其发展具有较强的前向关联或后向关联。主导产业的选择与更替是理解文化创意产业对产业结构调整、经济转型发生作用的关键。

在我国“十二五”的经济转型末期和即将开局的“十三五”关键时刻，文化创意产业必将是消费结构高级化之后的结果，也是需求增长推动背景下作为主导产业的战略选择。文化创意产业满足主导产业的特征和条件：一是高增长性、高增值性。文化创意产业具有较高的倍增速度的特性，同时还具备形成经济规模的特性，产业增长率普遍高于本地区经济的总增长率。文化创意产业可以与其他相关产业高度融合，驱动其他产业的创新，提升其他产业的附加值，带动整个经济结构的调整和创新。二是高辐射性、高渗透性。作为经济发展和产业结构调整的主角，文化创意产业的产业链较长，具有良好的产业关联特征，能够形成一批以文化创意产业为核心的有着密切关系的高增长产业群。三是战略性新兴产业。文化创意产业作为国家战略性新兴产业已成为各地在“十二五”期间经济发展的发展目标及重点战略，能够强有力地拉动本区域经济增长。四是促进就业。文化创意产业具有边际收益递增收益比传统产业的边际递增收益幅面宽的产业特性，能够通过知识产权的运用创造社会财富和就业机会。文化创意产业推动经济转型的过程其实也就是主导产业更替的过程，主导产业的快速增长带动其他部门的增长，推动着经济不断向前发展。文化创意产业作为主导产业的发展水平以及与其相伴的技术进步水平是决定我国经济增长质量的根本因素，也是其产业结构高级化的重要标志。

三、转变我国文化创意产业发展方式的建议

十八大三中全会《中共中央关于全面深化改革若干重大问题的决定》关于文化产业未来的发展方向给予明确的界定和方向指引：“建设社会主义文化强国，增强国家文化软实力，必须坚持社会主义先进文化前进方向，坚持中国特色社会主义文化发展道路，培育和践行社会主义核心价值观，巩固马克思主义在意识形态领域的指导地位，巩固全党全国各族人民团结奋斗的共同思想基础。坚持以人民为中心的工作导向，坚持把社会效益放在首位、社会效益和经济效益相统一，以激发全民族文化创造活力为中心环节，进一步深化文化体制改革。”

我国文化创意产业的发展目前还存在许多突出问题，如简单照搬工业经济发展方式发展文化创意产业，一哄而起、重视设施等硬件建设忽视法律法规、市场环境等环境建设，不但难以实现支柱性产业目标，而且可能造成资源极大浪费，转变我国文化创意产业发展方式主要从以下四个方面入手。

（一）尽快转变调整文化产业发展目标，由强调以 GDP 为主的数量型增长向集约化、规模化、专业化的质量型发展转变

当前我国文化创意产业发展过程中“唯 GDP 至上”的评价标准盛行。我国在评价区域文化创意产业发展时也不免陷入这样的评价标准。在这种错误导向下，文化创意产业呈现出盲目追求数量、规模、投资的粗放型发展方式。

文化创意产业呈现短缺与过剩并存的总体格局，文化产品与文化精品的数量严重失衡，整体产业缺乏有国际竞争力和世界影响力的知名品牌。在不合适评价标准的引导下，以追求盈利为主的文化创意企业考虑到投入产出比所做出的最优选择往往是重数量轻质量，追求“短平快”，对创意创新、技术研发、产业升级等长期利益重视程度不够，最终结果就是产业总体呈现粗放式增长。

各地文化创意产业盲目发展，恶性竞争，整体产业发展效益十分低下。在目前全国发展文化创意产业的热潮下，一些县市罔顾自身经济发展水平和资源禀赋限制，盲目提出要将文化创意产业发展成区域支柱产业。违背产业发展规律，与其他县市恶性竞争，出台不切合实际的招商引资政策吸引企业入驻，只求迅速拉升地方 GDP 和财政收入，用财政资金和政府负债砸出表面的繁荣景象和亮丽的政绩表现，却留下巨大的财政漏洞和高额的政府债务，给文化创意产业快速稳健的发展蒙上了一层阴影。

文化创意产业与一般产业有很大的区别，文化产品具有永恒的文化价值和经济价值，文化产品与服务强调创意、强调前期投入、强调长远发展。这一问题突出表现在文化创意产业园区建设上，各地文化创意产业园区和基地建设一哄而上、盲目发展，文化创意产业园区和基地功能定位雷同，缺乏自己的文化特色和比较优势。文化创意产业园区和基地即使建设起来，配套管理措施和后续支持政策乏力，完全没有起到产业孵化、资源集聚和辐射带动作用。更有甚者以文化创意产业之名违规占地，搞房地产及其他产业开发，使文化创意产业园区和基地名不副实。

（二）拓展文化产业内涵，由“小文化”向“大文化”转变

目前我们界定的文化是以宣传文化系统管理的文化行业来划定的文化，是“小文化”概念，在“小文化”观念引领下，我国目前文化创意产业发展的根本方向、顶层设计和路径选择与其实际效用不相匹配，仍停留在文化经济化的初级阶段，多数产业既定的发展目标主要关注如何推动文化商品化、市场化和产业

化，甚至部分产业陷入了金钱至上、文化庸俗化的发展怪圈，对文化产品和服务社会效益的关注度远落后于经济效益，不仅降低了产业本身的发展效益，也背离了“以文化人、以文育人”的文化基本内涵，而且文化创意产业在推动优化经济发展结构，促进其他行业转型升级中的作用未能得以充分发挥。

未来文化创意产业的发展中心应放在如何发挥文化创意作为提高产品和服务经济附加值、实现体验效用最大化方面的驱动作用，也就是经济文化，力争让所有的经济活动都渗透文化因素，这才是“大文化”概念的应有之义。

“小文化”的观念很难实现文化资源的有效统筹。“小文化”的传统观念导致目前文化创意产业发展主要依靠宣传文化系统有限的部门力量加以推动，目前我国的地方政府文化产业办公室基本上都设在党委宣传部下面，而不是作为一个经济部门在政府的主要职能部门进行行业管理，还是在进行意识形态的管理，未能和相关联的产业形成有效的统筹协调机制，在需要发改、财税、土地、规划、科技、工信等多部门配合推动文化创意产业发展的领域往往面临政策出台困难、政策执行不到位等问题，未能充分调动各方积极性，难以形成发展合力。

“小文化”的发展观念明显与目前文化与相关产业的融合发展潮流相背离。当前，随着科学技术的快速发展，文化创意产业与相关产业的融合发展已成为不可逆转的经济发展潮流，文化产业与旅游、信息、制造、建筑、商贸、休闲、餐饮等相关产业的高度融合，文化业态形式多样，产业边界趋于模糊，以文化内容消费为核心的产业链和产业集群将是未来我国国民经济发展的重要支柱力量。

（三）尽快打通文化产业与文化事业联系，由文化事业、文化产业“两分法”转向文化事业、文化产业“一体化”

目前我国文化建设总体思路上存在着文化创意产业与文化事业发展“两分法”的误区，这种“两分法”导致我国的文化创意产业出现“文化孤岛”现象，不利于文化创意产业的快速发展。很多人认为，文化事业主要是公共文化服务体系建设应以政府投入为主，人为割裂公共文化服务体系建设与推进文化创意产业发展之间的关系。一方面是巨大的公共文化服务供给缺口，另一方面是过剩的文化产能、烦琐的税收减免程序和僵化封闭的公共文化服务供给体系，不能满足人民群众日益增长的文化消费需求，农村书屋缺少读者和城市文化场馆收入不能维持日常费用就是典型的例子。解决公共文化服务体系建设与文化创意产业发展的问题实际上只需要将二者有机结合起来，通过良好的体制和机制创新，激发和盘活文化资源，促使社会力量投入公共文化服务领域建设，弥补政府投入不足。

政府对公共文化产品和服务的采购将形成文化创意产业巨额订单，直接拉动文化创意产业发展，同时政府可以通过购买服务对文化创意产业发展实行宏观调控，向社会释放出积极信号，间接引导和推动符合整体利益、长远利益和社会利益的产业门类优先发展，调整产业结构，优化资源配置。政府完全可以通过政策引导、购买服务和财税优惠等措施机制推动形成公共文化服务体系建设与文化创意产业发展相辅相成、优势互补的良性循环机制，而不应人为割裂文化事业与文化创意产业之间的联系。

（四）转变政府职能，由“政府主导产业发展”转向“政府提供发展服务”

目前我国文化创意产业发展仍处在以政府投资驱动为主的初级阶段。这种产业发展方式在初期确实可以起到高度集聚多方资源、快速提升产业效益的作用，但随着产业发展进入平稳期、转型期，这种模式对产业发展的阻碍也日益凸显。

政府的文化宏观管理模式严重危及文化创意产业发展。我国传统的文化管理体制属于“竖井式”管理，即在文化领域按照技术特征实行分业管理（主要区分为文化艺术、出版、广电等部门）。分业管理模式过细的管理职能划分使各文化产业门类均存在交叉管理、多头管理和管理真空的问题。

政府与市场的定位不清，存在“政府越位”和“政府缺位”现象。在政府驱动模式的惯性影响下，文化创意产业发展过度依赖自上而下的政府投资与政策优惠，而缺乏自下而上的内生发展动力。依靠财政资金扶持国有文化企业，政府全程包办产业项目建设，政府过度补贴个别行业等“政府越位”现象普遍存在，没有充分发挥市场在资源配置方面的基础性作用。在优化市场环境、提供产业公共产品和政府管理手段仍以传统的行政管理为主，没有实现依法管理，不能为文化创意产业提供高效、实用的服务。

目前我国尚存在文化产业创意立法空白，多数产业扶持政策或管理行为都是以政府条例或者政策文件的形式出现，政府管理过程受人为因素、主观因素影响较大，随意性较强，加上相应的绩效考核体制、监督机制和责任追究机制尚不完善，政府行为的公信力、可执行力和时效性差强人意，短期行为、短视行为和投机行为普遍存在。

十八届四中全会审议通过的《中共中央关于全面推进依法治国若干重大问题的决定》指出，要制定文化产业促进法，把行之有效的文化经济政策法定化，健全促进社会效益和经济效益有机统一制度规范。这部法律的制定将是文化创意产业快速发展的国家层面的法律保障，同时也将会清理、废止、修订部分有关文化创意产业行业管理的法律、法规、条例，这将会对文化创意产业快速发展有极大的促进作用。

参考文献

[1]祁述裕,孙博．我国文化产业发展亟需完成七个转变[J]．探索与证明,2014(4):67－71.

[2]吴敬琏．中国增长模式抉择(第4版)[M]．上海:上海远东出版社,2013:38－40.

[3]陈少峰．中国文化企业发展战略研究2013[M]．北京:华文出版社,2013:45－47.

[4]郭梅君．创意产业发展与中国经济转型的互动研究[D]．上海:上海社会科学院,2011:88－89.

[5]国家行政学院文化政策与管理研究中心．中国文化产业及产业政策状况调查报告[M]．[出版者不详]．2013:3－5.

[6]王亚南．中国文化产业供需协调增长测评报告(2014)[M]．北京:社会科学文献出版社,2014:28－29.

[7]王慧君．文化创意产业:改变我国经济发展方式的第四大源泉[J]．新疆社会科学,2010(2):91－4.

[8]辜胜阻,王敏,刘波．发展文化创意产业推动我国经济转型[J]．科技进步与对策,2013(3):45－47.

城市文化科技的创新机理与本土实践

The Mechanism and Practice of Culture Innovation and Technology Development in Urban Cities

张　晗①

Zhang Han

摘要：文化创新不仅成为文化产业发展的动力与支点，更在世界范围内成为带动城市经济复兴和转型升级的重要表现，其影响已远远超出文化产业本身。城市的科技进步、景观更新、公共文化等诸多领域皆需要活跃而系统的文化创新。来自理论和实践的证据均显示，增加知识与人才储备、鼓励个体创新基层创新、加大研发投入是培育创新文化的有效路径。

关键词：文化产业；文化创新；城市；经济复兴

Abstract：As the motivator and fulcrum of cultural industrial development, and more importantly, a driving force in global economic revival, transformation and upgrading, cultural innovation has far surpassed the cultural industry itself in its impact. Dynamic and systematic cultural innovation is needed in urban technology development, landscape update, public culture and many other aspects. Both theoretical and practical evidences show that, increasing knowledge and talent reserve, encouraging individual innovation and grassroots innovation and expanding R&D input are effective ways for the cultivation of innovative culture.

Key words：culture industry；culture innovation；cities；economic recovery

---

① 张晗，博士，深圳大学传播学院讲师，文化产业研究院兼职研究员，深圳大学现代出版研究中心副主任。

创新是人类行为的一种动态力量，是心理学家、社会学家、艺术理论家等许多领域学者关注的主题，但只有涉及创新资源及随后产生的技术变革动力时，创新才成为经济学讨论的话题。而城市，从其最早起源来看，创造了诸如艺术、思想、时尚和生活方式等方面的文化，并且在很大程度上促进了高水平的经济增长，尽管二者未必总是或必然地同时发生。21 世纪的第一个十年，世界范围内文化创新与经济发展的融合已逐步走向深入，这也是当代城市化进程的显著特征之一。

一、文化产业促进城市转型升级

（一）文化产业在城市转型升级中具有重要作用

产业转型是产业结构和生产方式等显著变动的过程。近代经济发展史表明，一个国家或一个地区的经济发展史实质上就是一部产业变革史，经济发展伴随着产业转型，产业转型贯穿于经济发展的整个过程。当前，全球金融危机不断蔓延扩散，对实体经济的影响日益加深，加之减少温室气体排放的压力空前加大，世界各国都在制定应对措施，全球产业面临着新一轮的调整和转型。

城市在文化和经济活动中扮演着特权角色。艾伦·斯科特（Allen Scott）在研究文化产业与城市经济时，为我们提供了这样一些观点：文化经济促进了地方市场对传统经济的重大转变，政府部门开始重视文化的经济价值，文化经济致力于发展当地的文化资源并吸引越来越多的游客，更重要的是吸引投资者和高技能的劳动力，发展文化经济的方式多种多样，地方市场的经济发展战略对于政府政策的制定有很大帮助。

文化产业是知识经济高级阶段的主要智力形态，美国许多城市的兴衰过程、政府振兴城市的经验措施以及我国一些城市的竞争力变化均表明，未来城市的竞争越来越取决于文化产业的发展。

（二）文化产业对城市发展的主要贡献

文化产业对城市发展的意义主要体现在三个方面：产业结构、景观更新和公共文化。

知识经济的到来引发全球生产方式的深刻变革，并极大地影响着各个国家和地区的产业结构、产业布局和发展趋势。科技进步导致产品生命周期越来越短，福特制（Fordism）的大批量流水线生产方式开始向温特制（Wintelism）的模块化、网络化生产方式转变，产业类型由劳动密集的制造业为主导转向创意文化服务业为主导，产业进步由技术创新为先导逐步转向文化创意为先导转型。文化正在逐步超越土地、劳动和资本，成为新的重要的生产要素，其创造新思想和表达新含义的能力，正成为决定文化产业信息化、体验化、虚拟化、跨界化、国际化转型背景下区域竞争力的关键因素。

文化产业首先带来城市资产的变迁，这些资产包括经济集群（CBD）、消费城市和后工业后现代主义的城市文化经济，继而导致了新型城市的出现，一个新的区域空间的崛起，即城市的符号象征和话语组成的创意都市。建立一座城市取决于人们如何来组合传统的经济因素，包括土地、劳动力和资金，但是它也取决于人们如何熟练地操纵关于拒绝和权利的象征性符号语言。这些符号语言在国家甚至是全球的水平上推销其所代表的城市。

发展城市的符号经济包括劳动力培养再造、吸引各类投资、提高公益投入。符号经济的发展可能并不能改变企业界从事贸易的方式，但是它促成了城市的发展、创造了大量的劳动力、改变了消费者的思维方式。符号经济统一了财政、劳动力、艺术、表演和设计这些重要的因素。在文化产业的就业上显示出一种不可抗拒的趋势：人口集中在大型城市。美国文化产品制造部门的 300 多万雇佣人口中有超过 100 多万集中在首都及大城市，在这些人中又绝大多数集中在纽约和洛杉矶。

文化产业对城市景观的影响体现在大型购物中心、餐厅、咖啡厅、俱乐部、剧院、艺术馆等的外形转变。文化已经作为建构空间的手段，在所有的城市中都拥有更多用视觉表现的艺术形式与文化活动。通过给有特色的文化群体提供进入相同的公众空间的机会，它们将分散独立的视觉形象和文化实践作为公共文化的一部分。

当文化产业产生空间聚集时，对城市发展的作用也是不容忽视的：巩固形象、吸引力和市场地位，促进文化和艺术的“主人翁”方式，鼓励创意与革新，为旧建筑和遗弃区寻找新的用途，支持文化差异和文化民主。文化集群在文化创新和城市经济复兴中的作用在于，为创意工作创造本土氛围，吸引创意工作者，宣传品牌形象，传递市场优势的符号价值。

文化产业为城市带来的另一个好处是公共文化的建构。文化作为建构空间的手段，给有特色的文化群体提供进入公共空间的机会。新的建构城市是综合统一的，将分散独立的视觉形象和文化实践作为公共文化的一部分。文化也可以被用来建构有个性的地产空间，艺术家本身已经成为建构空间的一种文化手段。谁占据了公共空间，常常由文化身份和地理学意义上的社会团体共同协商决定。城市中的每一个地区都以不同的视觉消费形象提供给不同的顾客。

二、文化创新带动科技进步与经济复兴

（一）城市成为文化创新与科技进步的聚集地

智力与文化资源是城市可持续发展、强化城市形象、增强市民荣誉感的关键要素。城市文化是集体智慧、想象和创新的根本体现。城市拥有世界顶尖的高等学府和绝大多数的科研工作者，许多科研活动在大城市区域集中开展。诸如美国硅谷、英国剑桥、德国巴登－符腾堡州和西班牙的加泰罗尼亚均证明了空间地点起到了关键的催化作用，城市的空间场域使得创新资源要素产生了更高的价值。知识增长、创新集群、科学园区以及城市吸引的科研院所、创新企业、商业孵化、本地组织、服务机构之间相互合作和强大的合作网络，大大巩固了当地的创新活动。在德国，鲁尔埃姆歇公园为埃姆舍尔河地区的城市发展和生态更新起到重要作用。保护和加固工业遗址，埃姆舍尔地区的景观美化，埃姆舍尔河的生态重建和水体保护使得当地的环境大大提升。产业和服务获得常态的高质量评价。受污染的地区被隔离和重新利用。通过提升品质与吸引力，“在公园里工作”在该地成为可能。

许多创造性活动聚焦于城市空间的文化改造和艺术创造环境日新月异的变化，从而制造一种独一无二的文化体验。新墨西哥州拥有美国人均数最多的科学家，这归功于洛斯阿拉莫斯国家试验室，但科学家所做的研究与产品市场和商业发展相去甚远。换句话说，波士顿和旧金山具有雄厚的科学基础，从而吸引了公司和机构，反过来创造了财富并吸引了更多顶尖的科学家，显示出教育—科研—创新体系的强大作用。对于从科技中寻找财富增长的城市来说，大量私人研究机构和发展型实验室可带来巨大的好处，荷兰电子公司飞利浦在人口为20万的城市艾恩德霍文提供了公司企业和当地高校合作的最好例证。

许多城市采用了激励创新的政策，发展科技城市需要加强对特定需求和科研创新的大力支持，特别是高校和商业的合作。2007年德国柏林与周边勃兰登堡地区一同研究未来发展策略，最终确定收益领域包括生物科技、医药技术、能源

与交通技术、网络通信与新媒体、视觉技术，并优先支持新材料、产品与自动化、环保技术和安全技术，对于创新支持的考量更多倾向于有实力的私营部门特别是中小企业开展科研和知识传递。英国的科技城市，纽卡斯尔、约克、布里斯托尔、伯明翰、曼彻斯特、诺丁汉，成为将英国最好的创意概念转化为产品和服务的地方。曼彻斯特在城市政策的指引下，成立了曼彻斯特知识资本联盟，将公共部门、私人领域、学术界和医疗界的专家和资源聚集起来，仅曼彻斯特中心区就有 800 家知识型产业公司，雇用了超过全英国生物技术部门总和的劳动力。

（二）科技创新与财富更替直接关系城市的经济稳定

创新包含了以新的眼光和视角来看待事物。以本土特色和以人为本的创新有助于城市形象强有力的、彻底的转型。2012 年波特兰州和俄勒冈州加入了奥巴马政府的双倍出口计划。波特兰州的绿色经济在美国处于领先地位，其出口占整个地区经济产值的18%，在美国 100 个大型城市中排名第三。2011 年市长和波特兰发展委员会组织当地的企业、经济组织和大学校长共同探讨当地经济的优势，在全球中的位置和发展机遇。结果表明，占当地出口一半以上的计算机和电子优势部门出口不足，包括清洁能源和软件。基于上述发现，大波特兰公司根据当地经济发展战略，联合政府、企业和非营利组织拟定了一系列出口计划。他们提出了“我们建设绿色城市”的口号来宣传当地的绿色经济以适应全球范围内迅速发展的城市化建设。

创新往往发生在并支持那些处于劣势但努力自救的社区。文化熏陶着城市经济，使得城市空间有归属感、自豪感和吸引力。相关统计显示，文化产业为欧洲 GDP 贡献了超过 3% 的份值，提供了 5% 的就业，文化驱动下的旅游业贡献了欧洲 GDP 的 5.5%。欧洲作为大门的第一世界吸引了世界上 55% 的观光客。城市空间高品质的文化旅游成为有鉴赏力的游客的选择。

美国是一个具有十分活跃创新精神的国家，但美国学者认为这种创新精神近几年来有所衰退。美国经济面临着严重的国际债务问题，美国消费者并不愿意放弃诸如中国等国家廉价的产品，因此，为了减少交易赤字，增加美国出口势在必行。这就意味着美国那些精明的、具有创造力并敢于冒险的企业家必须促进相关创新活动以产生大宗的具有拉动经济效应的贸易活动。过去，美国在出口移动电话、电脑和信息科技产品等方面十分成功，而这些产品无疑是长期的高密度的创新活动的结果。创新不仅帮助增加国际市场的产品出口，减少国际债务，促进经济增长，更加有利于推动社会进步。

美国波士顿的科研领域是经济复苏中最迟的一部分，从早期美属殖民地的最大城市到19世纪世界造船和航海中心，再到现如今生物技术和创新实验中心的地位，其发展与旧金山得益于迷人气候、风险投资文化和热衷创新有些类似。波士顿地区的核心资源是哈佛大学和马萨诸塞州科研中心，还包括诸如波士顿大学等发展特殊技术的高校。硅谷的生态系统包含了一个行星系统，拥有强大的重力吸引创业者、小型组织等。硅谷作为太阳，可惠及包括欧洲大陆在内的广阔范围，并引领波士顿的高科技产业。硅谷及其所在的波士顿地区的“高校—产业—政府”三角螺旋模式实现了持续发展，将知识、共识和创新圈概念化。

三、创新文化培育的中国路径——以深圳南山为例

社会环境的显著进步要求文化与科技的融合创新。创新要求打破惯例与边界的显著变革，打开各种可能性，为各种渴望转型的新概念、新创意、新产品、新服务、新流程、新规则注入催化剂。尽管创新过程在实现转型前始终伴随着政治纲领的落实和不断强化，但发明与发现往往是研究领域和研发部门最先做出判断和识别，而这一过程的实现需要具有前瞻和策略性的计划。创新者指出，当大量创新出现时，创新组织会遭遇重大变革，但只有少量创新会被采纳。最具有潜力和效力的创新活动往往不是创造一个新事物，而是终止已有的实践，最终任何创新都将为其灭亡创造条件。

创新活动需要得到社会的培育。如果不给予创新活动足够的支持，社会将趋于平庸和经济衰退。假如没有创新文化的存在，企业将无法组成创新协作组织以及雇用具有潜力的创新团队。创新可以是一个高度政治化的过程，政府可以在很多方面起到重要作用。政府可以通过支持科研活动，采纳新创意观点和产品服务来提升创新水平，甚至可以减少外部预算，通过刺激需求直接影响创新。

南山区地处深圳经济特区西南部，辖区面积185平方公里，常住人口110万。经过20余年的持续转型，如今，在这片仅占全国国土面积1/52000的土地上，却诞生了经济总量占全国1/179的奇迹。2014年，GDP总量3520亿元，位居广东区县之首，人均GDP 30.87万元，在全国区县中排名第一，超过香港地区、接近新加坡。全社会研发投入超过200亿元，科技进步贡献率超过75%，接近发达国家水平。2013年，南山区文化产业法人单位6000多家，全区文化产业

营业收入1313.97亿元，增加值439.56亿元，被联合国教科文组织认定为“设计之都”和“全球全民阅读典范城市”，被媒体誉为中国“最具硅谷气质”的城区。

（一）增加知识储备与人才聚集

创新的出现往往不是取决于我们拥有多少金钱或者资源，而是我们拥有多少知识储备，如果没有大量的知识储备，任何创新活动都不可能发生，尽管有许多创新工具和创新方法在等待支配。社会的创新活动必须是长期持久稳定的，并引领全球的产业发展。但近年来许多经济活动更倾向于短视的利益导向，尽量将眼前的产品和服务利益最大化，最终导致了缓慢的经济增长掩盖了会给经济带来积极影响的创新活动。

任何创新过程和创新基础都建立在知识和教育的基础之上，这也是创新文化不可或缺的重要组成部分。重大的创新突破只有在长期才能显示其效应。以南山区为例，该区聚集了深圳全市80%以上的高校和科研机构，其中既包括深圳大学、南方科技大学等本土高校，也包括清华大学、北京大学和哈尔滨工业大学在深圳的研究生院；聚集了深圳60%以上的高端创新载体如重点实验室和包括国家“千人计划”人才等高端智力资源。南山区还联合高等院校、科研机构、创新企业等100多个单位，打造“南山创新资源共享平台”，围绕协同研发、成果转化、公共检测、设备租赁等领域开展创新资源共享服务。

为营造创新性人才宜居、宜业的文化氛围，南山区大力推进大学校区、科技园区及居民社区的“三区融合”，被香港的高等教育专家认为摸准了“硅谷”的本质。早在2011年，南山区就被命名为国家生态区。在南山创业的企业家表示，许多从外地来到南山的高层次人才是为了摆脱墨守成规的文化和官僚主义束缚。

（二）鼓励个体创新与基层创新

如果一个社会想要创新，首先必须创造创新文化，其次必须鼓励组织和个人参与创新。必须有敢于创新、不惧风险的个体开发新的商机、从事新型实践、创造创新环境。而创新环境的养成有赖于创新文化的形成。仅有一家善于创新的企业是不够的，要形成启蒙、协同、促进和实施创新的整体结构体系。

表 1：培育创新文化的阶段[①]

培育阶段	含 义
哺育基于知识的发展	有足够的受教育者从事创新
培养好奇心	从好奇到探索的挑战
明确发展目标	拥有成熟和有抱负的目标
将发展变为常态	谙熟市场发展规律
确定改革重点	培育改革内容和方面
吸引必要的人才	可塑性和积极性高的人才
勾画未来定位	不满足于现状并需求进步
平衡应用与基础研究	致力于当下与未来发展的研究
在重点领域取得突破	重大创新皆源于激进变革

南山区聚集了 8000 多家科技企业，其中战略性新兴产业领域企业数量占据 84%，拥有 1163 家国家级高新技术企业，占据深圳全市总数 40%，更是培育了华强文化、腾讯、迅雷、A8 音乐、环球数码等一批文化科技融合型企业。政府的科技管理及服务部门，负责制定科技服务规划和政策，发挥引导作用，科技事务所、高等院校、科研机构、行业协会等 56 个非营利性科技服务机构负责整合资源和信息交流，发挥桥梁作用，480 家市场化运作的科技型服务企业直接提供各类科技服务。通过创业投资引导基金、成立投资联盟和直接股权投资的方式进行中小企业创业投资。通过“民办官助”的新型科研机构，探索源头创新市场化新路径。南山区已经形成“创客发现—创业起步—创新加速—创产联盟”的综合创新环境，一个个相对独立的孵化点有机结合成勃勃生机的创新生态圈。

（三）加大研发投入与自主知识产权持有量

研究与开发（R&D）是科技创新活动中最具有创造性和创新性的部分，世界经济合作与发展组织（OECD）指出，研究与开发是“在一个系统的基础上的创造性工作，其目的在于丰富有关人类、文化和社会的知识库，并利用这一知识进行新的发明”。由于研究与开发投资具有不确定性、溢出效应和外部性，各国政府普遍认为，政府有必要制定政策、采取措施进行适度干预。

---

① A. C. Samli. *From Imagination to Innovation: New Product Development for Quality of Life* [M]. Springer Science Business Media, LLC, 2011.

表 2：不同类型的研究与开发①

定 义	关键特征
基础研究： 获取关于基础现象和可验事实的新知识的实验或理论研究，没有特别的应用或使用前景	● 为了建构和检验假设、理论和规则而开展的关于属性、结构和关系的分析 ● 成果用于刊登在期刊上而非出售 ● 偶尔涉及机密 ● 科学家拥有设定目标的部分自由 ● 通常在高校或政府部门执行
应用研究： 获取新知的原创性调查，但有着特定的目标和动机	● 为基础研究的成果寻找应用的可能或为实现特定目标寻找通路 ● 通常是商业部门为基础研究的成果创造的新项目 ● 其成果起初只适用于少量的产品、经营、方法和系统 ● 衍生知识通常申请专利但可能是机密
实验研发： 实验研发是一项系统工程，将从研究和实验获得的知识直接用于生产或改进新的材料、产品和设备，创建或改进新的流程、系统和服务	● 工序的扩大化 ● 开展产品应用调查 ● 艰难的产品前测对比 ● 包含进阶技术研发、演示、验证或者工程、制造研发

南山区不断优化科技创新环境。2014 年全社会研发投入超过 200 亿元，占 GDP 比重达 5.8%，实现高技术产业全行业产值 4290 亿元，终端设备、移动存储芯片、激光显示等 24 个优势细分领域达到世界先进水平。企业 PCT 国际专利申请量达 3787 件，占全国的 18.2%；万人发明专利拥有量 264 件，达到国际创新型城市水平；区域孵化创新能力被广东省社会科学院评定为全国第一；获年度国家科技奖 11 项、中国专利金奖 2 项。国家、省、市级重点实验室、工程实验室、工程中心、企业技术中心等创新载体 528 个。

近日，联合国教科文组织发布的《创意经济报告 2013》指出，文化产业的政策不能仅局限于单一的部门，而是要多个部门共同负责推进，比如经济发展和区域经济增长、城市和国家规划、贸易和工业、劳动力和劳资关系、国内和外国投资、技术和通信、艺术和教育、文化、旅游业、社会福利等。城市的发展壮大不仅是由于其已有的基础，更是由于其走向多元与差异化的过程。城市可以检验、接纳、整合各种类型的创新，这种创新包括产品的创新、过程的创新，社会

① B. Niedergassel. *Knowledge Sharing in Research Collaborations* [M]. Gabler Verlag, 2011.

服务和公共服务的创新以及开放创新。另一方面，城市创新意味着城市功能和经济业绩的显著变化。世界范围内关于城市吸引创新者之因素的调查中，最多被提及的是城市的自由即鼓励每个人表达创意，基础设施和设备工具的接近权是另一个重要因素，而第三个因素是城市的文化生活方式，它将为不同的文化体验提供可能。

纵观全球城市经济的转型历史，产业发展并不遵守自然界削峰填谷、损有余而补不足的“夷平地”规则，而是显现出损不足以补有余的“优势积累”效应。在日趋激烈的区域竞争和国际竞争中，后发国家和地区犹如逆水行舟，不进则退，仅仅依靠跟踪与模仿，亦步亦趋，赶上和超越发达国家的希望将十分渺茫。当前我国经济正在向形态更高级、分工更复杂、结构更合理的阶段演化，经济发展进入“新常态”。在此大背景下，文化产业应有怎样的作为和定位，如何进一步挖掘潜力、发挥作用，需要更多的产业实践和理论探讨。

参考文献

[1]Allen J. Scott. *Cultural Industries, Cultural Clusters and the City: the Example of Natural History Film - Making in Bristol*[M]. Los Angeles: University of California.

[2]Helmut K. Anheier, Yudhishthir Raj Isar. *Cities, Cultural Policy and Governance*[M]. London:Sage, Thousands Oaks,2012.

[3]Terry Flew. *The Creative Industries: Culture and Policy*[M]. London:Sage, Thousands Oaks,Calif, 2012.

[4]Paul Stoneman. *Soft Innovation: Economics, Product Aesthetics, and the Creative Industries*[M]. Oxford University Press, US, 2010.

[5]南山区政府. 深圳市南山区 2015 年政府工作报告[R/OL].[2015-03-09], http://www.szns.gov.cn/main/xxgk/zfxxgkzl/qzfxxgkml/zfgz/1180710/index.html.

[6]联合国教科文组织,联合国开发计划署. 创意经济报告 2013[R]. 北京:社会科学文献出版社,2014.

文化治理视角下城镇化空间逻辑的反思与重构①

Introspection and Reconstruction on Urbanization Spatial Logic under Cultural Governance Perspective

齐　骥②

Qi　Ji

摘要：城镇化是“自然—社会双向互动”以及“被改造的自然—社会关系双向互动”构成的动态有机体，文化是城镇空间演进的黏合剂。文化治理视角下的城镇空间演进，是地理空间和文化空间两种逻辑下的生产、消费和流通。文化治理有效推进了从文化刚性到文化弹性、从文化规约到文化自觉的城镇空间重构，破解了传统城镇空间构成中各单元单打独斗、破坏城镇整体规划和宜居、宜业、宜文、宜游难以并行的时空障碍。

关键词：城镇化；空间逻辑；文化治理；制度创新

Abstract: Urbanization is the dynamic organism resulted from “mutual interaction between nature and society” and “mutual interaction between transformed nature and social relations”. Culture has run through the course of urbanization, which includes evolution of urban spatial structure. Viewed from the perspective of cultural governance, evolution of urban spatial structure mainly involves production, consumption and circulation in geographical and

---

① 北京高等学校“青年英才计划”课题“我国文化产业集群调查研究”（YETP0598），国家社科基金艺术学青年项目“文化产业园风险管理体系的实用性研究”（13CB132），文化部“‘十三五’时期新型城镇化进程中文化发展重大问题研究”（HW14118）阶段性研究成果。

② 齐骥，博士，中国传媒大学新型城镇化研究中心副主任，硕士研究生导师，主要研究方向为城市文化经济、文化产业规划、文化产业集群管理与运行。

cultural spatial structure. Cultural governance has effectively promoted urban spatial restructure from cultural rigidity to cultural elasticity and from cultural conventions to cultural consciousness, resolved the problem of regional planning undermining overall urban planning and broken barriers against the overall development as a living place, work place, cultural city and tourism destination.

Key words: urbanization; spatial logic; culture governance; system innovation

城镇化是未来中国经济持续增长和民生福祉提升的必由之路，也是最终形成中国发展模式的重要锻造车间。随着城镇化建设的不断推进，制度创新日益深化，市场经济日趋成熟，城镇空间结构不断适应市场经济发展方向和市场资源配置方向，逐步演绎出愈加丰富的形态和模式。但与城镇化相伴的，是不断湮没的城市记忆，不断消解的乡愁和难以均衡的空间正义以及不断突出的文化空间与城镇空间，文化传承与城镇化发展的结构性矛盾。然而现实中常常被忽略的是，文化作为控制城市空间一种有力手段的作用。一方面，文化在基于历史保护或地方传统的城市在发展策略中起着重要作用，另一方面，作为意象与记忆的来源，文化象征着“谁属于”特定的区域，因而也日益成为时间与空间和日常生活之间的枢纽和特殊场域。文化治理的主体是“政府+社会”，政府发挥主导作用，社会参与共治。可见，文化治理通过制度安排，利用和借助文化的功能，可以有效地克服与解决城镇空间演进中的问题。因此，以文化治理为主线，探索修复空间正义、塑造人本空间和优化时空关系的治理路径迫在眉睫。

一、城镇化的空间形塑

空间是当代资本存在的重要方式，正是通过不断的、日益全球化的空间生产，资本及其生产方式得以自我生成和延续。文化是城镇空间演进的黏合剂，文化治理视角下的城镇空间演进，使城镇空间不再是与人无关的永恒不动的空容器，而是由具有观念、情感的社会人所生产和创造的地理空间和文化空间的合集，是“自然—社会双向互动”以及“被改造的自然—社会关系双向互动”构成的动态有机体。

（一）本质：修复空间正义

城镇化的本质是实现空间正义。新型城镇化是不断构建一种符合伦理精神的空间形态与空间关系，逐步建立一种不同社会主体能够相对平等、动态地享有空间权利，相对自由地进行空间生产和空间消费的理想状态的过程。它以推动空间行动、建构空间正义为目的，主要由文化生产的空间性、文化消费的空间性和文化流通的空间性构成。

空间正义既是社会正义的重要组成部分，又是空间问题凸显的现实诉求。空间正义在形态上表现出空间辩证。城镇空间是形式与活动、静态与动态的统一。作为相对静止的形式，城镇空间表现土地、建筑等物理结构，以及人们的社会地位、财富状态等。作为相对动态的活动，城镇空间是人们在一定社会结构下的创造过程，“产生于最广义的社会生活不断发展，有目的计划和政治性控制的‘语境化’和‘空间化’”。

空间正义在本质上产生于集体行动。没有多元的空间性集体行动也就没有空间正义。因此，文化治理在空间形塑的表达，是集体的正义，是追求城乡文化资源配置效率基础上，最大程度上保护不同群体基本文化权益，提供不同内容和形式的文化服务，记忆日渐式微的文化乡愁的文化修复过程。

（二）核心：重塑空间尺度

城镇化的核心是“人的城镇化”。新型城镇化是寻求城乡文化认同，实现理想身份，消弭心灵距离的空间尺度重塑过程。它以一个“集中性”的人类社会形态，重构着全球文化演绎和世界要素推演过程中因人口和经济活动集聚形成的新空间。

重塑空间尺度的演绎过程是以文化关怀驱动城镇化，实现生产方式、生活方式、思维方式城镇化的过程。从这一角度看，城镇空间的重塑需要的不仅仅是城镇建筑空间的无序扩大，更是城镇居民心灵空间的有序升级的过程。因此，增强城镇空间公共文化产品的供给，提高城镇空间公共文化服务的能力，构建兼具时代性、创新性和开放性特征的公共文化服务保障体系，是适应“人的城镇化”的基础。

重塑空间尺度的核心价值，是给每一个生活在其中的人建构一种有人生价值的工作与生活方式。从这一角度看，城镇不仅是一个居住的地方，更是一个通过就业和创业实现理想价值的地方。因此，在城镇化的物理空间层面打造宜居宜业的便捷高效尺度，在城镇化的文化空间层面打造具有人本价值和归属精神的邻里尺度，是实现“人的城镇化”的重点。

（三）关键：优化时空关系

城镇化可持续发展的关键是创造新空间。新型城镇化正是以“时间无限”弥补“空间有限”并改造、重构和创造新空间的过程。文化治理路径的创新，可以有效地优化时空关系，放大时间的历史价值并削减空间的距离的成本，进而诞生新的时空关系的城镇载体。

优化时空关系要求在城镇化进程中体现时间价值。时间价值的实现过程是在“留住往日的时间”中“再造往日的空间”的过程。例如，文化遗产的历史价值使其在一定程度上能够以新文化经济形态恢复和重建时间和空间。因此，从区域社会发展的角度看，文化遗产“不应是供移植或替换的模块，更不是铁铸石凿、僵硬凝固的古董，而是一个充满永不竭的创造能力，其具有吸收和代谢功能的结构”，一旦与区域社会经济发展相衔接，或融入新型城镇化发展进程，与城市更新相融合，必将促进产业结构的调整和升级，进而引起时空关系的优化和转变。

优化时空关系要求在城镇化进程中消减空间成本。空间成本的节约是在区位比较优势作用下形成的价格低谷。例如文化产业园区的空间距离在一定程度上为企业节约了地租成本，但其文化形态却往往使其能够成为消弭城乡界限的文化节点。区位比较优势作用下形成的以园区为圆心的区域中心地，不断吸引着相近或相似产业（企业）的集聚，企业的集聚又带动了城镇配套产业的发展和完善，进而推动了城镇空间由内向外圈层式地扩张，从而加快了城镇化进程，最终在区域内形成相对稳定合理的均衡空间，缓解了中心城区或城市核心区域用地紧张、资源稀缺、成本高昂等现实问题，推动了城镇化的圈层式扩张。

二、城镇化进程中的空间矛盾

（一）城镇化粗放式、破坏性开发与文化生态多样性的矛盾

当前，全球现代化、信息化、城镇化、市场化与分权化加速，城镇化加速发展并在新经济地理空间上不断形成新的城镇聚落。改革开放以来，我国城镇化快速发展，城镇化率从1978年的17.9%上升到2013年的53.7%。随着城镇化率的迅速提高，一系列问题也随之涌现，粗放式、破坏性的城镇开发与文化生态多样性之间的矛盾也愈加突出。

城镇化粗放式开发导致公共文化服务难以建立广泛的社会认同。一方面，城镇用地集约程度难以提高，公共文化设施和公共配套服务与城镇空间扩张速度不匹配，教育、医疗、文化、养老等服务设施数量少、标准低；另一方面，城镇环境脆弱现状面临更大的压力，排水、污水处理、垃圾处理设施和公共绿地建设等远远不适应城镇发展和环境保护的需求，缺乏足够的应对措施。建立完善的公共文化服务体系的关键在于建立一种社会认同，新型城镇化亟待寻找以文化认同为核心的“治理钥匙”。

城镇化破坏性开发导致城市文化记忆难以建立广泛的居民认同。一方面，旧城改造往往使历史城区、历史街区的整体环境日益恶化，本应成为城镇发展核心文化景观的历史城区、历史文化街区和历史建筑等遗产，难以发挥其文化价值而带动土地增值；另一方面，新城开发往往忽略文化空间营造，城市功能、城市环境与城市精神、城市文化难以有机地统一起来。延续文脉，承载乡愁的城镇化需要构建以文化生态多样性为核心的城市文化生态系统，以文化治理打造“文化容器”。

（二）城镇化集中式、规模化改造与文化保护复杂性的矛盾

传统城镇化以投资和廉价劳动力、土地、环境服务为主要驱动力，部分地区在“经营城镇”的理念下，大肆追求土地增值的收益，城镇的空间布局的单一性、同质化与文化环境脆弱性、复杂性不相适应的问题逐渐突出，许多历史文化名城、历史文化街区等遗产的保护与整治难免套用大规模、集中式的成片棚户区改造模式，对文化基因传承、文化遗产保护均造成了建设性的破坏，城镇化集中式、规模化改造与文化治理的理念和文化保护的初衷不断背离。

在就地城镇化进程中，泯灭文化特色、淡化文化传统、消解文化基因的开发方式十分普遍。一些城市景观结构与所处区域的自然地理特征不协调，“建设性”破坏不断蔓延，城市的自然和文化个性被破坏；一些农村地区大拆大建，简单用城市元素与风格取代传统民居和田园风光，导致乡土特色和民俗文化流失。

在异地城镇化进程中，农村人口外迁加速了传统古村落的消失。伴随着城镇化进程，一些传统民间文化的载体——古村落正一步步被逼进死胡同，部分甚至退出历史舞台。在濒危的古村落中，它们有的偏居深山不为人知，有的虽已引起关注和探究，但保护措施却遥遥无期。随着越来越多的人走出大山或者逐渐老去、死亡，很多古村落可能还等不及人们去发现、去保护，就因为无人居住，加

速破败，直至自然消亡。其中，无人居住，背离乡土，成为加速古村落破败的主要原因之一。

（三）城镇化经济导向、规划滞后与文化空间混合性的矛盾

随着经济社会的发展，城镇空间资源开始呈现出高度的稀缺性，传统文化的生存空间和拓展空间均受到将“土地财富”转化为“快速增长的内需”的商业化挤压而变得更加局促。

一方面，城镇化的经济导向使城镇发展缺少文化空间综合规划的治理行为。传统城镇化以经济发展为单一或主要导向，在城镇规划编制中较少考虑当地经济社会发展阶段和趋势、历史文化以及资源环境承载力等基础和约束条件，在发展目标制定、参照标准选取、产业选择、基础设施建设等方面脱离发展实际，公民文化权益难以得到全面保障；同时，城镇建设所青睐的建设“新区”模式，又往往将原住市民与新市民隔离开来，加剧城市居民的阶层分化，既不利于城市融合，也不利于城市治理。

另一方面，城镇化的规划滞后使城镇建设缺少顶层设计并在利益博弈中牺牲公众利益。城镇规划涉及国家利益、地方政府利益、领导者的考核与晋升等个人利益、开发商等多种利益集团的利益、普通民众的利益等。从某种程度上看，规划过程就是利益博弈过程与领导者对各方利益的一种均衡过程，对空间资源、公共服务与公共产品的均衡配置过程。在各方利益相互博弈过程中，广大民众处于弱势地位，利益难以有效诉求。立足创新、以人为本的城镇化“顶层设计”和因地制宜、循序渐进的城镇建设规划迫在眉睫。

三、文化治理在城镇化进程中的发展思路

（一）从文化刚性到文化弹性

新型城镇化是以城乡统筹、城乡一体、产城互动、节约集约、生态宜居、和谐发展为基本特征的城镇化。“以人为本”的新型城镇化对公共文化服务体系的完善和提升提出了更高层次的要求。而当前我国城镇公共文化服务体系建设中最为突出的问题之一便是公共文化服务刚性供给与民众文化需求弹性发展的矛盾。

从城镇发展中公共文化产品和服务的供需关系上看，我国从城镇公共文化需求总体上趋于弹性发展，主要表现公共文化需求的异质性程度较高，基础性需求与差异性需求明显。随着城镇化对内需的拉动和对消费的释放，公民文化消费需

求更加多元化，在注重公共文化服务的需求满足普惠性和均等性的同时，对公共文化产品和服务的内容和形式提出了更深层次的要求，对地域性、特色性的文化服务供给呈现出因地制宜的特点。

与民众文化需求弹性发展相对应的是，我国政府公共文化服务目前仍然以刚性供给为主要特色。主要体现为公共文化服务供给形式老套，活动稀少单一，难以满足群众基本公共文化需求；公共文化服务经费供给不足，公共财政优先保障能力薄弱文化设施管理维修脱节，难以维持正常便利的文化服务；民众文化需求表达机制缺乏，公共文化服务与民众的文化需求脱节等方面。因此，从文化刚性转向文化弹性，以本土化、多元化、差异化的方式为城镇化发展提供因地制宜的公共文化产品和文化服务，是提高城镇文化治理能力，优化城镇文化空间布局，提升城镇文化认知水平的重要路径。

（二）从文化规约到文化自觉

城镇作为要素集聚的富集之地，是多元文化、多维生态的熔炉。文化能够以无形的意识、无形的观念，深刻影响着有形的存在、有形的现实，深刻作用于经济社会发展和人们的生产生活。只有劳动力的非农业化和劳动力的空间转移不是真正意义上的城镇化，仅有人口的集聚和产业的优化而没有生活质量的提升、人居环境的优化也称不上高质量的城镇化。因此，新型城镇化的文化治理是建立在“文化规约”基础上，以文化价值观提高文化治理能力，实现“以文化人”的过程。

空间秩序的变革，不仅是空间层面的必然，而且是规范层面的应然。文化规约的任务是在城镇的性质和规模确定的基础上，在城镇规划的框架下，以在社会经济发展与文化经济发展的适用性评定的基础上做出文化发展的统一安排、合理布局和战略部署。而随着文化价值观与人们的生活方式的不断融合，形成了外部的文化治理能力，与行政管理模式结合，形成了内在的文化治理能力。在文化治理能力的作用下，城镇化开始从以广阔的视角、全球化的眼光、战略性的思维规划文化发展路径，设计文化产业成长模式的“文化规约”，转向在传承城市记忆、绵延城市文脉、永续城市基因、发掘城市性格、重塑城市品质的基础上，有序更新城市以实现整个区域的自然、经济、文化可持续发展的“文化自觉”。

文化自觉作为一种意识，本身具有极强的创造性和开拓性。能够明白自身的过去、现在，知道自身的优劣强弱所在，知道别的文化对自己的补益、针砭作用，能够理性把握自身未来的发展趋向，就会努力去创造未来，开拓未来，更新自身，发展自身。文化自觉是城镇化的根基，是城镇化过程中人的内在精神动力，代表了城镇化过程中的软实力。新型城镇化是“资源节约、环境友好、经济高效、社会和谐、城乡互促共进、大中小城市和小城镇协调发展、个性鲜明的城镇化。”新型城镇化对城乡发展过程中文化的传承、文脉的延续和历史的记忆提出了新的使命和要求，以文化自觉推动城市化进程，以特色文化资源的市场化与资本化进程驱动特色城镇的形成，可以为新型城镇化提供有益的实践和有效的模式。

四、以文化治理重构城镇空间的路径

（一）城镇发展规律与文化演进规律的双效统一

文化治理视角下城镇化空间逻辑的目标是实现地球的多样性和人类文化的多样性，从而在加速变化的社会里，为人类保存一个合适的生活，使城镇空间、文化空间和自然空间在社会生活中发挥积极的作用，并把当代成就与昔日之美纳入共同的目标。

实现城镇发展规律与遗产演进规律的双效统一，需要在秉承文化演进规律的基础上，面向城镇可持续发展进行资源梳理。在对我国不同区域独特的自然地理环境、等级制度、文化信仰和长期生产活动进行田野调查基础上，对我国传统的人工与自然、城邑与区域、空间与时间等要素的研究，深入探讨时间维度和空间维度之间的内在关联性的分析和梳理，为城镇化建设进入追求质量、寻找特色的发展阶段提供文化给养。

实现城镇发展规律与遗产演进规律的双效统一，需要在秉承城镇发展规律的前提下创新文化治理方式，一方面可以通过借鉴国外保护经验和探索“社会化保护”新路的方式，即坚持“以古为本”、“以民为本”的保护理念而非“旧城改造”、“旧村改造”的开发模式，实施“新旧分开、有机更新”保护模式，还可以广泛探索历史村镇“社会化保护”新路，即地方政府在逐年加大财政保护资金投入的同时，可采取政府补助、社会赞助、个人捐款等多种方式筹集保护管理资金，通过土地、房屋产权的置换或租赁等方式，吸纳民营资本、风险投资基金、民间集资、使用人出资等资本参与历史村镇历史建筑的保护利用和管理，也就是以多元投入的方式创新城镇治理路径。

（二）城镇协作规划与社区文化规划的双规合一

随着城镇化进程的不断推进，外部环境与内生动力的变化使得未来的城乡发展无法沿袭既有的路径，粗放、短视的治理模式已经难以为继。同时，随着城乡规划日益为社会公众所认同与熟悉，越来越多的社会主体要求通过城镇规划来表达自身利益诉求。面向城镇整体战略性发展的协作规划和城镇局部建设性发展的文化社区规划的“双规合一”，是以文化治理重构城镇空间的有效方式。

城镇协作规划与社区文化规划的“双规合一”，是不断寻求城乡文化认同和消弭城乡文化疆界的过程，是在基于文化认同前提下，以文化自觉为内在的精神力量，以文化创造活力激发人们探索集约高效、功能完善、环境友好、社会和谐、个性鲜明的新城市发展空间的主体行为，体现了以“文化弹性”和“文化自觉”推进文化治理的路径创新。它不仅仅是线性的“破旧立新”的发展过程，更是城市文化价值凝练的萃取过程和城市文化特色升华的推演过程。“双规合一”的路径是始终，可以将文化生态涵育、文化遗产保护、文化空间营造、文化民生建设等纳入城镇发展战略之中，加强“文化评价”在旧城改造和新城开发中的作用；另一方面加强城市设计工具在文化治理中的作用，从而建构省域、市域和县域相互关联的城镇地域结构一体化网状体系，赋予每个城镇以新的生命和价值。

城镇协作规划与社区文化规划的“双规合一”，通过主动寻求一种创造性文化增生的范式实现了文化的包容性发展，以较强的规训弹性，实现了沟通协作下的多元治理，有助于改善社会管理模式。沟通协作式规划是不同于传统规划手法的新路径，它是一个有广泛相关利益群体进入规划程序，共同体验、学习和建立共识的过程，可以被看作城乡规划公众参与的高级形式，其规划成果表现为沟通交流后建立在共同认可的理性基础上的协议和共识。社会公众权利意识的觉醒使得他们要求参与到规划工作的编制过程中去，政府需要获得公众认同来保证规划的实施，规划工作者需要掌握各方诉求来平衡利益关系，通过协作式规划，在政府、公众、规划工作者三方之间建立起协作机制，从而建立常态化、法治化的沟通协作规划机制，实现从单向度的规划立法到多向度的规划协商，保障并规范新的文化治理机制。

（三）城镇治理现代化与文化治理多元化的双管齐下

社会治理现代化，意味着冲破中国一直持续的行政主导的传统，引入多种力量参与社会运行。文化治理视角下城镇空间的优化，无疑需要在原有的国家立场基础上融入更多让市场机制和社会力量可以参与介入的空间。作为改变着国家治理的需求表达方式与供给提供方式，文化治理正在形成一种新的治理场域和供求互动模式。作为一种“约束性的城镇化战略理念”，城镇治理现代化与文化治理多元化的“双管齐下”，要求城镇化发展战略和规划，除了传统的空间布局和公共服务配套等内容外，要形成完整的综合规划模本和范式，即必须具备合理的产业与就业系统规划、紧缩型土地优化利用系统规划、公共福祉和社会保障系统规划、历史记忆保护系统规划、生态循环发展系统规划和人的现代化行动纲领规划，由此构成中国特色的综合型城镇化规划。

城镇控制规划的主旨是实现城镇文化空间的综合协调，包括与经济、社会、生态和文化发展有关的城乡建设和基础设施建设的空间布局协调，以及国土资源开发利用和生态环境保护整治的协调，不同行政区域之间及区域内城镇之间和城乡之间的相互协调。只有通过区域内的人口、经济、文化、科技、环境及资源等系统及其内部各要素之间的相互协作、配合和促进，才能实现城镇良性循环和文化全面发展的目标。

多元文化治理的要义是激活城镇公民自治能力和创新活力，即充分发挥文化在城镇治理中的功能，重视新型城镇化建设中文化综合实力的作用，让每个人都能有参与到社区文化建设中，将“单向度”的治理变成“多元化”的参与，激活文化空间的内生动力；同时，当前城镇治理主体从传统的“内部参与”单一政府主体转换为“内外共同参与”的复合主体，通过机制创新和模式创新，使得这一治理结构能够有效运转，实现城镇化与文化发展时间与空间的效能耦合。

参考文献

[1][美]朱克英. 城市文化[M]. 张廷全等,译. 上海:上海教育出版社,2006:1,20.

[2]胡惠林. 国家需要文化治理[J]. 学习时报,2012(6):28-32.

[3][法]亨利·勒菲弗. 空间与政治[M]. 上海:上海人民出版社,2008:65,38.

[4][美]爱德华·W. 索杰. 后大都市:城市和区域的批判性研究[M]. 上海:

上海教育出版社,2006:8.

[5]张鸿雁. 中国新型城镇化战略面临的十大难题及对策创新[J]. 探索与争鸣,2013(11):13-16.

[6]张保国. 新疆对外开放战略研究[M]. 乌鲁木齐:新疆人民出版社,1989:167.

[7]徐敏宁. 新型城镇化建设的导向[N]. 学习时报,2014-09-15(004).

[8]孙政,吴理财. 公共文化服务刚性供给与文化需求弹性发展的矛盾及解决之道——基于12省25县(区)的公共文化服务体系问卷调查[M]//文化部文化科技司,武汉大学国家文化创新研究中心. 中国文化创新报告(2013). 北京:社会科学文献出版社,2013:168-189.

[9]石忆邵,王云才. 异地城镇化:新时期中国城镇化的主旋律[J]. 同济大学学报(社会科学版),2006,17(4):29-35.

[10]费孝通. 反思·对话·文化自觉[J]. 北京大学学报(哲学社会科学版),1997(3):15-22.

[11]费孝通. 费孝通九十心语[M]. 重庆:重庆出版社,2005.

[12]费孝通. 文化自觉的思想来源与现实意义[J]. 文史哲,2003(3):15-16.

[13]黄亚平,陈瞻,谢来荣. 新型城镇化背景下异地城镇化的特征及趋势[J]. 小城镇建设,2012(2):11-16.

[14]周乾松. 加强历史村镇文化遗产保护的有效途径[N]. 光明日报,2012-02-01.

[15]来自青年规划师的感悟和建议——基于"青年专场:城乡社区规划与治理"整理郑德高,孙娟. [EB/OL]. [2014-12-10]. http://school.qingdaonews.com/d/e4c4.html.

[16]黄建洪. 城镇化发展的"中国道路"与国家治理现代化[J]. 江汉论坛,2014(10):59-65.

[17]张鸿雁. 中国新型城镇化理论与实践创新[J]. 社会学研究,2013(3):1-14.

[18]魏波. 环境危机与文化重建[M]. 北京:北京大学出版社,2007:85.

剪纸艺术的现代价值及产业竞争力提升路径

——以阜阳剪纸为例[①]

The Modern Value and Path to Improve the Industrial Competitiveness of Chinese Paper Cutting Art

——Take Example with Fuyang Paper Cutting Industry

黎泽潮　张　瑀[②]

Li Zechao　Zhang Yu

摘要：剪纸是一门起源于中国原始文化并根植于中国传统文化的装饰艺术。随着时代的演变，剪纸艺术彰显出了更加丰富的现代价值。当下，剪纸产业初步形成，面对纷繁复杂的竞争环境，现代剪纸产业的产业竞争力不强的问题日益凸显。本文以阜阳剪纸产业为例，通过对剪纸艺术的现代价值与剪纸产业所处的竞争环境的分析，提出了提升剪纸产业竞争力的几条路径。旨在促进现代剪纸艺术的保护与传承。

关键词：剪纸艺术；竞争力；现代价值；剪纸产业

Abstract: Paper cutting is a kind of Chinese decorative art originated from Chinese ancient culture and rooted within Chinese traditional culture. With the times changing, paper cutting reflects much richer modern value. Nowadays, paper cutting industry has taken its initial shape. But facing with fierce and complex market competition, it becomes more and more obvious that paper cutting industry is lacking of competitiveness. With an aim to promote the pro-

---

① 国家社会科学基金项目“媒介文化价值与实现机制研究”（课题编号：14BXW059）的阶段性成果。

② 黎泽潮，安徽师范大学新闻与传播学院教授，研究方向为非物质文化遗产开发；张瑀，安徽师范大学新闻传播学研究生，研究方向为文化传播与营销。

tection and inheritance of modern paper cutting art, this paper takes Fuyang paper cutting industry for example, through modern value and competition analysis, it put forwards several paths in improving the competitiveness of the whole paper cutting industry.

Key words: paper - cut art; competitiveness; the modern value; paper - cutting industry

剪纸是一门起源于中国原始文化并根植于中国传统文化的装饰艺术。在不断的发展中，剪纸艺术被运用到剪丝帛、剪楸叶、皮影、印染、版画、陶瓷等各个领域，人们把剪成的图形贴于屏风和窗户上，妇女们还把剪成的图形戴在头上，甚至作为节日时的礼物相赠。小小的纸片上蕴涵着人们对生活、自然、生命的真挚感情。剪纸艺术在展现中华民族文化气质的同时，带给人们的是吉祥、和谐、幸福的生活气息。

其中具有代表性的便是安徽阜阳地区的剪纸，阜阳很早即有剪纸出现和应用。有资料显示，阜阳博物馆收藏的“牧笛”、“兰桥会”、“祭塔”等，都是清代的阜阳剪纸，用途是作为鞋花或是袜底花，具有构图简洁、形象生动、剪口清晰、想象丰富等特点。

阜阳剪纸善于运用线条的组合，粗线细线的交替中体现出的是南北剪纸艺术的融合，形成了朴实优美、节奏和谐、刚柔兼备的地方特色。2008 年阜阳剪纸入选国家级非物质文化遗产，更彰显出丰富的现代价值。充分挖掘其现代价值，积极探索其发展路径，将对阜阳剪纸的保护与传承有积极的作用。

一、剪纸艺术的现代价值

剪纸艺术从古代发展至现代，其价值的内涵在不断扩张，从最初的实用价值逐渐衍生出了美学价值、文化价值、经济价值等。

（一）剪纸艺术的美学价值

郭沫若先生曾以“一剪之趣夺神功，美在民间永不朽”的诗句赞誉中国民间剪纸艺术。剪纸艺术有着自己独特的造型观念，中央美术学院民间美术研究室主任靳之林先生认为，它既不同于西方写实和焦点透视构成的造型观念，又不同于中国以线造型和散点透视构成的造型观念。它彰显的是主观意象造型观念。这种主观意象的造型观由创作者的民族、生活环境、哲学观念、情感气质、审美观念等因素决定。剪纸创作者有着强烈的主观意识，重视直觉，把淳朴的审美理念与灵活多变的表现形式相融合，升华成一件件富有激情与个性的剪纸艺术作品。

剪纸艺术以点、线、面的方式表现形体结构的镂空技法，是与绘画艺术最大的区别。考察剪纸艺术的发源，我们可以发现，剪纸艺术产生与流传在我国农村，受制作工具、材料和表现力的限制，往往只能采用最简单的方法去刻画物象，讲求神似，求简去繁，久而久之形成了高度概括与简朴的艺术特点。剪纸艺术的另一大特点是无遮掩。作品中往往是各个物象尽量排开以避免物体间的遮掩。将立体的世界压缩在平面中，所有的遮挡物都无法挡住创作者心中所要表现的形象，这种突破事物客观表象，全面独特的观察法和平面表现手法，使得剪纸形象趣味无穷。与国画贵在似与不似之间不同，剪纸艺术确是“三分外形七分打扮”，它是“装饰化的造型艺术”，不以写实为追求，在装饰中体现主观意识，在形态上追求完整丰富，以全为美，在局部的细节刻画上神采兼备，优美动人，无论是人物气质，还是花草走兽都显得那么神气飞扬，在朴实中寓精巧，力求完美。在折剪技法处理下的各种有序纹样，结构分明，有着强烈的美感，让人赏心悦目。

（二）剪纸艺术的文化价值

剪纸艺术是传统艺术的重要组成部分，它反映了不同民族的社会生活、历史文化，体现着他们的风俗习惯、宗教信仰以及审美理想。剪纸艺术给我们展现的是一个立体的文化奇观。通过剪纸艺术我们可以看到某地人们在不同的历史时期所表现的文化特征，也可以看出在同一时期，不同地域的人们所体现出的不同的文化特征。剪纸中的每一个形象都不是孤立的，它是承载文化特征的信息符号。

吉祥图案是民间剪纸经常使用的图案之一，它具有丰富的象征意义，不仅象征人们的观念信仰，同时还体现着人们对于美好生活的向往。吉祥图案的剪纸历史悠久，它虽产生在民间，但被社会各个阶层所推崇。经过不断的发展与创新，吉祥剪纸的内容与表现形式变得越来越丰富，从中折射出的时代背景、社会与民族心理以及审美情趣也变得越来越具体。人们从剪纸中可以感受到丰厚的文化底蕴，这是对幸福的追求与对生命的赞美。这一切无不体现出中华民族的思维与表达方式。剪纸艺术所推崇的吉祥观念是中国传统文化的一种体现。它是人们克服困难、掌握自己命运意志的体现。在现代推广剪纸艺术，就是在推广这种生生不息的民族文化精神。

（三）剪纸艺术的经济价值

剪纸艺术品具有商品性，它同时具备价值与使用价值。人们在创作剪纸艺术品时耗费的社会劳动时间是其价值所在。剪纸艺术品自身所具备的满足人们审美需求以及日常生活需要的属性是其使用价值。剪纸艺术品的商品性是剪纸艺术经济价值生发的基础。

在使用价值方面，一方面剪纸艺术应用范围广泛。既可以作为喜庆节日时的装饰，如窗花、门笺、灯花、喜花等；又可以作为鞋巾冒、围嘴、兜肚等儿童服饰上的刺绣底样。具有美饰功能的同时象征着吉祥与喜悦。因此，剪纸工艺品在民间的市场潜力很大。另一方面剪纸艺术完整地体现了民间视觉思维和造型特点，蕴涵着我们古老民族创造精神和审美本源特征，借鉴与弘扬中国传统民间剪纸创作之精髓，以现代的设计理念和表现手法应用于设计中，将对倡导“以人为本”，体现人与自然和谐共存的现代设计艺术起到积极的推进作用。其多样统一的结构形式对现代广告的设计也具有一定的参考价值。

尽管随着剪纸艺术的经济使用价值不断被开发利用，已初步形成产业，但产业竞争力还比较弱。下文拟以阜阳剪纸为例，分析剪纸产业竞争力环境，寻求剪纸产业竞争力提升的路径。

二、剪纸产业竞争环境分析

迈克尔·波特的“五力模型”将产业竞争环境分为进入威胁、代替威胁、供应商议价能力、客户议价能力、现有的竞争对手等五个方面。由此，我们可以分析出阜阳剪纸产业的竞争力环境。

（一）进入威胁

“进入威胁”是指由新对手加入对既有的市场和资源的竞争所导致的成本上升和收益下降。一般来说进入威胁的大小由两方面决定，即：产业进入壁垒和产业内守成者的反击。根据波特的竞争理论，产业的壁垒一般由规模经济、资本需求、分销渠道等共同构成。从剪纸产业的进入规模来看，因为产业的规模才开始形成，由规模经济与资本需求带来的进入壁垒比较少，分销渠道上，民间剪纸多以市场零售作为自己的销售渠道。这样的销售渠道不稳定，很难形成一定的规模。由此可见，剪纸产业面临着较强的进入威胁。

（二）代替威胁

从需求类型上看，人类的审美需求具有弹性。这使得剪纸工艺品对价格的敏感程度高。人们对于剪纸工艺品的消费与刚性消费不同，价格的变化对产品的需求影响较大。

从转换成本上看，满足人类审美需求的代替品非常多。暂且不论人类创造出的非常巨大的艺术宝库，就单是民间艺术这一小的展架上就放着诸如：年画、纸马、剪纸、陶瓷、彩雕、印染、编织品、玩具等不同艺术形式的作品。

从消费者的使用倾向上看，目前人们在选择装饰元素时还没有形成稳定的使用倾向。剪纸工艺作为传统手工艺有其自身的局限性。一方面产品过于单一，现阶段剪纸产业主要的产品是剪纸工艺品和少量的服装。这类产品往往种类繁多，但使用价值单一，容易被取代。另一方面，传统工艺品的价值很大一部分源于其唯一性。俗语说“物以稀为贵”，如果一件工艺品被大量复制，其价值将会迅速下降。消费者从心理上对于工艺品“质”与“量”的认知矛盾也是影响其装饰元素选择倾向的重要因素。

综上所述，剪纸产业面临非常巨大的代替威胁。剪纸产业要发展需要警惕装饰与审美市场的价值转移，从产品功能的创新、消费者市场的培养等多方面做出努力。

（三）供应商议价能力

剪纸产业是物质生产与内容生产相结合的资源供应：在剪纸艺人创作剪纸作品的基础上，将这些作品生产为工艺品或服装等。可见剪纸产业的供应商包括两大类，即：物质供应商和内容供应商。在没有形成一定规模之前，内容供应商积极性有限，供应量小，内容供应商的议价能力不容忽视。然而随着产业规模的扩大，产业利润的扩大会增强内容供应商们的积极性，供应量越大，议价能力越有限。此时，物质供应商的议价能力变强。因此，剪纸产业的供应商议价能力取决于产业的规模。

（四）客户议价能力

剪纸产业的客户，主要是剪纸工艺品的消费者。消费者在购买剪纸工艺品时不仅消费了剪纸工艺品的实用价值，而且还消费了剪纸工艺品中所蕴藏的美学价值和文化价值。这些美学价值与文化价值对消费者的议价能力有着重要的影响。拥有高附加值的剪纸工艺品其消费者愿意接受更高的价格。

（五）竞争对手的竞争

剪纸这门艺术发展至今，有许多不同的流派，其中较为著名的有蔚县剪纸、丰宁剪纸与陕西剪纸。阜阳剪纸作为其中一只，面临着众多同行业者的竞争。从整个市场看，在全国范围内承接剪纸工艺品制作的公司就有157家之多①，其中不乏规模较大的老牌企业，如创立于1990年的河北蔚县蔚州镇喜花剪纸厂，20世纪80年代中期建立的河北省大杰剪纸厂等。这些企业起步较早，拥有一定的竞争力。从局部地区看，阜阳本地从事剪纸工艺品制作的作坊不下数十个，据现在阜阳剪纸产业规模最大的阜阳顺昌剪纸文化传播有限公司总经理陈震先生介绍，现阶段阜阳境内亟待整合的手工剪纸作坊就有二十多家。可见，本地的剪纸产业竞争者依然存在，且数量较多。

根据波特的竞争理论，产业竞争的主体越多，参与竞争的各方力量越接近，竞争的结果就越倾向于微妙的平衡：产业内任何主体都难以成为影响市场的垄断者，各主体之间既有合作也有竞争。各个不同的剪纸流派可以共同出力引导剪纸文化的流行，为剪纸产业扩大市场，但在行业内部，不同的剪纸制作公司又要为了有限的市场展开竞争。

三、剪纸产业竞争力提升策略

近年来，在国务院关于文化产业振兴规划出台后，发展文化产业已经成为国家战略。各相关部门开始主动与文化部门沟通，探讨如何为文化产业发展提供政策环境支持，特别是各大商业银行也主动与文化企业商谈合作，提供资金支持。可以说文化产业的春天正悄然而至。乘着政策的机遇，阜阳剪纸产业化已经初具规模，形成了以“阜阳顺昌剪纸文化传播有限公司”为核心的剪纸文化产业。结合企业和地方文化，阜阳剪纸开发了一系列独具特色的剪纸礼品，已成为地方政府和大型企业厂庆、店庆、招商、交流的常态化剪纸礼品，受到大家的一致好评。其中有16种剪纸包装，被推荐到外交部举办的纪念建国60周年向全国征集的外交礼品中，已成为外事礼品，由我国驻外大使赠给各国政要和贵宾。同时通过京交会、广交会、文博会、西博会、港澳非遗博览会等各大展会交流平台，大力宣传阜阳剪纸，为阜阳民间工艺精品畅销国内外市场提供了强有力的产品支

① 以“剪纸”为关键词在马可波罗企业网（http：//china. makepolo. com/）搜索，截至2014年12月12日。

持。但面临上述复杂的竞争环境，阜阳剪纸产业要提升其竞争力，应从以下路径着手：

（一）改善生产方式，扩大产业规模

在自给自足的农耕社会，劳动者在创造物质财富的同时也创造精神财富。就妇女们来说，做针线是她们的本分，剪纸是她们的副业，是她们宣泄自己思想情绪的手段；也是她们显示自己聪明灵巧能干的手段。但随着消费时代的到来，剪纸艺人们逐渐意识到只有汇集在一起，形成一定的生产规模才能获得更大的利润。现今，虽然阜阳剪纸已经初步形成产业，但生产方式和工具却相当落后，绝大部分工艺品需要艺人们手工完成。

随着不断开拓的市场，落后的生产方式将会制约剪纸工艺品的生产规模，没有一定的规模就无法形成有效的产业进入壁垒，没有良好的产业进入壁垒会使剪纸产业在激烈的竞争中处于不利地位。可见，改变现有手工为主的生产方式迫在眉睫。剪纸产业的生产方式要一分为二，一方面保持原有手工剪纸技艺，创造剪纸艺术珍品，传承与发扬传统剪纸艺术；另一方面可以运用现代化激光切割机，大量产出剪纸作品，应对不断增长的市场需求，做大做强剪纸产业。

（二）注重人才培养，建设创作梯队

创作是剪纸产业的灵魂，拥有丰富内涵的剪纸工艺品不仅可以增加供应商的议价能力同时还可以促进消费者的购买。创作的基础在技艺，技艺的传承重在梯队建设。完整的创作梯队会给剪纸产业带来无尽的活力。现今，阜阳剪纸大师中年龄最大的是 1947 年出生的葛光荣大师，年龄最小的是 1994 年出生的肖雨大师。可见创作梯队正在逐渐形成。如何开展好剪纸培训课程，发掘年轻人中的剪纸艺术大师，是当前面对的首要问题。正在进行的对颍州区中小学美术老师、阜阳师范学院大学生、少年儿童、艾滋病孤儿、聋哑儿童以及下岗职工等群体的剪纸培训，是阜阳剪纸正在做的尝试。希望培养出一批阜阳剪纸新秀，为阜阳剪纸传承提供新的人才保障。在未来还应该积极与各地中小学合作，开展青少年剪纸艺术兴趣班，一方面可以发掘青少年的艺术潜能，陶冶情操，缓解紧张的学习压力，还能增加剪纸艺术在群众中的影响力，提升企业知名度与美誉度；另一方面，培养剪纸传人，使剪纸艺术传承队伍年轻化，为剪纸产业注入新的血液，带来新的活力。

（三）打造多元渠道，树立良好品牌

增强剪纸产业竞争力，不能单纯的走剪纸工艺品这一简单的渠道。要对剪纸工艺的美学价值和经济价值进行充分挖掘，将剪纸的工艺融入其他主流产品渠道，开发与剪纸有关的周边产品。现阶段阜阳剪纸产业除生产传统剪纸工艺品以外，主要开拓的市场有服装与文具。不过，目前只停留在将剪纸的花纹简单地运用在其他产品上。而且面对其他同行的竞争，阜阳剪纸还缺少明确的具有保护性的产品标识。要增强阜阳剪纸产业竞争力，就必须从挖掘自身特色，建立产业品牌入手。在充分分析国内现有剪纸艺术的基础上，对自身剪纸艺术特点进行定位，通过各种媒介加以强化，以树立阜阳剪纸的品牌形象。与此同时，考虑将剪纸工艺融入服饰、家具、汽车销售、手表、杂志等不同的渠道，形成多元化的产品。在全国各地建立阜阳剪纸品牌店、直销店。让阜阳剪纸产业走出安徽走向全国，甚至走出中国走向世界。

（四）开创数字互动，引领符号流行

对剪纸艺术运用数字化的手段进行保护、弘扬与传播，需要建立一个以信息技术为基础的数字化民间文化遗产保护与传承的多媒体交互体系，对散落在民间的剪纸艺术素材进行收集归类，并对已创作出的剪纸艺术珍品进行图形化数字化处理。同时还可以开发一系列互动性游戏，将传播剪纸技艺与剪纸艺术欣赏结合起来，让更多的人参与到剪纸游戏中来，体验其中的乐趣。现阶段阜阳剪纸并没有真正意义上的数字化资料库，缺乏有效的图形处理与归类，不方便检索查询与传播。加强互动平台的数字化建设，实现在线互动教学、游戏体验等功能，并将其运用到指导与吸引普通大众的一般创作与赏析之中，将会对剪纸产业的发展起到巨大推动作用。

符号学家认为，人是符号的动物，人的本质也在于能利用符号去创造文化。艺术家总是在创造不同的艺术符号，剪纸艺术中，常用的符号主要有“锯齿纹”、“月牙纹”、“云水纹”和“箭簇纹”，随着时间的沉积，这些符号已经被大众所熟知并且被赋予特定的意蕴。将这些艺术符号融入书籍、服装、工艺品、电视、电影的设计与制作中，创造一种流行，会有效的促进剪纸艺术的传播与发展。阜阳剪纸正在探索这一道路，并有所成就，开发出来的剪纸系列的礼品盒、笔记本、服装等，颇受市场好评。随着品牌的创立，流行的延续将需要更加新颖的创意。

四、结语

剪纸产业作为一个新兴的文化产业，在规模、资金、人才和技术方面都还有明显不足，有待我们去进一步拓展。扩大产业规模、打造多元渠道将有利于形成强大的产业壁垒，从而减少剪纸产业的进入威胁；网络引领剪纸符号流行，能增强消费者的购买倾向，降低被替代的可能；树立剪纸品牌文化，可以增强各方议价能力；加大人才培养力度，形成创作梯队，会增强剪纸产业整体综合竞争力。综之，紧跟时代的步调，针对行业特点与市场特性，大力发展剪纸产业，有意识的弘扬剪纸艺术的现代价值，增强剪纸产业的核心竞争力，不仅是对剪纸这门传统技艺的传承与发扬，同时也能创造出良好的经济效益。

参考文献

[1]汪雪．中国民间剪纸美学初探[D]．武汉:武汉理工大学,2006.

[2]庞薰琴．图案问题的研究[M]．上海:大东书局,1953.

[3]迈克尔·波特．竞争优势[M]．陈小悦,译．北京:华夏出版社,2005.

[4]刘菲．民艺装饰元素在现代环境中的应用[D]．景德镇:景德镇陶瓷院．2013(5).

[5]梁惠娥,刘娇娇．解读民俗剪纸中的符号化纹样[J]．艺术百家,2011(7):165－168.

新浪微博改善用户广告体验之原因及路径探析

An Analysis of Reasons and Pathways to Improve User Advertising Experience of Sina Weibo

吴　倩①

Wu Qian

摘要：广告业务是新浪微博商业化的主要发力点，而海量用户则是这一商业模式的基础，但其目前的广告模式以单向展示甚至是硬性推广为主，损害用户体验，一定程度上造成用户流失且广告效果不明，未发挥出其互动、精准、社交等独特优势。因此，未来应该着力改善广告体验，做好创新形式、美观页面设计；精准投放、为用户创造价值；互动营销，提升情感体验等方面以实现用户体验和商业价值的共赢。

关键词：视觉；精准；互动；情感

Abstract: Advertising is the main profit pattern of Sina Weibo and huge amounts of users are the foundation of the business model. However, the current advertising model is mainly one－way and rigid, which has undermined user experience, and to some extent, resulted in the loss of users. Besides, such advertising model is not very effective, and fails to take the advantage of Sina Weibo's interaction, accuracy, socializing and other unique characteristics. Therefore, in the future Sina Weibo should strive to improve user advertising experience, achieve win－win between user experience and commercial value by innovating advertising format and beautifying page design, refining advertising reach and creating value for users, engaging in

① 吴倩，中国海洋大学国家文化产业研究中心文化产业管理专业研究生，研究方向是新媒体产业发展。

interactive marketing and enhancing emotional experience.

Key words：visual；precise；interactive；emotion

在微信等移动互联网新势力的冲击下、在资本市场耐力有限的压力下，海量用户变现成为困扰新浪微博最大的问题，寻求增值服务盈利失败之后，广告业务成为其商业化的主要发力点。自阿里巴巴入股18%的股份以来，新浪微博广告业务进程加快，而无论是橱窗展示广告还是信息流中的粉丝通广告，都因对用户体验造成损害而备受诟病，成为其用户流失和活跃度下降的原因之一。如何提升用户的广告体验成为其商业化进程中迫切需要解决的问题。

一、巩固广告支撑型商业模式

网络免费的时代，广告是主流商业模式，而用户对于广告的体验即广告体验是用户体验的一部分，是提高用户黏性、维系广告支撑型商业模式的基础。

（一）广告是主要的盈利模式

根据产业间的联动关系与发展的先后连接关系，经济研究学者一般把互联网经济分为4个层次即系统软件和基础通信等互联网支撑产业、互联网应用产业、门户和新闻传媒等互联网媒介产业、电子商务和在线商业服务等互联网商业。

本文研究的新浪微博属于互联网媒介产业，从经济学的角度看，媒介产业与众不同之处在于其生产一种产品却在产品和服务两个市场中运行。媒体首先把内容产品（报纸、广播、电视节目等）出售给受众，再将受众接触的渠道卖给广告商，被受众消费的内容产品构成媒体的第一种产品，而被广告商购买的受众注意力则构成媒体生产的第二种产品，这就是传媒“二次销售”模式。这种销售模式也是媒介的主要盈利模式即广告支撑型商业模式。

对于互联网企业来说，免费已经成为共识，利于前期积累用户也加重了对广告盈利的依赖，特别是中国网民的付费习惯尚未养成，广告盈利成为绝大多数互联网媒介企业的盈利方式。图1是新浪微博2013—2014年的营收构成，广告和营销业务占较大比重且因增值服务增长几近停滞造成新浪微博对广告业务的依赖性越来越大。

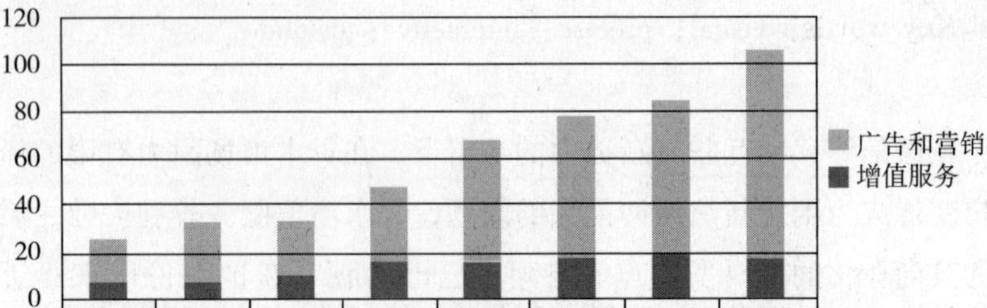

	2013Q4	2013Q2	2013Q3	2013Q4	2014Q1	2014Q2	2014Q3	2014Q4
增值服务	7.10	7.70	9.70	15.40	15.70	17.70	18.80	17.20
广告和营销	18.80	24.80	23.50	32.20	51.90	59.60	65.40	88.00

图 1：新浪微博 2013Q1—2014Q4 营收构成（百万美元）

数据来源：新浪微博季报。

（二）用户是广告模式的基础

传媒“二次销售模式”中，受众注意力是广告支撑型商业模式的产品，没有受众也就没有这一模式所出售的产品，因此海量用户是广告模式的基础，而新媒介的进步特别是互联网的发展则使得用户的地位更为重要。

首先，新媒介的迅猛发展使受众接受讯息的渠道日益增多，其注意力被分散，不再是被动接受的奴隶，而是主动选择的理性个体，受众的地位也在逐渐凸显。传播学理论上关于受众地位的研究也从最初赫尔伯·施拉姆认为的“传播被视为魔弹，可以毫无阻拦地传递观念、情感、知识和欲望”到伊莱休·卡茨提出“使用与满足”概念，认为“受众是有着特定需求的个人”再到英国文化研究学派代表人物霍尔在《编码/解码》一书中指出“受众不再是应声倒地的靶子，而是媒介文本的主动解读者，不同的受众会对信息进行不同的解码，以生产出多种意义”再到英国后期文化研究的代表人物费斯克更是提出受众是文本意义的解读者、创造者更是具有一种反抗精神，更加突出了受众的主动性地位。

其次，在互联网媒介中受众地位的凸显更为明显。互联网的发展突破了传统的地域和空间限制，使用户的个性化需求得到彰显，并且促进了各种亚文化族群的聚集和繁荣。在网络经济中，人们对产品的个性化和人性化需求增加，并且用户的参与感越来越强。

（三）体验是用户黏性的关键

体验（User Experience）是指用户使用产品（包括物质产品和非物质产品）

或者享受服务的过程中建立起来的心理感受，涉及人与产品、程序或者系统交互过程中的所有方面。用户体验最早是工业设计中的概念，犹如人的盲肠，可以为产品增色但是撼动不了整体，而在互联网经济中，这种体验的作用被放大。

从产品的消费形态而言，新浪微博的用户消费的产品是一种非物质性的、标准性低的、精神层面的服务，这是社会生产力发展到一定程度，人们满足物质消费之后寻求更高层次的精神和情感的满足，也就是1999年美国学者约瑟夫·派恩和詹姆斯·吉尔摩在《体验经济》一书中提出：在继农业经济、工业经济、服务经济之后又一新的经济形态即体验经济出现，与体验经济相关的产业和服务业的分离也是一种“有价值的区分”。体验经济和互联网经济是同一时间段的不同分类标准的结果，特别是免费模式下，信息充盈且产品功能日渐趋向于同质化，用户的迁移成本很低，用户对产品的体验效果价值日渐明显。

对于新浪微博来说，其主要商业模式是广告支撑型，在这一模式中，用户消费的客体有互联网产品和广告信息两部分，传统的用户体验多关注前者，而用户在登录某网站的时候，既消费网站内容也消费网站广告，因此广告体验也是用户对网站整体体验的一部分。

二、走出广告业务遭遇的困境

广告和营销营收是新浪微博的业绩焦点，但其目前商业广告的用户体验不佳，不仅造成了活跃度下降、几近撼动广告支撑型商业模式，而且用户消极抵触的广告效果也备受质疑。

（一）微博用户活跃度下降

根据2013年第四季度的财报，新浪微博营收7140万美元，营业利润达300万美元，首次实现了盈利；与此同时2013年底，CNNIC（中国互联网络信息中心）发布的年度报告显示，2013年有22.8%的网民减少了对微博的使用，新浪CEO曹国伟坦承2013年新浪微博的日活跃用户的同比增长为36%，其中年第四季度仅为4.2%，这两项数字都是微博有史以来最低的增长率。

越来越多的广告已经引起了用户的反感，特别是信息流中出现未关注账号发布的推广广告，不能删除、不能屏蔽，只能看后隐藏。一方面账号被盗之后狂发私信推广广告的情况也时有发生；另一方面与用户无关或者无价值的广告过多也稀释了社交媒体有价值的资讯或者社交功能，丧失了对用户的吸引。

海量用户是新浪微博商业化的根基，也是其吸引广告商的基础，如果用户对广告的体验不佳进而选择放弃新浪微博，其商业化道路将丧失中坚力量。

（二）广告效果备受质疑

虽然已经有越来越多的企业加入到新浪微博的推广大军中，但其广告效果却屡遭质疑。国际上已经有通用、起亚以及美国最大在线旅游公司 Priceline 等多个国际知名企业公开质疑 Facebook 等社交媒体的广告推广效果不明。美国的一家市场调研公司 Custora 甚至发布报告称，在过去的四年中，通过在 Facebook 上投放广告吸引过来的新客户数未能出现明显增长。

一方面，国内业界关于新浪微博所提供的转发量、评论量以及阅读量等是否真正影响到消费者购买行为的讨论此起彼伏；另一方面，上文提到的新浪微博加快商业化进程特别是信息流广告造成对用户骚扰，用户对广告产生消极抵触，甚至将这种不满情绪发泄到广告主的产品上，广告推广呈负效果，许多广告商因此将暂缓在新浪微博上投放广告。究其原因，其广告模式依然停留在传统门户网站广告的思维，以单向的强推和浅层次的展示为主，牺牲用户利益致使二次销售模式失衡。事实上，广告主和用户的利益并不矛盾，一则体验良好、允许用户积极参与且能为用户提供有用价值的广告效果会更好。

三、用户体验要素下广告体验改善策略

用户体验的概念难以准确界定，但其所含要素则为我们思考如何改善用户对广告的体验提供了思路。

（一）用户体验要素理论

体验在用户与产品、环境和他人进行互动中产生，是变动的且难以准确定义的，用户体验也涉及生理、心理、情感以及行为等诸多要素。用户体验要素研究涉及经济学、心理学和交互设计学等多个方面，每个领域中都提及了不同的用户体验要素。

Robert Rubinoff 提出用户体验由四个相互关联的因素构成：品牌、可用性、功能性和内容，只有这四个方面共同作用才能产生一个积极的用户体验。Davis 认为一个系统的有用性和易用性是用户能否接受该系统的重要因素；Hassenzahl 等人、Heijden 分别对网站系统的享受性和视觉吸引性做了研究，而 Moeslinger 则认为用户体验应该由实践体验、感官体验和情感体验三个部分构成；邓胜利、张

敏认为用户体验的内容可以分为功能体验、技术体验和美学体验三个层面。

总之，用户体验涵盖从浅层次的感官生理体验到深层次的情感体验等多重维度，用户既关注产品有用性和易用性等功能体验，也关注设计、视觉等美感体验，还关注互动、象征等情感体验。

（二）广告体验改善策略

新浪微博作为一个社交媒体，其互动、社交、相关的广告特性是一把双刃剑，一方面为低成本、高效率的营销带来了可能，另一方面也对广告要求更高，简单、粗暴、硬性的展示类广告更容易引起用户反感，产生抵触情绪。总体而言，新浪微博的改善应从显性展示到隐形交流，从广撒网到精定位，由单向推广到双向互动方向发展。

1. 创新形式，美观页面设计

感官体验是用户对广告页面最为直观的生理体验，既包括色彩搭配、文字动画、界面布局等美感层面也包括打开速度、链接流畅等技术层面。根据瑞士信贷发布的新浪微博调查报告显示，其核心用户是18—25岁的学生和白领，本科及同等学力的用户占据70%以上，这一人群会更关注广告界面的设计感。

较之于普通门户网站的广告，新浪微博在广告界面方面并未形成独特的风格，同为SNS网站的豆瓣网则在这一方面更具借鉴意义。豆瓣网的广告设计精良、气质独特而且与内容的融合恰到好处。新浪微博的广告是杂乱、粗暴、无设计感，是赤裸裸的广告，而豆瓣广告则是整洁、文艺，是特别不像广告的艺术品。（图2是新浪微博广告与豆瓣网广告的对比图）。当然豆瓣网是文艺范的慢公司而新浪微博是媒体属性的快公司，二者的基因不同。豆瓣广告是清新和文艺，而新浪微博则可以是年轻、时尚、理性和科技，而不是淘宝上的地摊货闪烁换页面像是走进了农贸集市。颜色搭配随机、毫无设计感，在加上滚动的“热卖”、“短裤”等红热字体，显得粗俗不堪。

此外，新浪微博的广告形式较之于传统的网络广告并不具有创新性，硬性的网幅广告（如图片轮播式动态网幅广告）居多，而其社交情景丰富的优势并未发挥出来。将硬化的产品广告置于用户熟悉的生活情景中，真实的情景会让用户觉得这不是广告而是有用的信息，相关性高的广告可以缓解用户对广告的抵触心理。

图 2：新浪微博底部广告（上）与豆瓣广告（下）对比图

新浪微博内部应该设立专门团队负责广告设计的审核和完善，选择一些设计精良兼具时尚美感的广告投放，此外还需要控制页面广告数量、通过技术完善提高广告链接打开速度和流畅度。

2. 精准投放，为用户创造价值

用户希望在媒介平台上获取更多有用的内容，将有用的广告推送到相关的用户面前，那么这该广告就变成了一条有价值的内容。

传统媒体的广告投放是模糊的、缺乏指向性的，并且受众是发散的，而新浪微博等社交媒体广告则更容易实现对受众有用且相关的精准营销，这就是一种为用户创造价值从而改善广告体验的方式。

新浪微博是一个弱技术基因的公司，其算法还停留在对用户填写资料分类、浏览或者搜索历史等层面，并没有对用户深层次社交行为进行大量数据的收集、处理和挖掘，所以才会出现“淘宝搜索棺材”而“微博被骨灰盒广告轰炸”的案例而广为诟病。与门户针对品牌广告商不同，新浪微博的主要客户群是中小广告主，并为此推出了“粉丝通”投放系统。广告商自主决定投放人群的年龄、性别、地域以及兴趣等信息，推广内容将出现在用户信息流中第一至第三条微博中的随机位置。这种广告商决定是否投放、投放人群、投放额度的模式具有标准化、易操作等特点，但也对技术提出了更高的要求。一旦计算失误，用户看到未关注账号的推广与自己完全不相关的信息会有一种“被微博绑架了”的感觉。事实上，网购已经成为大多数网民特别是新浪微博核心用户群体的必备生活需求，如果促销信息、优惠券等有用的信息推送到真正关心这一品牌的用户跟前，会为新浪微博的整体用户体验增色。

在这一方面，新浪微博应从数据的采集、分析再到运用，力求各个环节优化算法，将品牌推广送达到切身相关的用户，在技术尚未达标的情况下，应该适当放慢商业化进程。

3. 互动营销，提升情感体验

较之于传统媒体，新浪微博广告的特性在于用户参与度高、社交场景丰富，而这也为广告体验的改善提供了可能性。

首先提高广告的趣味性，内容要有趣引发共鸣，特别是信息流推广中的广告更需要新奇、有趣的视频等广告来吸引用户主动点击，最终达到裂变传播的效果。

其次，提高广告的互动性。新浪微博目前的广告形式还停留在浅显地贩卖用户注意力的阶段，并未体现出较之于传统门户网站单向传播所不同的互动体验的优势，所谓互动性包括用户和用户以及用户和广告两个层面。2011 年 Nielsen（尼尔森）一份关于消费者对社交与非社交形式的广告态度的调查报告显示 76% 的美国网络消费者表示他们最相信朋友的评论，其中 49% 的人相信网络中其他用户的观点；换言之，好友分享过或者关注过的广告对于用户也是一种有用的信息，更容易减少抵触情绪。新浪微博可以增加积分或者线下优惠来吸引用户评价或分享广告，再将这一行为历史推送给其好友。

互动性还包括线上与线下的互动，而以社交为基准，让用户心甘情愿地参与到广告互动中去，既可获得良好的广告效果也能兼顾用户体验，一举两得。小米手机、奔驰 smart 和小米盒子以及 2014 年初的魅族手机换购活动中，新浪微博就是通过提供定制的 page 页面，通过粉丝服务平台推送消息、微博支付、微博精选、粉丝头条、tips 广告、热门话题在内的微博广告，形成 attention - interest - search - action - share 完整的营销闭环，吸引相关用户在线上参与、线下购买，互动体验良好。

再次，提高用户的主动性。用户在被动状态下（网页弹窗广告或者电视节目中插播广告）接触的广告更容易引起反感，而在搜索、订阅等主动选择模式下接触的广告则更容易被接受。谷歌的网幅广告就设置关闭按钮，允许用户选择“停止显示此广告”，并在“内容不当”、“重复显示”和“不相关”三个选项中自由决定是否反馈关闭理由，用户在感受到被尊重的同时还能帮助谷歌优化广告投放中的问题。

最后，要加强情感交流。目前有几千家品牌广告主入驻新浪微博，其广告诉求不再是曝光度而是美誉度和忠诚度，豆瓣的品牌小站和 Facebook 的品牌页面就是为广告商提供了一个与粉丝互动的平台，广告价值很高。例如匡威在豆瓣上的小站就通过举办歌词大赛、鞋带搭配、青春宣言等一系列线上活动，并且与“后海大鲨鱼”、“新裤子”、“刺猬”等国内摇滚乐团进行了内容上的合作，而 Facebook 也于 2013 年发布新版 Page Insights 服务，帮助品牌页面管理者更好地监控流量和用户互动情况，包括签到、点赞和参与互动的用户总数等，页面管理者可以将这些数据与前几周或者前几个月的数据进行对比，以为用户提供最喜欢的内容从而带来更好的体验。新浪微博的品牌主页则只是一个加 V 的普通用户，未来应该着力为品牌提供更高的价值来获利。例如将微博内容与推广广告分置在两个可以切换的页面，前者只有信息流而严禁任何推广广告，后者是一个广告商可以自由入驻的页面，用户可从入驻该页面的品牌商中自由选择是否关注，品牌商可以自主发布新品、优惠信息、宣传活动等，与粉丝进行深度互动，而用户可以自由选择只看信息流页面或者在二者之间切换。

四、结语

微博广告用户触达面广、精准相关度高且裂变传播可以覆盖到非投放范围之内的更大面积用户，这是其独特的广告价值，也易于将劣质广告的不良效果放大，对广告业务提供了更高的要求，而用户体验和商业价值是媒介“二次销售”商业模式中的两个关键要素，是统一而非对立的，改善广告体验则可以有效实现二者平衡，促进新浪微博更好、更快地实现商业化进程。

参考文献

[1]章剑林．互联网产品用户体验[M]．北京:清华大学出版社,2013:6.

[2] Robert. G. Picard. *Media Economics: Concepts and Issues* [M]. Sage Publications, 1989:17.

[3]张隆栋．大众传播学总论[M]．北京:中国人民出版社,1998:156.

[4]郭庆光．传播学教程[M]．北京:中国人民大学出版社,2009:180.

[5]罗仕鉴,朱上上. 用户体验与产品创新设计[M]. 北京:机械工业出版社,2010:4.

[6]魏博. 浅谈互联网中的用户体验[J]. 艺术与设计,2008(2):19-22.

[7]Robert Rubinoff. *How to Quantify the User Experience*[EB/OL]. (2004-04-21). http://www.sitepoint.com/quantyy-userexpeliencel.

[8]Davis, F. D. *Perceived Usefulness, Perceived Ease of Use, and User Acceptance of Information Technology*[J]. *MIS Quarterly*, 1989, 13(3):319-340.

[9]Hassenzahl M., Platz A., Burmester M., et al. *Hedonic and Ergonomic Quality Aspects Determine a Software's Appeal*[C]//Proceedings of the SIGCHI Conference on Human Factors in Computing Systems. New York: ACM, 2000:201-208.

[10]Van der Heijden H. *Factors Influencing the Usage of Websites: the Case of a Generic Portal in the Netherlands*[J]. *Information & Management*, 2003, 40(6):541-549.

[11]Moeslinger S. *Technology at Home: A Digital Personal Scale*[J]. CHI'97 Extended Abstracts on Human Factors in Computing Systems. New York: ACM, 1997:216-217.

[12]邓胜利,张敏. 用户体验——信息服务研究的新视角[J]. 图书与情报,2008(4):18-23.

台湾省六大直辖市文化创意产业发展分析

Study on the Development Cultural and Creative Industry in Taiwan's Six Major Municipalities

林义斌①

Lin Yibin

摘要：文化创意产业不仅是国际间的潮流趋势，也是当前两岸重点产业政策项目之一。本文利用文创年报中台湾“财政部”财税中心统计资料，分析近年台湾地区文化创意产业发展的概况和趋势，结果显示，文化创意产业具有浓厚的都会型产业特质，人口数及人口密度较高的直辖市，是台湾地区文化创意产业的核心据点。台湾省六大直辖市拥有全台七成人口、八成文创产业厂商家数，以及超过九成的文创产业营业额，对台湾地区的文化创意产业的发展具有举足轻重的作用。可惜的是，六大直辖市政府在发展文创产业之际，并没有配合其文化条件与产业环境，同构型愈来愈高，完全看不出个别城市的特色。因此，本文建议未来应因地制宜，结合城市发展愿景，积极建设发展具有地方特色的文创产业。

关键词：台湾；直辖市；文化创意产业

Abstract: The cultural and creative industry is not only the international trend, but also one of the key industries enjoying government policy support in both the mainland and Taiwan. Through analysis of the current situation and development trend of Taiwan's cultural and creative industry using statistics from the Financial center of Taiwan's Finance Ministry, the result shows that

① 林义斌，台北市教育大学文化创意产业经营学系助理教授，研究方向为文化创意设计与管理。

the cultural and creative industry in Taiwan is strongly metropolis – oriented. Municipalities with big and dense population are core places where the cultural and creative industry has taken root. The six major municipalities in Taiwan hold nearly 70 percent of Taiwan's whole population, approximately 80 percent of cultural and creative enterprises and more than 90 percent of turnover in Taiwan's cultural and creative industry, hence they play an important role in this respect. However, it is a regret that the governments of six major municipalities failed to combine the development of cultural and creative industry with their respective cultural characteristics and environment, leading to different cities all in the same development pattern. This paper suggests that the policy of cultural and creative industries in the future should be adapted to local conditions, combined with the vision of urban development in order to actively build up and develop a cultural and creative industry with local characteristics.

Key words: Taiwan; municipality; cultural and creative industries

一、绪论

在全球化风潮下，台湾地区产业面临转型与升级压力，许多传统产业已渐失产业竞争优势，因此，如何发掘并培育具有潜力的新兴产业，作为未来经济成长的新动力，是政府推动产业政策的当务之急。

文化创意产业不仅是世界各国的产业潮流趋势，也是当前两岸产业政策的重点项目。自 2002 年开始，台湾政府就以《创意台湾（Creative Taiwan）》为发展目标，将《文化创意产业发展计划》纳入《挑战 2008：国家发展重点计划》（以下简称《挑战 2008》），以期能扩大台湾文化创意产业的营业额与就业机会，透过文化创意产业开拓创意，结合人文与经济，发展兼顾文化积累与经济效益的产业，提升生活质量与国家竞争力。《挑战 2008》计划于 2007 年底执行完毕，借由政府政策的推动与民间创意能量的发挥，由文化面、创意面、艺术面、设计面来提升人民整体的生活质量，对台湾经济转型发展及民众生活型态的改变，已经产生关键性影响。

2009年2月21日马英九先生在召开“当前总体经济情势及因应对策会议”中，特别强调文化创意是当前重要的六大关键新兴产业之一，政府应投注更多资源，以扩大规模、提升新兴产业产值，并辅导及吸引民间投资。台湾“行政院”文化建设委员会（台湾“文化部”前身）汇整各界意见，复提出《创意台湾——文化创意产业发展方案》，执行期程自2009年至2013年，主要针对台湾当前发展文化创意产业之优势、潜力、困境及需求，提出推动策略，期能达到以台湾为基地，拓展华文市场，进军国际，打造台湾成为“亚太文化创意产业汇流中心”之愿景。

台湾推动文化创意产业政策迄今已逾10年，本文检视近六年来（2008—2013）台湾文化创意产业的发展概况，并比较分析台湾省六大直辖市的文化创意产业趋势，期望能提供后续文化创意产业政策规划调整的参考。

二、台湾文化创意产业发展概况

虽然国际间对“文化创意产业”的称呼、定义和范畴各有差异，有称为文化产业、创意产业、版权产业或内容产业者；但相同的是，文化创意产业已经成为世界各国竞相投入发展的重要产业。从产业面向来看，文化创意产业彰显在文化的基础上，应用科技与创新进行研发，达到产业升级的价值；从经济面向而言，文化创意产业则以提升产品质量、开发国内外市场以及扩大国家整体产值为目标。

“文化创意产业”（Cultural and Creative Industry）一词，为台湾官方正式定名，简称“文创产业”，是由台湾“行政院”在2002年5月依照《挑战2008》的子计划《发展文化创意产业计划》所确定。为促进文化创意产业发展，建构富有多元文化及创意之社会环境，2010年台湾复制定颁布《文化创意产业发展法》（以下简称《文创法》），对台湾推动文化创意产业来说如虎添翼，不仅具有法治保障，也为台湾的产业转型发展创造一个崭新的契机。

根据《文创法》中的定义，所谓“文化创意产业”是指“源自创意或文化积累，透过智慧财产之形成及运用，具有创造财富与就业机会之潜力，并促进全民美学素养，使国民生活环境提升之产业”。此外，《文创法》也依“就业人数多或参与人数多；产值大或产业关联效益大、成长潜力大；原创性高或创新性高及附加价值高”等三大原则，指定15项文化创意产业的范畴，并归纳为：艺文类、媒体类、设计类及数字内容等四大领域，分属文化部、经济部及内政部等三个不同机构管辖。详见表1所示。

表 1：台湾文化创意产业的分类及事业主管机关

领　域	次产业	主管机关
艺文类	视觉艺术产业	“文化部”
	音乐及表演艺术产业	
	文化资产及展演设施产业	
	工艺产业	
媒体类	电影产业	
	广播电视产业	
	出版产业	
	广告产业	“经济部”
	流行音乐及文化内容产业	“文化部”
设计类	产品设计产业	“经济部”
	视觉传达设计产业	
	设计品牌时尚产业	
	建筑设计产业	“内政部”
	创意生活产业	“经济部”
数字内容	数字内容产业	
其他	经中央主管机关指定之产业	

数据来源：转引自《2012 台湾文化创意产业发展年报》。

其中，创意生活产业是台湾特有的文化创意产业范畴。根据台湾“文化部”(2013）的定义，创意生活产业是指“从事以创意整合生活产业之核心知识，提供具有深度体验及高质美感之行业，如饮食文化体验、生活教育体验、自然生态体验、流行时尚体验、特定文物体验、工艺文化体验等行业”。虽然创意生活产业被认为是未来台湾最具吸引国际人士的创新特色产业，不过，由于创意生活产业包含食衣住行育乐等涵盖范围太广，而这些产业又分散到各个产业中，难以统计估算，因此，相关统计资料中大多未纳入。

此外，数字内容产业虽然被归类为文化创意产业的单一领域，实则包括许多不同的产业。根据台湾“经济部”工业局（2012）的定义，数字内容主要是将图像、字符、影像、语音等数字化并整合运用之技术、产品或服务；其产业范畴包含：数字游戏、计算机动画、数字影音、数字出版与典藏、数字学习五大核心产业，以及行动应用服务、网络服务及内容软件等三项关联产业，通常也不列入文化创意产业的统计中，以免重复计算（有关台湾数字内容相关产业的统计分析，请参考《Taiwan 数字内容产业年鉴》）。

（一）整体产业概况

根据《2014 台湾文化创意产业发展年报》（台湾“文化部”，2014）统计数据显示，2013 年台湾文化创意产业厂商总家数为 61，978 家，相较于 2012 年，整体约增长 0.61%；在营业额方面，由于全球经济景气逐渐复苏，2013 年台湾文化创意产业的总营业额为新台币 785，575，040 千元，相较于 2012 年，也成长了约 2.82%，详见表 2。

表 2：2008—2013 年台湾文化创意产业厂商数及营业额概况

年份		2008	2009	2010	2011	2012	2013
厂商	家数(家)	60,757	59,668	60,084	61,126	61,601	61,978
	成长率	—	-1.79%	0.70%	1.73%	0.78%	0.61%
营业额	千元(新台币)	674,720,474	647,876,434	767,764,260	790,308,231	764,048,535	785,575,040
	成长率	—	-3.98%	18.50%	2.94%	-3.32%	2,82%

数据来源：整理自《2014 台湾文化创意产业发展年报》。

若将文化创意产业总营业额（新台币 7，855.75 亿元）与台湾 GDP（Gross Domestic Product）相比较，台湾文化创意产业总营业额占台湾 GDP 比重大约都维持在5%左右，详见表 3。值得关注的是，近年台湾 GDP 皆有持续增长，从 2011 年的 1.37%增长到 2013 年的 3.64%；但是文化创意产业总营业额占台湾 GDP 的比重，却从 2010 年的 5.44%衰减至 2013 年的 5.16%，连续四年出现衰退现象，显然文化创意产业并没有为台湾的经济发展带来贡献，值得进一步探讨。

表 3：2008—2013 年台湾文化创意产业营业额及台湾 GDP 数据

（单位：亿元新台币）

年份	2008	2009	2010	2011	2012	2013
文化创意产业营业	6,747.20	6,478.76	7,677.64	7,903.08	7,640.49	7,855.75
GDP	131,509.50	129,616.56	141,192.13	143,122.00	146,869.17	152,212.01
GDP 成长率	-1.91%	-1.44%	8.93%	1.37%	2.62%	3.64%
文创产业营业额占 GDP 比重	5.13%	5.00%	5.44%	5.52%	5.20%	5.16%

数据来源：转引自《2014 台湾文化创意产业发展年报》。

（二）次产业概况

表4为2008—2013年台湾文化创意产业各次产业（不含创意生活产业及数字内容产业）的厂商家数、营业额及成长趋势分析。数据显示，2013年台湾文化创意产业各次产业中，厂商家数最多的前五种产业依序为：广告产业（13，990家，占25.22%）、工艺产业（12，853家，占23.17%）、出版产业（8，933家，占16.11%）、流行音乐及文化内容产业（4，342家，占7.83%）以及建筑设计产业（2，970家，占5.36%）；至于厂商家数成长率最多的前五种产业，依序分别为：视觉传达设计产业（57.55%）、文化资产应用及展演设施产业（23.30%）、设计品牌时尚产业（21.19%）、音乐及表演艺术产业（13.48%）以及建筑设计产业（5.51%）。

若就营业额来看，2013年台湾文化创意产业各次产业的营业额中，最高的前五种产业依序为：广告产业的1，644亿元（占23.45%）、广播电视产业的1，419亿元（占20.24%）、工艺产业的1，130亿元（占16.12%）、出版产业的1，105亿元（占15.76%）以及产品设计产业的581亿元（占8.29%）；至于营业额成长率较高的前五项产业，依序则为：设计品牌时尚产业（21.67%）、音乐及表演艺术产业（15.71%）、广告产业（10.78%）、视觉艺术产业（7.55%）以及产品设计产业（6.61%）。

表4：2008—2013年台湾文化创意产业各次产业厂商家数、营业额及成长率一览表

（单位：家、千元新台币、百分比）

产业类别 \ 年份		2008	2009	2010	2011	2012	2013	2013占比	CAGR
视觉艺术	家数	2,595	2,523	2,507	2,545	2,553	2,541	4.58%	-0.42%
	成长率		-2.77%	-0.63%	1.52%	0.31%	-0.47%		
	营业额	4,813,952	3,778,861	4,292,316	4,719,454	5,829,563	6,269,757	0.89%	5.43%
	成长率		-21.50%	13.59%	9.95%	23.52%	7.55%		
音乐及表演艺术	家数	1,426	1,583	1,869	2,111	2,322	2,635	4.75%	13.07%
	成长率		11.01%	18.07%	12.95%	10.00%	13.48%		
	营业额	8,909,329	7,954,354	9,395,570	10,539,908	11,656,296	13,487,513	1.92%	8.65%
	成长率		-10.72%	18.12%	12.18%	10.59%	15.71%		

续表

产业类别 \ 年份		2008	2009	2010	2011	2012	2013	2013占比	CAGR
文化资产应用及展演设施	家数	51	55	62	80	103	127	0.23%	20.02%
	成长率		7.84%	12.73%	29.03%	28.75%	23.30%		
	营业额	576,787	697,877	475,025	1,175,130	1,010,439	949,336	0.14%	10.48%
	成长率		20.99%	−31.93%	147.38%	−14.01%	−6.05%		
工艺	家数	12,542	12,349	12,582	12,752	12,875	12,853	23.17%	0.49%
	成长率		−1.54%	1.89%	1.35%	0.96%	−0.17%		
	营业额	107,813,801	108,523,757	158,250,858	153,516,494	119,715,746	113,024,388	16.12%	0.95%
	成长率		0.66%	45.82%	−2.99%	−22.02%	−5.59%		
电影	家数	1,930	1,881	1,812	1,775	1,742	1,737	3.13%	−2.09%
	成长率		−2.54%	−3.67%	−2.04%	−1.86%	−0.29%		
	营业额	20,775,949	19,922,860	20,998,994	27,386,286	27,239,400	28,288,782	4.03%	6.37%
	成长率		−4.11%	5.40%	30.42%	−0.54%	3.85%		
广播电视	家数	1,555	1,581	1,588	1,574	1,583	1,579	2.85%	0.31%
	成长率		1.67%	0.44%	−0.88%	0.57%	−0.25%		
	营业额	110,853,827	114,448,310	127,709,791	131,756,499	134,456,347	141,931,266	20.24%	5.07%
	成长率		3.24%	11.59%	3.17%	2.05%	5.56%		
出版	家数	9,587	9,379	9,281	9,187	9,130	8,933	16.11%	−1.40%
	成长率		−2.17%	−1.04%	−1.01%	−0.62%	−2.16%		
	营业额	111,277,283	105,257,435	116,031,150	116,350,345	116,807,568	110,479,073	15.76%	−0.14%
	成长率		−5.41%	10.24%	0.28%	0.39%	−5.42%		
广告	家数	12,599	12,627	12,923	13,313	13,635	13,990	25.22%	2.12%
	成长率		0.22%	2.34%	3.02%	2.42%	2.60%		
	营业额	128,877,242	114,947,804	138,756,891	147,217,804	148,405,254	164,396,475	23.45%	4.99%
	成长率		−10.81%	20.71%	6.10%	0.81%	10.78%		
流行音乐及文化内容	家数	4,537	4,426	4,469	4,577	4,466	4,342	7.83%	−0.87%
	成长率		−2.45%	0.97%	2.42%	−2.43%	−2.78%		
	营业额	31,487,321	29,353,395	30,711,119	32,674,804	32,571,433	31,537,667	4.50%	0.03%
	成长率		−6.78%	4.63%	6.39%	−0.32%	−3.17%		

续表

产业类别 \ 年份		2008	2009	2010	2011	2012	2013	2013占比	CAGR
产品设计	家数	2,153	2,285	2,451	2,685	2,894	2,966	5.35%	6.62%
	成长率		6.13%	7.26%	9.55%	7.78%	2.49%		
	营业额	45,029,188	46,840,261	55,614,016	55,587,902	54,540,715	58,146,114	8.29%	5.25%
	成长率		4.02%	18.73%	-0.05%	-1.88%	6.61%		
视觉传达设计	家数	246	260	295	346	384	605	1.09%	19.72%
	成长率		5.69%	13.46%	17.29%	10.98%	57.55%		
	营业额	2,373,565	2,937,784	3,838,362	2,906,943	1,806,395	1,819,183	0.26%	-5.18%
	成长率		23.77%	30.66%	-24.27%	-37.86%	0.71%		
设计品牌时尚	家数	60	73	103	127	151	183	0.33%	24.99%
	成长率		21.67%	41.10%	23.30%	18.90%	21.19%		
	营业额	140,905	158,983	210,064	280,933	310,051	377,229	0.05%	21.77%
	成长率		12.83%	32.13%	33.74%	10.36%	21.67%		
建筑设计	家数	2,231	2,294	2,440	2,644	2,815	2,970	5.36%	5.89%
	成长率		2.82%	6.36%	8.36%	6.47%	5.51%		
	营业额	24,781,706	19,719,483	25,961,771	28,632,686	28,704,177	30,405,276	4.34%	4.18%
	成长率		-20.43%	31.66%	10.29%	0.25%	5.93%		
合计	家数	51,512	51,316	52,382	53,716	54,653	55,461	100%	1.49%
	成长率		-0.38%	2.08%	2.55%	1.74%	1.48%		
	营业额	597,710,854	574,541,163	692,245,927	712,745,189	683,053,385	701,112,060	100%	3.24%
	成长率		-3.88%	20.49%	2.96%	-4.17%	2.64%		

注：年复合成长率（Compound Annual Growth Rate，CAGR）统计年度为2008—2013年。

数据来源：整理自《2014 台湾文化创意产业发展年报》。

从表4可知，2013年台湾文化创意产业营业额最高的三大次产业，依序为：广告产业（23.45%）、广播电视产业（20.24%）及工艺产业（16.12%），其营业额合计约占整体文化创意产业营业额的六成（59.81%）；而营业额最小的三个次产业，依序为：设计品牌时尚产业（0.05%）、文化资产应用及展演设施产业（0.14%）以及视觉传达设计产业（0.26%），三者营业额总和，只占整体文创产业营业额的0.45%。由此可知，台湾文化创意产业的次产业，经济规模差异极大。

整体而言，2013年厂商家数及营业额同时出现成长的产业，主要有：音乐及表演艺术、广告、产品设计、视觉传达设计、设计品牌时尚以及建筑设计等产业；相反的，2013年不论在厂商家数和营业额都出现衰退的产业，主要有：工艺、出版、流行音乐与文化内容产业。另外，根据表4的年复合成长率（CAGR）可得知，台湾文化创意产业各次产业中，近六年（2008—2013）成长较多的产业主要有：音乐及表演艺术（家数13.07%、营业额8.65%）、文化资产应用及展演设施（家数20.02%、营业额10.48%）、设计品牌时尚（家数24.99%、营业额21.77%）、产品设计（家数6.62%、营业额5.25%）和建筑设计（家数5.89%、营业额4.18%）等产业；出版产业则持续衰退（家数-1.40%、营业额-0.14%），而视觉传达设计产业（家数19.72%、营业额-5.18%）的竞争者愈来愈多，但获利却逐年衰减，值得进一步关注。

三、台湾六大直辖市的文化创意产业发展

“直辖市”是台湾省第一级行政区划，其制度源自1921年北洋政府颁布的《市自治制》中所称之“特别市”。北洋政府解体前，全国共有：京都、津沽（今天津）、淞沪（今上海）、青岛、哈尔滨、汉口（今武汉）等6个特别市。国民政府完成北伐、统一全国后，于1930年制定新的《市组织法》，将市分为院辖市（即特别市，1994年后改称为直辖市）和省辖市。院辖市与省同级，省辖市则与县同级。1949年两岸分治前，全国共有：南京市、上海市、北平市、青岛市、天津市、重庆市、大连市、哈尔滨市、汉口市、广州市、西安市、沈阳市等12个院辖市。第二次世界大战结束、台湾光复后，由于台北市为国民政府所在地，被视为是战时首都，因此，在1967年根据《市组织法》规定，首先将台北市升格为直辖市；1979年高雄市也比照改制，成为台湾省的两大直辖市之一。

除了台北市、高雄市之外，基本上，台湾省的行政区划主要是沿用日治时期的划分范围，全台共设5市16县，包括：基隆市、新竹市、台中市、嘉义市、台南市等五个省辖市，以及台北县、桃园县、新竹县、苗栗县、台中县、彰化县、南投县、云林县、嘉义县、台南县、高雄县、屏东县、宜兰县、花莲县、台东县、澎湖县等16个县。到了2010年左右，台湾地区人口超过百万人的都会区已有五处，早年划分的行政区显得过小，于是陆续有行政区改制的呼声。

（一）台湾省六大直辖市及其文化创意产业政策

根据台湾《地方制度法》的规定，人口聚居达125万人以上，且在政治、经

济、文化及都会区域发展上有特殊需要之地区，得设直辖市。2010 年 12 月 25 日，台湾省将原台湾省辖的部分县市改制、合并改制或与原有的直辖市改制为新直辖市，计有台北市、高雄市、新北市、台中市、台南市等 5 个直辖市，俗称“五都”；到了 2014 年 12 月 25 日，桃园县也改制升格，成为台湾的第 6 个直辖市。

台湾省本岛面积约有 36，188 平方公里，6 个直辖市的面积合计只占全岛面积 30% 左右。另外，根据台湾“内政部”的人口统计数据，截至 2015 年 3 月，台湾地区总人口数有 23，449，287 人，其中，将近七成（68. 74%）人口集中在这 6 个都市中，可见六大直辖市对台湾文化创意产业发展的重要性。关于台湾省六大直辖市的地理位置、面积和人口概况等信息，详见图 1。

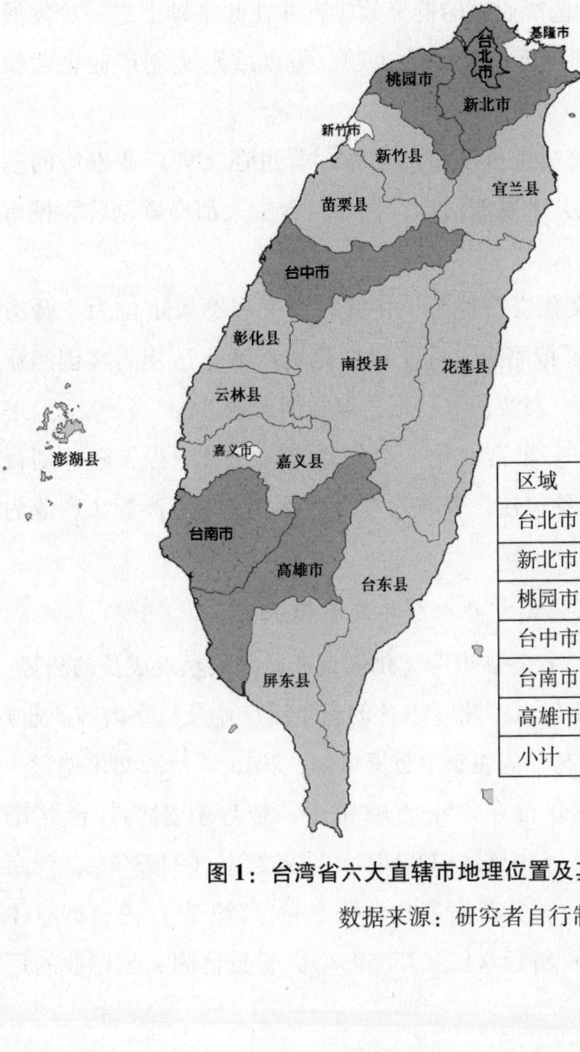

区域	面积/km²（%）	人口数（%）
台北市	271.80(0.75%)	2,704,133(11.53%)
新北市	2,052.57(5.67%)	3,967,571(16.92%)
桃园市	1,220.95(3.37%)	2,061,501(8.79%)
台中市	2,214.90(6.12%)	2,721,709(11.61%)
台南市	2,191.65(6.06%)	1,884,641(8.04%)
高雄市	2,947.62(8.15%)	2,779,355(11.85%)
小计	10,899.49(30.12%)	16,118,910(68.74%)

注：人口数统计至2015年3月

图 1：台湾省六大直辖市地理位置及其人口与地理信息

数据来源：研究者自行制表。

台湾省各直辖市发展文化创意产业的政策，概述如下：

1. 台北市目前对于文化创意产业的推动重点，主要是在台北市“文化创意产业轴带”上，进一步积极整合各方资源，加速文化创意产业群聚效应，提升其产值与国际竞争力。

2. 新北市由于人口众多，且与毗邻之台北市形成双都会的发展格局，对于以内需市场为主的文化创意产业具有其先天的发展优势。因此，新北市的文化创意产业推动工作，主要以视觉艺术、工艺、产品设计、视觉传达设计、设计品牌时尚和创意生活产业等六项次产业为重点。

3. 桃园市在《桃园市文化创意产业白皮书》的指导下，未来要建构一个“设计中心”来吸引产业进驻，同时利用现有的旧厂房或是公共部门的闲置空间来满足进驻企业的需求，借以营造产业链的群聚效应，并在此基础上进一步发展多元文化、劳动美学、流动之都、庶民文创等主题，借以鼓励文创产业企业投入，增加竞争特色。

4. 台中市的文创产业发展政策及推动重点工作，着重在文创产业发展的基础环境整备，以及办理各种文化艺术展演活动，例如：台中大都会歌剧院和城市文化园区等大型文化设施建设。

5. 台南市以其具有丰沛的文化资产优势，将其城市发展愿景定位为“台湾文化首都”，在文化创意产业发展策略上，除了以文化资产活化运用为文创产业主力之外，也积极推动视觉艺术、表演艺术、工艺等文创产业。

6. 高雄市以《文创大高雄——丰富文化·深广并续》作为中程施政计划目标，在文化创意产业推动上，主要包括：表演艺术、影视、文化资产等次产业为重点。

（二）台湾省六大直辖市文化创意产业整体发展概况

相较于2012年，2013年台湾省各县市的文化创意产业大致呈现成长的趋势。表5为2013年台湾省各县市文化创意产业（不含创意生活产业及数字内容产业）的厂商家数、营业额及成长率概况，从表5中数据可知，2013年台湾文化创意产业厂商最多的县市，主要就是分布在六个直辖市中，依序分别为：台北市（30.30%）、新北市（15.48%）、台中市（11.87%）、高雄市（8.93%）、台南市（6.31%）及桃园市（5.71%），其厂商家数合计（43，589家）占台湾整体文创产业厂商家数（55，461家）将近八成（78.59%），显见台湾文创产业的厂商多倾向以大都市（直辖市）为主要的经营据点。

若就营业额来看，台湾文化创意产业的营业额主要也集中在这六个直辖市中，依序分别为：台北市（59.99%）、新北市（13.00%）、高雄市（5.85%）、台中市（5.60%）、桃园市（4.44%）及台南市（2.80%），合计占台湾整体文创产业营业额的九成以上（91.68%）。整体来说，2013 年台湾省六个直辖市文创产业的厂商家数和营业额大致呈现成长趋势（除了台中市的厂商家数有稍减之外）。其余营业额衰退的县市，则有宜兰县、嘉义市、新竹县、彰化县、嘉义县和澎湖县；而嘉义市、新竹县和澎湖县无论在厂商家数还是营业额都呈现衰退的现象，值得进一步关注。

另一方面，虽然台北市的面积在六个直辖市中最小、人口也不是最多，但是大多数的文创产业厂商和营业额都集中在此，因此，台北市占有台湾文化创意产业发展最重要的地位。如果再加上周边的新北市和桃园市，整个台湾省北部可说是台湾文创产业的重要集聚地。由此可见，城市是台湾文化创意产业发展最重要的关键因素，因为城市可以聚集创意人才、汇聚创意产业，并产生消费市场的需求。

表 5：2013 年台湾省各县市文化创意产业厂商家数、营业额及成长率概况一览表

（单位：家、千元新台币）

县市别	家数（占比）	成长率	营业额（占比）	成长率
台北市	16,802(30.30%)	1.79%	420,610,644(59.99%)	0.13%
新北市	8,587(15.48%)	1.85%	91,140,612(13.00%)	7.38%
桃园市	3,169(5.71%)	1.86%	31,105,657(4.44%)	10.93%
台中市	6,582(11.87%)	-0.42%	39,269,293(5.60%)	4.25%
台南市	3,497(6.31%)	3.07%	19,638,819(2.80%)	1.64%
高雄市	4,952(8.93%)	1.54%	40,991,586(5.85%)	7.88%
基隆市	552(1.00%)	3.37%	2,130,921(0.30%)	7.85%
宜兰县	908(1.64%)	2.02%	3,063,294(0.44%)	-0.24%
嘉义市	723(1.30%)	-1.77%	2,938,515(0.42%)	-2.73%
新竹县	700(1.26%)	-0.57%	9,004,821(1.28%)	-4.29%
苗栗县	969(1.75%)	-1.22%	3,029,675(0.43%)	1.96%

续表

县市别	家数(占比)	成长率	营业额(占比)	成长率
南投县	828(1.49%)	-1.66%	2,436,640(0.35%)	3.92%
彰化县	1,892(3.41%)	1.56%	7,408,243(1.06%)	-3.96%
新竹市	916(1.65%)	1.78%	7,181,332(1.02%)	8.19%
云林县	837(1.51%)	2.45%	2,380,265(0.34%)	0.21%
嘉义县	473(0.85%)	0.21%	1,748,747(0.25%)	-1.80%
屏东县	1,169(2.11%)	0.78%	3,160,486(0.45%)	7.87%
花莲县	952(1.72%)	7.45%	6,240,221(0.89%)	27.41%
台东县	511(0.92%)	4.29%	6,744,379(0.96%)	33.26%
金门县	181(0.33%)	2.84%	320,970(0.05%)	8.02%
澎湖县	223(0.40%)	-3.46%	511,936(0.07%)	-7.61%
连江县	38(0.07%)	-9.52%	55,003(0.01%)	12.86%
合　计	55,461	1.48%	701,112,060	2.64%

数据来源：整理自《2014 台湾文化创意产业发展年报》。

(三) 台湾六大直辖市文化创意产业各次产业概况

表6为2013年台湾省六大直辖市文创次产业厂商家数与营业额一览表。若就个别城市来看，台北市在各项次产业的厂商家数和营业额，都居全台之首；新北市在音乐及表演艺术、工艺、电影、广播电视、出版、广告、流行音乐及文化内容、视觉传达设计、设计品牌时尚和建筑设计等产业之营业额则仅次于台北市；桃园市的产品设计产业营业额（6.45%）则次于台北市；台中市的视觉艺术产业营业额（11.57%）也仅次于台北市，但优于其他直辖市；台南市的文化产业设施产业营业额（13.63%）仅落于台北市之后；高雄市的音乐及表演艺术产业营业额（10.26%）和工艺产业营业额（13.19%）也有不错的表现。

表6：2013年台湾省六大直辖市文创次产业厂商家数、营业额与占比一览表

（单位：家、千元新台币）

次产业		台北市	新北市	桃园市	台中市	台南市	高雄市	六都小计	全台湾
视觉艺术	家数	556 (21.88%)	228 (8.97%)	127 (5.00%)	294 (11.57%)	174 (6.85%)	261 (10.27%)	1,640 (64.54%)	2,541
	营业额	3,592,353 (57.30%)	360,640 (5.75%)	224,050 (3.57%)	531,103 (8.47%)	355,561 (5.67%)	288,609 (4.60%)	5,352,316 (85.37%)	6,269,757
音乐及表演艺术	家数	945 (35.86%)	444 (16.85%)	119 (4.52%)	177 (6.72%)	171 (6.49%)	181 (6.87%)	2,037 (77.31%)	2,635
	营业额	8,161,999 (60.52%)	1,708,371 (12.67%)	458,920 (3.40%)	353,703 (2.62%)	467,435 (3.47%)	1,384,355 (10.26%)	12,534,783 (92.94%)	13,487,513
文化资产应用及展演设施	家数	38 (29.92%)	19 (14.96%)	4 (3.15%)	8 (6.30%)	11 (8.66%)	15 (11.81%)	95 (74.80%)	127
	营业额	592,059 (62.37%)	64,197 (6.76%)	3,315 (0.35%)	13,819 (1.46%)	129,376 (13.63%)	53,936 (5.68%)	856,702 (90.24%)	949,336
工艺	家数	3,339 (25.98%)	1,866 (14.52%)	634 (4.93%)	1,602 (12.46%)	827 (6.43%)	1,052 (8.18%)	9,320 (72.51%)	12,853
	营业额	40,997,628 (36.27%)	18,955,894 (16.77%)	6,751,950 (5.97%)	8,266,540 (7.31%)	2,255,108 (2.00%)	14,902,911 (13.19%)	92,130,031 (81.51%)	113,024,388
电影	家数	552 (31.78%)	263 (15.14%)	127 (7.31%)	116 (6.68%)	95 (5.47%)	196 (11.28%)	1,349 (77.66%)	1,737
	营业额	16,348,821 (57.79%)	4,642,806 (16.41%)	1,190,000 (4.21%)	1,697,119 (6.00%)	698,823 (2.47%)	2,069,857 (7.32%)	26,647,426 (94.20%)	28,288,782
广播电视	家数	895 (56.68%)	204 (12.92%)	49 (3.10%)	77 (4.88%)	53 (3.36%)	78 (4.94%)	1,356 (85.88%)	1,579
	营业额	99,944,390 (70.42%)	10,774,099 (7.59%)	4,057,174 (2.86%)	5,177,662 (3.65%)	2,224,336 (1.57%)	9,086,022 (6.40%)	131,263,683 (92.48%)	141,931,266
出版	家数	2,971 (33.26%)	1,444 (16.16%)	503 (5.63%)	1,045 (11.70%)	609 (6.82%)	838 (9.38%)	7,410 (82.95%)	8,933
	营业额	64,227,836 (58.14%)	23,569,630 (21.33%)	2,044,348 (1.85%)	4,806,011 (4.35%)	7,304,218 (6.61%)	3,745,397 (3.39%)	105,697,440 (95.67%)	110,479,073

续表

次产业		台北市	新北市	桃园市	台中市	台南市	高雄市	六都小计	全台湾
广告	家数	4,216（30.14%）	2,556（18.27%）	942（6.73%）	1,929（13.79%）	787（5.63%）	1,371（9.80%）	11,801（84.35%）	13,990
	营业额	109,234,210（66.45%）	20,177,437（12.27%）	8,236,420（5.01%）	10,858,099（6.60%）	3,658,595（2.23%）	5,893,840（3.59%）	158,058,601（96.14%）	164,396,475
流行音乐及文化内容	家数	980（22.57%）	433（9.97%）	202（4.65%）	417（9.60%）	277（6.38%）	496（11.42%）	2,805（64.60%）	4,342
	营业额	17,874,410（56.68%）	3,932,237（12.47%）	1,795,329（5.69%）	1,979,438（6.28%）	1,249,629（3.96%）	1,970,399（6.25%）	28,801,442（91.32%）	31,537,667
产品设计	家数	856（28.86%）	524（17.67%）	204（6.88%）	423（14.26%）	279（9.41%）	208（7.01%）	2,494（84.09%）	2,966
	营业额	39,207,867（67.43%）	3,268,508（5.62%）	3,748,907（6.45%）	3,214,144（5.53%）	716,684（1.23%）	566,814（0.97%）	50,722,924（87.23%）	58,146,114
视觉传达设计	家数	175（28.93%）	151（24.96%）	32（5.29%）	72（11.90%）	52（8.60%）	43（7.11%）	525（86.78%）	605
	营业额	1,242,131（68.28%）	194,338（10.68%）	32,628（1.79%）	188,062（10.34%）	42,964（2.36%）	35,689（1.96%）	1,735,812（95.42%）	1,819,183
设计品牌时尚	家数	81（44.26%）	36（19.67%）	11（6.01%）	14（7.65%）	10（5.46%）	10（5.46%）	162（88.52%）	183
	营业额	237,948（63.08%）	65,096（17.26%）	14,291（3.79%）	28,656（7.60%）	18,768（4.98%）	5,006（1.33%）	369,765（98.02%）	377,229
建筑设计	家数	1,198（40.34%）	419（14.11%）	206（6.94%）	408（13.74%）	152（5.12%）	203（6.84%）	2,586（87.07%）	2,970
	营业额	18,948,993（62.32%）	3,427,360（11.27%）	2,548,325（8.38%）	2,154,938（7.09%）	517,321（1.70%）	988,751（3.25%）	28,585,688（94.02%）	30,405,276
合计	家数	16,802（30.30%）	8,587（15.48%）	3,160（5.70%）	6,582（11.87%）	3,497（6.31%）	4,952（8.93%）	43,580（78.58%）	55,461
	营业额	420,610,645（59.99%）	91,140,613（13.00%）	31,105,657（4.44%）	39,269,294（5.60%）	19,638,818（2.80%）	40,991,586（5.85%）	642,756,613（91.68%）	701,112,059

数据来源：整理自《2014 台湾文化创意产业发展年报》。

四、台湾省六大直辖市文化创意产业各次产业发展趋势分析

《2014 台湾文化创意产业发展年报》曾以 2011—2013 年各县市文创产业的营业额的年均复合成长率为依据，来分析台湾省各县市的文创次产业是否具有成长潜力。其基本假设是，如果某个县市文创次产业的年均复合成长率高于该产业整体的平均表现，则该次产业在该县市可视为是一种具有成长潜力之业别。在这个原则下，台湾省各县市具有成长潜力的文创次产业，其分析结果如表 7 所示。

区位商数（Location Quotient，LQ）常被用来观察区域内产业群聚的现象，特别是用在文化创意产业的群聚效益分析。《2014 台湾文化创意产业发展年报》也以区位商数来分析各县市中较为重要的文创次产业。其概念为，如果某县市某文创次产业的营业额占该县市文创产业整体比重大于全台湾某文创次产业营业额占文创产业整体比重（LQ＞1），即表示该文创次产业是某县市相对较重要的产业。据此，《2014 台湾文化创意产业发展年报》以 2013 年的营业额表现来估算区位商数，借以分析台湾各县市重要的文创次产业，详见表 7。

台湾自 2002 年起推动发展文化创意产业迄今已逾十年。近年来，在台湾“文化部”“创意台湾——文化创意产业发展方案”的“旗舰产业计划”指导下，确实看到了一些功效；然而，各县市政府在竞相发展文创产业之际，其同构性也愈来愈高，完全看不出个别城市的文创特色，从表 7 中显而易见。

表 7：台湾省各县市文创次产业发展趋势分析

次产业 城市	视觉艺术	音乐及表演艺术	文化资产应用及展演设施	工艺	电影	广播电视	出版	广告	流行音乐及文化内容	产品设计	视觉传达设计	设计品牌时尚	建筑设计
台北市	◆	◆	◆		□			◆□	◆□		◆		◆
新北市				□	◆□		◆□	□			□		□
桃园市		◆	◆	◆□	◆□	◆□	◆	◆□	◆	◆	◆□	◆	◆□
台中市	□	□	◆	□		◆□	◆	◆□		◆	□	◆	□
台南市	□	◆□	□	□	◆	◆□	□	◆			□		□
高雄市		◆□	□	□	◆	◆□			◆	◆	◆□	◆	◆□
基隆市		□	◆□	◆□		◆□		□	◆	◆	□	◆	□
宜兰县		□	◆□	□	◆	□				◆		◆	□

续表

次产业 城市	视觉艺术	音乐及表演艺术	文化资产应用及展演设施	工艺	电影	广播电视	出版	广告	流行音乐及文化内容	产品设计	视觉传达设计	设计品牌时尚	建筑设计
嘉义市			◆□	□	◆□	◆□		◆	□	□			◆□
新竹县						◆	◆	◆		□	◆□		
苗栗县		◆		□						□			◆
南投县	□			□	◆	◆□	◆			□	□		□
彰化县			◆	□		□	◆	◆		□			□
新竹市			◆		◆	◆		◆	◆	◆□		◆	◆
云林县	◆	◆	◆	□				◆	◆	◆	◆	◆	
嘉义县	◆	◆□		□		◆□	◆		◆	◆□	◆	◆	□
屏东县		□	◆□	□	◆	◆□	◆	◆					
花莲县	◆□	◆□		◆□	◆	□			◆	◆	□	◆	
台东县	◆	□	◆□	◆□		□					□		
金门县	□			□		◆	◆	◆	◆	◆□		◆	□
澎湖县	□	□		□	◆□	□				□	□		
连江县	□			□		◆□	◆	◆□					

◆表示具成长潜力的产业；□表示重要的产业。

数据来源：整理自《2014 台湾文化创意产业发展年报》。

五、结论

台湾地区是多元文化及民主开放的社会，加上教育普及，人才及文化水平在亚洲都相当突出，投入文化创意产业的潜力无限。以文化创意产业作为地方产业发展的新动力，已是目前台湾各县市的重要政策方向。因此，近年来台湾积极推动文化创意产业，以文化结合科技、设计等元素，作为台湾未来产业转型升级、创造经济成长与就业机会，并提升台湾总体竞争力的重要策略。

归纳上述分析，不论就厂商家数或营业额比重而言，居住人口数最多的都会地区成为台湾文化创意产业空间分布和消费的主要核心，其中又以北部地区（包括台北市、新北市和桃园市）是最主要的产业集聚地。这样的结果也充分反映出文化创意产业具有浓厚的都会产业特质，并能带动周边地区就业机会增加。可惜的是，台湾各县市政府在竞相发展文创产业之际，并没有配合其自身的文化条件与产业环境，因此，其同构性也愈来愈高，已经完全看不出个别城市的特色。

仲晓玲（2014）曾通过实证研究，将台湾五个城市特色归纳如下：台北市——设计之都；新北市——幸福城市；台中市——创意生活之都；台南市——文化之都；高雄市——海洋文化之都。她认为各个城市的经济与文化条件不同，在发展文化创意产业上，不应该依循既定的架构和方法，而应本于地方自主性推动，促使台湾文化部建立因地制宜，且具有地方特色的产业发展网络途径。尤其，当各市政府以未来城市发展愿景为方针时，更能凸显其重要性。

本文利用文创年报中“财政部”财税中心统计资料，分析近年台湾文化创意产业发展的概况和趋势，其结果显示，人口数及人口密度较高的直辖市，是台湾文化创意产业的核心据点。台湾六大直辖市拥有全台七成人口、八成文创产业厂商家数，以及超过九成的文创产业营业额，对台湾文化创意产业的发展具有举足轻重的角色。因此，建议未来应因地制宜，结合城市发展愿景，积极建设发展具有地方特色的文创产业。

参考文献

[1]台湾文化创意产业发展法[EB/OL]. 全国法规数据库. http://law. moj. gov. tw/LawClass/LawContent. aspx? PCODE = H0170075.

[2]台湾“文化部”. 2012 台湾文化创意产业发展年报[M]. 台北:台湾“文化部”,2013.

[3]台湾“经济部工业局”. Taiwan 数位内容产业年鉴[M]. 2012.

[4]台湾“经济部工业局”. 数字内容产业推动服务网[EB/OL]. http://www. dcipo. org. tw/.

[5]台湾“文化部”. 2014 台湾文化创意产业发展年报[M]. 台北:台湾“文化部”,2014.

[6]维基百科[EB/OL]. http://zh. wikipedia. org/wiki/2010% E5% B9% B4% E4% B8% AD% E8% 8F% AF% E6% B0% 91% E5% 9C% 8B% E7% B8% A3% E5% B8% 82% E6% 94% B9% E5% 88% B6% E7% 9B% B4% E8% BD% 84% E5% B8% 82.

[7]台湾大百科全书[EB/OL]. http://taiwanpedia. culture. tw/web/content? ID = 100387.

[8]台湾地方制度法[EB/OL]. 全国法规数据库. http://law. moj. gov. tw/

LawClass/LawAll. aspx? PCode = A0040003.

[9]台北市政府中程施政蓝图[EB/OL]. http://www. taipei. gov. tw/public/Attachment/94101647578. pdf.

[10]新北市政府文化局. 2014 年施政计划重点[EB/OL]. http://www. rde. ntpc. gov. tw/web66/_file/1397/upload/103/19. pdf.

[11]2011 桃园市文化创意产业白皮书[EB/OL]. http://www. tyccc. gov. tw/W_Community/info3 – 8/list. asp.

[12]台中市政府文化局中程施政计划(2011—2014)[EB/OL]. http://www. taichung. gov. tw/ct. asp? xItem = 155166&ctNode = 6697&mp = 100010.

[13]台南市政府文化局中程施政计划(2012—2015)[EB/OL]. http://culture. tainan. gov. tw/ufiles/j/From_f1330503001734. pdf.

[14]高雄市政府文化局 2013 年施政计划提要[EB/OL]. http://rdec. kcg. gov. tw/newspics/51515a25eec98/08. pdf.

[15]仲晓玲. 台湾城市发展文化创意产业的网络化路径[M]//罗昌智,林咏能. 两岸创意经济研究报告(2014)[M]. 北京:社会科学文献出版社,2014:286 – 297.

休闲经济时代民俗体育发展研究：以黄山地区为例①

Research on Folk Sport Development in Leisure Economic: the Example of Huangshan City, China

房　凯　王艳红②

Fang Kai　Wang Yanhong

摘要：民俗体育是基层群众休闲生活的重要表现方式。通过对黄山地区民俗体育的调查，本文从政治、经济、文化、社会及生态等层面，分析了民俗体育发展环境问题，并提出了民俗体育面临着文化重建困境、媒介生态瓶颈和伪民俗吊诡等传承问题。最后，从功能性、认同性、机制性三方面整合着手，提出了休闲经济时代下我国民俗体育的发展路径选择。

关键词：休闲经济；民俗体育；黄山地区；传承发展

Abstract: Folk sports is an important way in which the masses' enjoy their casual life. Through investigation of the folk sports in Huangshan Municipality, Anhui Province, this article analyzes the folk sports' development environment from the aspects of politics, economy, culture, society and ecology, and points out some problems in the inheritance of folk sports, namely, cultural reconstruction dilemma, the ecological bottleneck on folk sports media and the paradox of pseudo folk. At last, from the perspective of functionality, identity and institutionality, this article puts forward some

---

① 安徽省体育社会科学研究重点项目“社会主义核心值价体系下安徽民俗体育传承与开发研究——以徽州为例”（ASS2012132）、安徽师范大学特色优势研究领域“媒介文化与传媒产业发展研究”、安徽省人文社科重点基地“创意产业发展研究中心”等资助。

② 王艳红，安徽师范大学新闻与传播学院讲师，研究方向为民俗资源与文化产业；房凯，安徽师范大学新闻与传播学院戏剧与影视学专业硕士研究生，研究方向为文化创意产业管理。

recommendations on the development folk sports in the era of leisure economy.

Key words: leisure economy; folk sports; Huangshan City; inheritance and development

民俗体育是在民间风俗或民间文化以及民间生活方式中流传的体育形式，是中华民族传统文化的重要组成部分。民俗体育在我们的生活中构成了一种独特的文化现象，具有现代竞技体育所无法替代的效用。发展民俗体育是我国推广大众体育、繁荣体育事业以及促进体育消费、发展体育产业的重要途径。因此，就当前的政治改革、经济转型以及文化复兴的宏观环境而言，探求民俗体育文化传承与科学发展路径，实为一项事关社会和谐与文化民生的重要课题。

时至今日，我们正处在一个以知识创造和信息分配为基础的知识经济时代，其社会关系、生活结构和生存方式正面临着深刻重构。西方未来学家研究表明，知识经济下未来社会将以史无前例的速度变化着，发达国家将进入休闲时代，休闲将成为人类生活的重要组成部分。作为发展中国家，随着我国国民经济的发展和人民生活水平的提升，经济生活开始呈现出休闲化倾向，与之相应，休闲经济在国民经济中的地位也逐渐提高。源于休闲而盛于休闲，有着浓重休闲色彩的民俗体育，应秉持传统文化本真、发挥先天休闲优势，既需要主动向休闲化的时代趋向靠拢，同时也要积极适应产业化的当代文化传承图式，在抵抗与接纳之间，完成传统体育文化的当代重构，实现社会文化生态的平衡与演化。

然而，近些年来，在我国休闲文化发展过程中，由于经济利益和媒介暴力之负面效用，休闲文化及其产品服务均出现了同质化、低俗化、媚俗化等不良现象。同时，现代时尚休闲文化渗入传统的休闲文化中，亦使传统休闲文化面临极大的传承困境。鉴此，我国传统民俗体育文化如何应对需要作进一步的思考。本文即是基于民俗体育资源富集的安徽省黄山地区的案例考察，探讨我国民俗体育的文化传承与合理发展路径。

一、休闲经济时代下的民俗体育审视

英国思想家罗素曾说，能否聪明地用闲是对文明的最终考验。休闲不仅是大众关注自身自由全面发展的内在需求，在一定程度上更是经济与社会可持续发展的内在动力。随着科技进步与社会生产的提升，人类可自由支配的闲暇时间不断增加，休闲的社会意义、文化功能与经济价值逐渐凸显出来。同时，休闲主体从有闲阶层走向社会大众，休闲内容与方式从低层次的物质消费转向高层次的文化享受，休闲经济形态和产业系统也是从无到有、由粗放趋向精细。

自著名制度经济学家凡勃伦（Thorstein B. Veblen）《有闲阶级论》（1899）发表以来，休闲经济理论研究得到了国内外众多学者的关注。休闲本身就包含这一系列的生产、营销、消费等活动，与经济生活、产业经济联系紧密，有着显著的经济性特征，但就其本质而言，更重要的是其文化内涵和社会功能。休闲的人文性与社会性决定了其对提升人的生活质量和生命价值以及促进人的全面发展具有重要意义。民俗体育在传承过程中日益与群众的休闲生活渗透融合，成为休闲文化的重要内容。

新时期休闲文化顺应文化经济化、信息全球化、价值多元化的发展趋势，呈现了多元化发展的态势，人们的休闲文化需求亦随之与日俱增。人们日益增长的休闲文化需求与相对滞后的休闲文化供应（包括休闲政策、休闲教育、休闲伦理、休闲资源、休闲生产与营销等）之间的矛盾，成为休闲文化发展的基本矛盾，这也形成了某种意义上的倒逼机制，构成推动休闲文化不断发展的驱动力。在基本矛盾驱动下，坚持以人文本，推动休闲文化繁荣发展，不断满足人们日益增长的休闲文化生活需要，成为当前休闲文化建设的主要任务。

伴随着“后奥运”时代和体育媒介文化的双重作用，实用性的休闲体育日趋深入人心。休闲体育已成为缓解压力、增进体质以及保持健康的积极手段，可以满足不同群体健身塑形、娱乐消遣、竞技刺激和社交体验等休闲需要，这其中不仅包括慢跑、网球等现代休闲体育项目，也包括太极拳、秧歌、瑜伽等传统的中外民俗体育项目。当前，弘扬中华文明、繁荣先进文化、振兴文化产业已成为国家意志与社会共识，而随着社会经济体制改革的全面深入，文化市场在文化资源配置中的决定性作用将日益明显，国民日益增长的大体量、多样化的休闲文化需求，为作为民族文化重要内容的民俗体育带来了全新机遇。

二、当前黄山地区民俗体育发展的环境

（一）黄山地区民俗体育概述

黄山地区地处皖南山区，大部分属于古徽州地区，是一个相对封闭而具有稳定性、完整性的文化地理区域。自宋元以来，该地区文化昌盛，民间文化得到了

快速发展，涌现了众多的民俗体育文化活动。这些民俗体育种类繁多，融合了民间信仰、宗法制度、节日庆典等文化元素，体现了鲜明的地域特色。

据笔者初步调查，黄山地区有很多民俗体育传承至今，而且因其特有的民俗性、竞技性、娱乐性，吸引了群众广泛参与，成为该地区群众休闲文化的重要形式。如被誉为“舞蹈活化石”的傩舞在休宁、祁门、绩溪等县域众多村落依然盛行。这些传统体育项目大多依附于民间舞蹈、游艺杂技、民俗节令等形式。长期以来各地方政府也非常重视民俗体育的保护与传承工作，据笔者初步统计，域内共有37项民俗体育项目被纳入各级非物质文化遗产保护名录（见表1）。

表1：黄山地区纳入“非遗名录”的民俗体育项目一览

序号	类别	名称	传承单位
1	民间舞蹈	黎阳仗鼓	屯溪区黎阳镇黎阳社区
2		跳钟馗	徽州区岩寺镇上朱村
3		柳翠娘	徽州区文化馆岩寺镇
4		渔翁戏蚌	徽州区文化馆唐模村
5		龙舞	歙县霞坑镇昌溪乡
6		狮子舞	歙县溪头镇森村乡
7		麒麟舞	歙县富堨镇
8		跳钟馗	歙县雄村乡、徽城镇、郑村镇
9		字舞	歙县街口镇
10		蛤蜊舞	歙县岔口镇、北岸镇
11		花棍舞	歙县桂林镇
12		“龙凤呈祥”（板凳龙）	黟县文化局
13		“山越之秋”（赶野猪）	黟县文化局
14		雉山凤舞	黟县宏村镇
15		舞龙狮	黟县碧阳镇
16		祁门傩舞	祁门县芦溪乡、金字牌镇
17		采茶扑蝶舞	祁门县渚口村等
18		打莲湘	祁门县历口镇、渚口村等
19	民间杂技	耍钹	歙县武阳乡
20		耍叉	歙县岔口镇
21		流星	歙县岔口镇
22		叠罗汉	歙县三阳乡
23		舞抽单	歙县武阳乡

续表

序号	类别	名称	传承单位
24	游艺、传统体育与竞技	放飏灯	歙县深渡镇
25	民俗	徽州祠祭	黟县文化局
26		出地方	黟县文化馆
27		游太阳	黟县文化馆
28		闹灯会	黟县文化馆
29		地戏	黟县文化馆
30		锡格子茶	黟县徽文化研究所
31		女婿上门	黟县徽文化联谊会
32		九都做社	黟县徽文化研究所
33		五都清明	黟县徽文化联谊会
34		祁门祠祭	祁门县历口镇、渚口村等
35		中秋草龙	祁门县历口镇等
36		舞龙	祁门县
37		游太阳	祁门县金字牌镇

资料来源：表中内容根据黄山市文化委员会相关信息公开内容整理。

黄山地区民俗体育是独具特色的地方体育文化，它产生于独特的人文环境和劳动环境，代代相传，同时又不断吸收外来文化因素（如中原文化、江南文化等），将祭祀文化、节庆文化、生产文化与娱乐游戏融为一体，以文化精神指导体育运动，以体育运动展现文化精神。挖掘民俗体育文化精髓，结合群众休闲文化需求，不断丰富内容和形式，不断推动其可持续发展，具有十分重要的现实意义。

（二）当前黄山地区民俗体育发展的环境分析

优质的山水生态环境及人文资源，为黄山地区民俗体育的发展奠定了重要基础。近些年来黄山地区依托优良的休闲环境，整合山水文化资源，大力开发旅游休闲产业，获得良好效果，黄山市已连续四年被评为“中国最佳休闲城市”。同时，该地区不断探索和创新休闲体育产业发展模式，如以户外体育、趣味体育、极限体育、新兴现代体育等活动为抓手，举办中国黄山国际登山节、中国黄山国际山地车节等重大节事活动，促进休闲体育的发展。随着休闲社会的到来，现有做法还远远不够，仍需从社会发展的宏观背景出发，紧抓机遇，整合资源，促进休闲体育文化产业转型升级。

著名学者麻国庆认为，民俗体育在族群文化自觉的惯性力之下，以可视为其发展必然性的“无意识传承”作为基本传承方式。随着文化自信的不断提升，常常有来自国家、民间和社会精英的因素，推动着民俗体育的“有意识创造”。而休闲经济正是在这一创造过程中，从政治、经济、文化、社会及生态等五位一体的众多层面，凝聚着民俗体育发展的积极因素，促进着民俗体育的文化生产、再生产及现代转型。因此，笔者从政治、经济、文化、社会、生态五个层面，进一步分析当前黄山地区民俗体育发展的环境问题。

1. 政策制度环境

政策制度环境是民俗体育文化发展的重要保障，对此本文不作全面探讨，仅试析“新型城镇化”战略、新休假制度以及体育产业相关扶持政策的实施，对黄山地区民俗体育发展的激励效应。

民俗体育是一种存续在民间的生活文化，主要活跃在广大的农村地区，而当前我们农村正面临着城镇化发展契机。党的十六大主张“走中国特色的城镇化道路”，十七大要求“促进大中小城市和小城镇协调发展”，十八大提出“新型城镇化”战略，2012 年中央经济工作会议强调“着力提高城镇化质量”等。这表明我国不仅推动农村城镇化建设，而且还要推动城镇化生产方式转型与生活品质建设。2011 年我国城镇化率已达到 51.27%，但城镇化的跃升，不是量的积累式的“造城运动”，而应是质的品质化的“以文化城”，这客观上要求在新型城镇化进程中，物质文明与精神文明要协同并进、均衡发展。因此，文化繁荣是新型城镇化的应有之义。为避免新型城镇的千城一面现象，需要因地制宜地发展独具特色的地方文化。作为地方原生文化形态，民俗体育无疑将在新型城镇化的进程中迎来发展良机，而具有民俗体育资源富集优势的黄山地区，正可以民俗体育活动为载体，通过自主性参与重新检视其价值，促进新农村文化建设，同时也丰富城镇社区群众文化生活，城乡统筹，提升新型城镇化水平。

新休假制度的实施为民俗体育文化发展创造了良机。2007 年 12 月，国务院修订《全国年节及纪念日放假办法》，新增清明、端午、中秋等传统节日为国家法定节假日，并规定少数民族传统节日由各地方政府权宜安排休假。从古至今，各民族大部分民俗体育活动均是依附于传统节日，在其成为法定假日后，人们通过舞龙、登高、放风筝、赛龙舟等特定时间性的民俗体育实践丰富节日休闲内容，加深文化归属与认同。同时，随着休闲经济的稳步发展与传统文化的理性回归，休假制度设计也将日益完善。传统节日文化氛围相对浓郁的黄山地区，不管是本地民众的归乡过节，还是外来客商的云集观光，民俗体育活动均将与公众有更多的时空接触，其传承与发展也将面临新的历史机遇。

2014 年10 月，国务院下发《关于加快发展体育产业促进体育消费的若干意见》，明确指出发展健身休闲项目，鼓励因地制宜，发展特色体育产业，大力推广武术、龙舟、舞龙舞狮等传统体育项目，可以预见的是，民俗体育与休闲产业的融合互动趋势将进一步加强。当前我国文化政策的制定逐渐祛除工具性的束缚，价值理性的回归使文化政策的制定和实施日益着眼于切实满足人民群众日益增长的精神文化需求。近年来黄山地区以徽州文化生态保护区、皖南国际文化旅游示范区、国家首批生态文明先行示范区等为抓手，全面加强文化遗产保护利用，民俗体育项目的文化惠市、文化惠民功能日见其效。

2. 经济转型环境

受传统经济增长模式的长期积弊与外部输入型风险的叠加效应影响，中国经济发展势头有所回落，在这关键的拐点期，转变经济发展方式成为当前经济发展的新常态，这就要求优化产业结构，增强消费累积效应，扩大内需。大力发展休闲经济，成为时代的必然选择。休闲经济时代下，与民俗体育有着不同程度关联的体育产业、休闲产业、旅游产业乃至其他相关文化产业正在转变经济发展方式的主流下发挥着重要作用。以民俗体育文化资源为切入点，以节庆赛事、民俗展演等形式，发展区域性文化旅游产业也成为区域经济转型升级的重要模式。以潍坊国际风筝节、中华龙舟大赛等具有特色文化优势的民俗体育项目已经产生良好的社会效益、经济效益。除传统的放风筝、赛龙舟外，黄山地区民俗体育数量众多、种类齐全，有着良好的民俗体育产业发展基础。

3. 文化繁荣环境

现代科技革命使得人类生产力水平大大提高，人们的休闲时间更加宽裕；休闲时间的宽裕，人们的精神文化需求更为强烈。21 世纪以来，随着社会生产力的不断提高和人们精神文化需求的日益增长，我国文化发展进入一个新的转型期，即文化发展不仅仅是公益文化事业的建设，还要以人文本，更多地满足群众日益增长的个性化的文化消费。这决定了当前文化具有事业性和产业性的发展方式，且两者并举，互为补充。因此，十八届三中全会提出“坚持以人民为中心的工作导向，坚持把社会效益放在首位、社会效益和经济效益相统一，以激发全民族文化创造活力为中心环节，进一步深化文化体制改革”，“建立健全现代文化市场体系”和“构建现代公共文化服务体系”，以此不断推进文化繁荣发展。

作为人类文明传承和创新的重要载体，民俗体育以其独特的文化底蕴而区别于其他文化表现形式，亦肩负着传承、引领与创新社会文化的历史重任。民俗体育文化精神的核心在于强调人与人、人与自然、人与社会的和谐统一，这对黄山民众的社会心理有重要的影响作用，也彰显了社会主义核心价值体系。在文化转型的新时期，在社会主义核心价值体系引领下，传承与发展民俗体育，不仅是黄山地区体育事业、体育产业繁荣发展的重要任务，也是构建和谐新黄山、促进黄山社会稳定发展的重要途径。

4. 生态价值环境

生态原指生物的生存状态，以及相互的和与环境间的关系。如今“生态”一词涉及的范畴越来越广，一般而言，我们所理解的“生态”主要包括自然生态与人文生态两类。

就自然生态角度而言，现代型经济活动要求的是构建资源消耗低、环境污染少的产业体系，以民俗体育为产业资源的一系列生产消费活动本身就凸显了资源节约与环境友好的生态优势，符合生态文明建设要求。而就人文生态而言，“原生态”已成为当下国内企业的热门营销标签，这是经济转型附带的文化变迁现象，其本身是适应市场逻辑的产物，同时也是在反思、矫正工业化的弊端。民俗体育具有浓郁的“原生态”色彩，在原生态产业方兴未艾之时，黄山地区需要合理科学的营销设计安排，推出相应的原生态产品与服务，满足域内外消费者的原生态式休闲体验需求，即回归传统生产生活方式。这既与区域生态文明建设实践相一致，也与居民休闲的最终意义——人的全面自由发展相契合。

5. 社会功能环境

深植于农耕文明的民俗体育大部源于下层社会，经过世代相承，不断改良，如今已是雅俗共赏，有着广泛的群众基础，在就业生计、健康卫生、社会教化等社会功能方面均孕育着发展契机。

首先，当前我国正处在由农耕文明向工业文明转型阶段和由计划经济向成熟化市场经济过渡阶段，各类生产要素在价值规律与政府规制的引导之下配置流动。以民俗体育为代表的传统文化资源同样作为重要的资源要素，在这一过程逐渐进行着价值发现与价值重构。价值的异化对于受客观条件与历史因素制约而现代化程度不足的广大农村地区的民俗体育项目来说具有积极的经济意义。黄山农村地区的民俗体育经过科学营销设计，可以成为休闲吸引物，在促进就业、改善民生的同时，也完成了区域农村居民的生计模式的重构。

其次，民俗体育源于民众，是跨地域、跨民族的平民体育，是融合传统与时尚的大众体育，虽说发展式微，但其亘古未变的生命力决定了其发展潜力。民俗体育的强壮体魄、愉悦身心功能已被广泛接受，大力推广民俗体育休闲，将有利于提升黄山地区的国民体质与健康水平，引领积极的生活方式。

最后，民俗体育有着较强的依附性，黄山地区民俗体育活动多数依附于岁时节令、生活习俗，同时城区各类广场社区、演艺节庆等休闲时空活动也均有民俗体育的元素。人们通过参与、观赏民俗体育活动，沟通了情感，找回了归属，有着促进和谐、凝聚人心的潜在意义。

三、黄山地区民俗体育传承面临的问题

在休闲经济主线的牵引之下，民俗体育发展的利好因素正在逐渐集聚，但理性视之，其发展仍面临着诸多不确定性因素。

（一）文化重建困境

余英时先生在《试论中国文化的重建问题》一文中指出，基于当代的文化认知，中国文化的重构之关键在于“中国传统的基本价值与中心观念在现代化的要求之下如何调整与转化的问题”，同时“文化重建必须建立在对中西文化的真实了解的基础之上”。民俗体育的当代发展问题，在本质上还是在探讨中华民俗体育文化的现代重构，如今每论及“传统”的现代存续问题，基本集中在市场经济与数字媒介环境下的传承不力、全球语境与文化安全视角中的发展不兴两大方面。在休闲经济时代下，黄山地区民俗体育的现代重构更是需要从“传统与现代”、“民族与世界”的两种比较视野去审视。

某种意义上来看，民俗体育是一种世代相承的休闲传统，而“传统”不是朽木，而是“尚未被规定”的活态文物，是“流动于过去、现在、未来整个时间性中的一种‘过程’”。也就是说，我们不能割裂“现代”看“传统”，要用发展的眼光，从辩证的角度去审视“传统”的当代价值。因此，黄山地区民俗体育的发展，既要完成民俗体育文化重构，进行功能和意义上的转换，更要全面认

识民俗体育的功能，推动其良性传承。休闲经济时代的黄山地区民俗体育，在其固有的娱乐健体等实用功能之外，更重要的是优化黄山居民休闲结构、弘扬徽州传统文化、提升区域经济发展水平以及增强体育文化社会认同等价值意义。

互异性的价值观念、传承形态是民俗体育发展源泉，然而在以文化同质化为特征的全球语境下，中华民俗体育文化与西方体育文化之间不可避免产生了碰撞，民俗体育生长土壤遭到破坏，生存空间不断萎缩，众多民俗体育项目推广遇到瓶颈。然而，任何一种文化都具有扩张渗透与包容同化的特征，也只有具有较强应激性的传统文化才不至于被同化，相反还会吸收外来文化精华，自觉进行文化嫁接，若把“西化”和“现代化”简单等同显然不可取，需要客观公正地对待全球化问题。发展问题需要在发展中解决，黄山地区民俗体育的既定困境更是需要把握现代科技、产业经济在文化层面的中立性，借休闲经济发展浪潮之东风，积极与全球化文化生态相适应，以高度的文化自觉、文化自信实现民俗文化复兴。

（二）媒介生态瓶颈

当前我国居民全年休假日已达到115天，这意味着每年有1/3的时间在闲暇中度过，随着居民可支配收入的稳步增长，国民休闲需求日渐旺盛。然而，与普遍“有闲有钱”相悖的是，当下社会对于休闲价值缺乏正确的认识，休闲教育相对滞后。同时，作为聚合、播散与传承文化主渠道的大众媒介（包括新兴媒体），对人们休闲产生了广泛而深刻的影响。大众媒介既改变着休闲方式，又成为休闲内容，在人们媒介素养较低的情况下，其休闲观念及相应的休闲选择产生异化便在所难免。同时，古代民俗体育传承主要表现为一种人际文化传播，而大众传播时代极大地改变了人类物质交往、精神交往形态，当代民俗体育的社会化文化传播，需要依赖大众传媒的议程设置与宣传报道。作为一种古朴正统的休闲对象，在娱乐化、消费化、标准化的媒介生态压力下，包括祁门傩舞等在内的黄山地区民俗体育项目，难以弥合其与当前的大众休闲之间的文化品位区隔，新闻媒体关注相对不足，互动乏力。不得不说，社会认同与现实参与之间并不存在必然的正相关，这将是黄山地区民俗体育发展的一大瓶颈。

（三）伪民俗吊诡

关于民俗体育的产业化发展学界已多有论及，基本上认同其为民俗体育现代化的应时之策。而关于产业化与伪民俗的关系仍在持续争论之中。这主要涉及三个吊诡议题。其一，产业化既拓宽了民俗体育的生存空间，又曲解了民俗体育的本质内涵，导致了伪民俗的涌现；其二，民俗体育本饱含着浓厚的民族主义情结，依靠民族文化自觉沿袭传承，但由于经济发展滞后，部分欠发达地区文化自信力不足，在文化自卑的心理之下，伪民俗体育成为了地方主政者单向度的发展决策的不良产物。然而，社会公众是有鉴别批判能力的，“不会接受虚伪杜撰进入自己的休闲生活”。其三，在产业化过程中，我们既需要改进民俗体育项目的锻炼方法、组织教法，又需要其中的封建迷信等消极内容，进行传播推广，但这有可能破坏民俗的原生态内涵。上述悖论是国内民俗体育发展所普遍遭遇的困境，而其经济发展水平相对落后的黄山地区各方利益博弈尤为激烈、矛盾尤为突出。面临着开发不足或过度的难题，休闲经济下黄山地区民俗体育的当代发展，亟待构建一个科学合理的发展图式。

民俗体育与休闲有着微妙的内在联系，休闲经济时代的民俗体育，既要把握时代性与民族性，以高度的积淀与开放，完成价值功能的现代回归，更要认清当前休闲经济形势与民众休闲需求，洞悉机遇，辨识挑战，探索出前进路径。

四、基于休闲经济的黄山地区民俗体育发展路径

相对而言，黄山地区已经初步具备民俗体育的基础优势，其民俗体育的休闲经济式的发展道路仍需要进行“功能、认同、机制”三位一体的整合。

（一）功能性整合

所谓功能性整合是指依据各民俗体育项目现状，按照资源合理配置原则，进行筛选分级、价值定位、分类发展，其目的在于构筑民俗体育项目数据库和资源评价体系，在市场的指引下实现文化资源的最优配置。

首先，加强休闲经济背景下黄山地区民俗体育开发的理论研究。完善民俗体育理论体系，厘清民俗体育的当代价值及价值评估指标体系，为民俗体育文化传播奠定内容基础，同时也为种类繁多的民俗体育资源普查分级确立操作标准。经过项目挖掘整理、分类分析及市场定位，对于前景优良的项目，引入社会资本，积极引导其进入休闲市场完成价值转换，而其所创造的资金可部分用于存续状况不佳的项目的抢救性保护。比如，可借鉴黄山国际登山节，筹备黄山国际舞龙舞狮节事。创新资源整理方式，在休闲方式日益媒介化之下，要积极利用电视、网络、手机等数字媒介进行民俗体育项目的记录、保存及展示。

其次，推进民俗体育的内涵更新与项目优化。民俗体育具有变异性，黄山地区有着众多宗教迷信色彩相对浓重的民俗体育项目，需要保留精华，剔除糟粕，使其完成由愚人到娱人的功能转变，符合现代人的休闲意趣。同时，民俗体育既有群众性又有竞技性，需要科学优化锻炼方法、组织教法与运动技巧，有助于提高竞技水平，推动项目普及发展。

（二）认同性整合

认同性整合是在社会公众的文化认知范畴内的集体认识的整合，从社会公众的休闲需求与休闲特征出发，通过教育教化、传播展示，规避可能存在的理解偏误，完成民俗体育文化传播的潜移默化的过程，培育民俗体育的休闲市场，弘扬民俗体育的文化要义。

一是提升公众媒介素养，倡导合理休闲方式。作为居民主流休闲方式的媒介消费，在作为休闲内容的同时，也在影响、强化特定的休闲伦理，因此必须提高自身对媒介文化的甄别理解、思辨反馈等能力，以高媒介素养来培育积极健康的休闲观，有效控制或弱化媒介文化对民俗体育的社会认同的负面效应。

二是推进民俗体育进校园、进社区。民俗体育作为大众体育、民间体育，与学校体育、社区体育以及竞技体育有着诸多共性。各级学校开设民俗体育类文化课程或实践课程，发挥人才、场地和教育功能等优势，有利于民俗体育的人才培养、项目推广与文化传承。同时，当前黄山市社区体育日渐蓬勃，推动民俗体育进社区，既推动了黄山全民健身事业与休闲产业发展，也有利于社区和谐与城乡互动。

三是加强宣传和教育，推动人才建设。以弘扬社会主义核心价值体系为宗旨，通过宣传和教育，将优秀的民俗体育引进社区文化建设中，促进基层休闲化民俗体育的深入开展，并在城乡体育文化建设中发挥重要作用。同时注意民俗体育后继人才的培育，建立徽州民俗体育文化传承人的认定和培训机制。

（三）机制性整合

机制性整合是指把握休闲生产与休闲消费规律，围绕民俗体育可产业化部分的价值增值，梳理出休闲产业全流程的关键节点。

一是发挥政府的协调主导作用。从前期民俗体育的价值评定，到文化投融资的资本支持，到项目设计，再到市场营销及知识产权的商品化运作，直至政府政策倾斜、财政支持，政府在其中应发挥“润滑剂”而非“指挥棒”的作用。

二是以价值评估规避伪民俗。不断完善文化市场准入和退出机制，坚持价值评估指标的卡位作用，杜绝伪民俗的产生。同时，价值评估指标体系应加大休闲价值的权重系数。

三是继续推动休闲体育产业发展。完善休闲体育产业基础设施，培育产业发展支撑体系，推动休闲体育产业的标准化、规模化进程。同时，徽州民俗体育旅游产业要想在激烈的行业竞争中获得发展优势，就必须在突出“非遗”特色的基础上，塑造和充实核心地缘性文化品牌。这种核心文化品牌的塑造就是筛选和确定能体现徽州民俗体育旅游差异性的品牌核心特有品质，勾画和设计品牌主题、目标和形象，彰显徽州民俗体育旅游地的非物质文化特色，凸显民俗文化内涵，从而达到有效影响消费者或潜在消费者的决策倾向的过程。因此，民俗体育旅游企业在品牌塑造时应该把重点放在品牌核心内涵的整合与提升上，树立良好的品牌形象。

五、结论

民俗体育是独具特色的地方体育文化，一般具有体育本身所具有的一般功能（健身功能、娱乐功能等）外，还具有独特的民间艺术传承功能、以运动促和谐、以运动促稳定发展等功能，这些均有助于弘扬社会主义核心价值体系。因此，坚持以弘扬社会主义核心价值体系为指导，结合社会休闲市场需求，挖掘民俗体育文化精髓，不仅可以促进民俗体育文化事业的繁荣，推动民俗体育产业的发展，也有助于社会和谐、稳定发展。此外，发展民俗体育文化，需要我们对传统文化符号永葆敬畏之心，顺应休闲社会发展趋势，积极引导民俗体育与群众休闲需求相适应，寻求科学的可持续的发展路径。

参考文献

[1]刘邦凡．休闲、休闲经济与城市经济[J]．自然辩证法研究，2002(2)：61－63.

[2]王宁．略论休闲经济[J]．中山大学学报(社会科学版)，2000(3)：13－16.

[3]孙冠楠，孙倩，王贻正，张明聪．休闲理论初探[J]．社科纵横，2013(2)：53－56.

[4]马惠娣．21世纪与休闲经济、休闲产业、休闲文化[J]．信息空间，2004(7)：48－52.

[5]麻国庆. 全球化:文化的生产与文化认同——族群、地方社会与跨国文化圈[J]. 北京大学学报(哲学社会科学版),2000(4):152-161.

[6]刘宗碧,唐晓梅. 原生态文化产业的生态文化特征分析[J]. 原生态民族文化学刊,2013(3):132-138.

[7]陈映婕,张虎生. 文化空间、价值取向与文化遗产保护——从西藏"日姆栋"史前"血祭图"岩刻画被毁事件说起[J]. 文化遗产,2008(3):133-140.

[8]赵瑞华. 媒介文化与休闲异化[D]. 广州:暨南大学,2011:2-3.

[9][美]阿兰·邓迪斯,周惠英. 伪民俗的制造[J]. 民间文化论坛,2004(5):103-110.

[10]郑国华. 城镇化与我国民俗体育发展——对江西省"孝镇"民俗体育的个案研究[J]. 武汉体育学院学报,2007(6):1-8.

[11]秦宗财,张喆. 文化创意产业与城市转型研究——以芜湖为例[J]. 安徽师范大学学报(自然科学版),2013(3):169-174.

[12]顾江. 文化遗产经济学[M]. 南京:南京大学出版社,2007:162-197.

[13]秦宗财,王艳红. 打造品牌特色,带动区域文化产业发展——以安徽芜湖文化产业发展模式为中心[J]. 文化产业研究,2011(1):113-117.

互联网时代谁为艺术品举槌

——2014 年中国艺术品交易模式观察

Who Bid for Art Auction during Internet Age

——On the Observation of China's Trading Mode in 2014

徐思颖　刘　静①

Xu Siying　Liu Jing

摘要： 网络拍卖近年在艺术品交易市场迅速发展，微信拍卖更掀起一股文化消费风潮，微信拍卖强调小名家、无底价、趣味性，让艺术交易以更亲民的方式走向大众，相比之下，画廊、艺术博览会和拍卖等传统交易模式，则因交易成本过高、艺术品单一等问题，无法扩大交易市场。本文针对艺术品交易的样式与趋势进行系统性梳理，分析其中优劣。研究发现，传统交易模式和网络交易模式有许多互补之处。文章最后对两种交易模式都给予建议。

关键词： 艺术市场；艺术品交易模式；艺术品在线交易

Abstract: Online auction has become a popular trading mode in recent years and WeChat auction has set off a wave of cultural consumption. Wechat auction tends to sell artworks from less famous collectors, remove bottom price and emphasize on buyers'pleasant experience, making art trading closer to the ordinary people. In comparison, traditional trading mode including galleries, art fairs and offline auctions has very high trading cost but much less kinds of artworks, thus it is difficult to expand its market. This paper tries to study

---

① 徐思颖，北京大学文化产业硕士研究生，研究方向为艺术品经营与管理；刘静，北京师范大学艺术与传媒学院博士后，京师文化创意产业研究院学术部主任，研究方向为艺术创意管理。

China's art trading modes in a systematic way, and analyzes their respective advantages and disadvantages, through which we find that traditional and online trading modes are complementary in many aspects. In the end, this article offers some suggestions for both trading modes.

Key words: art market; artwork trading mode; online art trading

2011 年我国艺术市场交易总额已达 3600 亿元人民币①，其中艺术品拍卖交易额为 1020 亿元人民币，远远超过美国，位居世界第一。目前，我国参与艺术投资与收藏的人数已达 1 亿，财富的增长、移动智能终端的普及、交易的网络化，共同促使艺术品由原来的雅玩投资开始逐渐商品化、金融化、证券化；而艺术品交易在网络与金融汇流的助推下，交易方式也从“实体交割”走入“虚拟购买”，网络成为艺术品交易与消费的主渠道，既是时代趋势，也是中国艺术品市场的发展规律。

一、“微拍”掀起大波澜

2014 年“微拍”在互联网上开始兴起。所谓“微拍”，即依靠微信平台的“朋友圈”社交渠道进行艺术品拍卖。2014 年 3 月，“艺麦微拍”推出朱新建《美人图》以 16.1 万元成交，创下微信平台拍卖艺术品的最高纪录，同时，其他微信拍卖平台如周周拍、阿特姐夫日夜场也有不俗的表现。

以国内首个微信拍卖平台“周周拍”为例，由文化中国网发起的周周拍于 2014 年 2 月成立，以小规模、高频率的方式主打大众艺术消费市场，最开始的成交率在 30%—50%，但至第八场成交率竟达 100%，成果斐然。从周周拍的交易形式看，只要在微信平台关注周周拍公众号的用户，皆可参加拍卖。拍卖全场无预展，用户根据图片与拍卖方提供的资料决定是否参与竞标。确定后，用竞拍者在指定时间内于微信公共平台上留言，并写清拍品序号、所出价格、竞拍人也可以直接联系拍卖师喊价，加一手至少 100 元，平台会实时更换最新的出价，并以最高价得标。比起过去严肃实体拍卖，周周拍塑造一种轻松的竞价情境，熟人、朋友间相互竞价，甚至边出价边聊天，使拍卖更像游戏。定价方面，周周拍以经

① 包含港、澳、台艺术市场。

营中低端价格的传统书画为核心，将参考市价的0.1—0.16作为起标价格，起拍价范围从无底价到几万元，最多不超过10万元，而1000元至5000元的拍品最受欢迎。由于定价亲民，周周拍实现了“旧时王谢堂前燕，飞入寻常百姓家”理想，人人皆能享受到艺术拍卖之乐。周周拍发起人、文化中国总裁高松认为“只要机构本身具有可信性和权威性，用任何平台做拍卖，都是可行的。”文化中国网以自有的签约艺术家和信用保证制度稳定了周周拍的信誉，提高大众参与拍卖的意愿。取得买家信任后，周周拍开始挑战高价位拍品，从2014年8月开始，周周拍规划了好几场“田黄石”专场，采用“有底起拍”的方式拓展高端市场。近期，周周拍开时发展玉石专场，并拓展古董市场，交易方面，买家可以通过协议成交，在第一时间内吸引真正对拍品感兴趣的消费者。

回顾微信拍卖的发展，可以看出，其产业模式其实是网络艺术品交易的延伸与细分。2013年淘宝、国美、苏宁等网络交易平台大张旗鼓的入主艺术品网拍领域，夯实艺术品交易的支持系统，间接促成2014年窜红的微信拍卖。通过精准的功能叠加，微信提供图文语音通信、资讯分享、游戏、O2O等核心服务，模拟了现实生活的场景，更满足了许多垂直行业的常规需求。微信拍卖以朋友圈为依托，主要分为两种交易模式，第一种是艺术爱好者借“晒图”方式推送作品，买家再透过私信议价商谈，属于“私下交易”。第二种是个体用户订阅艺术拍卖平台的公众号，用户根据平台信息通过回复来竞价。因竞价过程简易，“微拍”投入试用以来取得了不错的成果，2014年上线的“阿特姐夫日夜场”在一周内卖掉近50件作品，成交率达100%，平均成交价在3000元上下，说明了“小圈子”不容小觑的拍卖商机。

目前的“微拍”模式，可以概括三大特点，即小名家、无底价、趣味性。小名家指拍品多为小名家之作，为避免鉴定复杂，“微拍”干脆以当代艺术品或中青年艺术家作品作为拍品，且此类作品定价不高，适合移动终端消费，如周周拍的起拍价范围从无底价到几万元，最多不超过10万元，而1000元至5000元的拍品最受欢迎。趣味性指“微拍”体验，“微拍”的过程其实是种体验消费，这与网络拍卖大为不同，在线网拍基本上是把传统拍卖的流程虚拟化，买家在固定时间登录、竞拍，反观“微拍”，线上眼花缭乱的艺术品不是主要，而卖家、买家间的互动体验其实更为重要，通过评论、分享的互动丰富消费者的感情基础，强化购买动机，过程更加随意，也更能吸引大众。

“微拍”风生水起的主要原因有三：

第一，微支付发展到位，截至2013年7月，微信的国内用户突破4亿；同年8月，海外用户已超过1亿。广大的用户量奠定了微信支付的市场基础，成为微支付的立足之本。支持体系方面，腾讯自2013年推出具有付费功能的5.0版后，许多线下金融单位开始向微支付布局，招商银行今年推出“微信银行”，服务范围从单一的信用卡服务拓展为集借记卡、信用卡为一体的综合服务平台发展，未来将有更多银行寻此模式扩大金融支付版图。

第二，这几年艺术市场的中低端购买力走强，为中低拍卖打入一剂强心针，根据雅昌艺术市场监测中心（AMMA）的不完全统计，截至2014年6月25日，当季春拍机构由2013年的240家增至290家；拍卖数量增加了47个，拍卖专场增加了235场；成交总额为284.30亿元，强劲的艺术消费潮使精品相对减少、普通艺术品大量增加，市场关注重心迁移至中低端拍品，使价格较低的“微拍”得以发展。

第三，微信本身强大信息交流功能，微信构建商业的核心基础并不是海量的信息流，而是人流和资讯信息流，借着平台，用户可根据个人重点关注的情况筛选信息，这种半封闭式的交流方式，使信息能更精准、有效、全面的流通。对用户来说，朋友圈相对私密、相关手续单纯，低门坎的准入条件使用户更愿意使用“微拍”，对平台的黏度也相对提升。

二、网络时代的艺术品交易

作为“微拍”的整体背景，艺术品交易网络化已成为互联网浪潮助推趋势的大势所在。互联网与金融工具创新逐步汇流，O2O（Online to Offline，在线与线下）的交易模式在艺术品领域具体表现为实体“艺术交易”朝虚拟的“艺术在线”靠拢，网络成为艺术交易与消费的主体渠道。国外已借着网络发展艺术家众筹、艺术品委托定制、艺术品租赁等交易方式，我国艺术品在线交易起步较晚，2008年开始发展、2012年步入正轨，许多艺术拍卖、画廊、文教所纷纷将小拍与网络拍卖等形式结合，目前网络交易以网拍为主。

网络拍卖的基本流程和实体拍卖一致，共有拍卖、出价、抬价、成交、付款五个步骤，不同之处在于买家须提前向拍卖网站提供个人资料，依照流程申请，并在一定时间登录网页参加拍卖。网络拍卖具有以下特征：

首先，流程简便、省时省力。传统拍卖的报价、竞价、落槌成交的过程较为繁复，反观网络拍卖的买家不用奔赴各处便可购买拍品，对于企业而言，网络交易成本更低，省去传统交易的实体开销（人事、信息成本、结算费、库存费），借助网络随时竞买，解决了地域、时间、交通支出等问题。

其次，网络交易较传统拍卖更加透明，前述提到拍卖行信息不对称的问题在网络交易中获得解决，交易网页会详列拍品信息、交易流程、拍卖要求，降低内线操作的疑虑。

最后，在线拍卖的商业联动性强，拍卖企业可与营销、电商、物流等领域结合。

最重要的是，艺术品在线拍卖的受众更广，以往的交易领域只面向小群体开放，需巨额资金投入、较长的投资周期、专业的技术要求和高度的审美要求，以上条件将广大群众排除在艺术领域之外。而网络拍卖以虚拟交易的方式吸纳更多人参与艺术交易，因网络艺拍活动与其他非艺术领域所需的技术、技能与设备并无区别，这让个人或企业能轻松进入艺术产业，另外，网拍的艺术品价格平易近人，使大众更乐于消费艺术[①]。

三、艺术品传统交易模式回顾

艺术品传统交易模式可分为画廊、艺术博览会和拍卖行（见图1）。

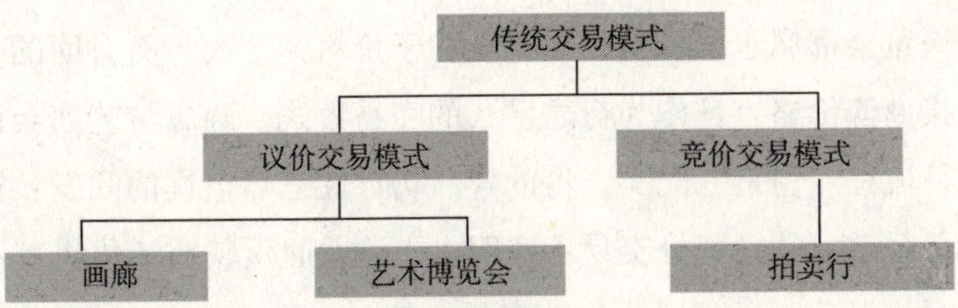

图1：传统交易模式分类

（一）画廊与艺术博览会交易

画廊是以画家代理为基础，通过展览、销售艺术品的中介单位，是最早在中国落地生根的艺术交易单位，画廊有三个指标：（1）实行代理制；（2）举办定期展览；（3）提供专业的艺术服务。画廊采用佣金制交易，作为促成艺术产品

① 网络拍卖一般不需要拍卖师，贩卖的多为中低价位的艺术品。

交易的第三方，买卖的双方必须向画廊支付佣金，同时画廊不承担交易的风险。画廊交易中所有权的转移方式比较单纯，交易方式比较稳固。

艺术交易博览会（艺博会）是典型的“二级市场”交易，是将第一市场（画廊）聚积在一处，将艺术品投入市场的销售方式。画廊既出售买断的艺术品，又可购买其他画廊或艺术品经营机构准备交易的艺术产品，卖方通过艺博会展示作品，达到与买方成交、合作的机会。艺术博览会有平台化、规模化、市场化三大特性。而市场化主要体现在艺博会的商业功能上，美国学者 Thomas V. Bonnoma 认为应将商展功能分为“卖”（Seiling）和非卖（Non - seiling）两项①，见表 1。

表 1：艺术博览会商展功能规划表

	Selling 功能	Non - selling
现阶段客户	维持关系 传达讯息 增进服务 修正服务	维持形象 产品测试 收集同业竞争者 提高公司曝光率
潜在客户	认识潜在客户 决定需求 讯息传达 智力销售	认识潜在客户 建立形象 产品测试 收集同业竞争者情报

画廊和博览会都属于议价交易，优点在于价格弹性大，面对面的交流使得买卖双方能直接商谈价格，且作为行之已久的交易模式，画廊与艺博会已摸索出一套稳定的交易流程。但是，此类交易的背后仍存在三点堪忧的问题：第一，画廊与艺博会交易分散，并且部分交易不透明，无法及时反映市场供需状况，有关单位无法及时对症下药，行业规整的效率低。第二，作为产业链上的利益相关者，画廊和艺术家在代理权、议价的过程中容易产生纠纷，无论画廊还是艺术博览会都会从上级生产者和消费者提取中介费用，以摊销营运成本。

（二）艺术品拍卖交易

我国艺术品拍卖从 20 世纪末发展以来经历了长达七年的低谷期，在 2003 年

① Selling 功能说明艺博会营销的目的，而 Non - selling 功能可说是为未来的“Selling”做铺垫，让观众在参观体验中渐渐变成买家。

倚仗经济成长的势头，呈现爆炸性增长，往后几年总在起伏间摆荡，而今已进入盘整期，发展日渐稳定。艺术拍卖以画廊、藏家、艺术家为依托，经公开竞价的方式出售艺术品。

相较于其他交易方式，拍卖交易最为严谨，产生的纠纷也少，但相对而言，拍卖交易存在信息不对称、交易成本过高、艺术品单一的缺点。第一，拍卖行几乎垄断了拍品的信息源，若不是行家或是艺术研究者，是很难了解拍品的特征，买家容易误判拍品价格。第二，艺术品交易成本过高，拍卖行的运作成本都须转嫁到消费者身上。第三，拍卖行偏好富有名气的大师之作，以拍得好价，拍品多为油画、水墨等平面作品，拍品类型同构性高。

四、艺术品交易的金融化趋势

艺术品金融化是近几年出现的新兴交易，基本上是将固有的金融投资模式转移到具有文化价值、精神价值的艺术品上，简而言之，艺术品金融化指的是艺术品成为金融机构资产管理的投资目标，或成为对企业和个人进行信用评级和资产定价的重要标准。当前流行的艺术金融化交易有基金化和份额化两种。

（一）基金化

艺术品基金化交易源自英国①，指将众多投资者的基金集中并通过艺术品投资组合，尽可能地控制风险，增加收益，属艺术品金融化的一种②。2007 年民生银行首次发行艺术品投资计划 1 号，宣告艺术品基金化交易的诞生，至 2011 年我国艺术基金进入巅峰，全国共发行至少 50 只艺术品基金，从 2011 年的私募基金转向以地产公司为主体的艺术品信托基金。基金化交易简要分为融资、买入、卖出三大环节，就融资来说，又可分成投资型艺术基金、融资型艺术基金和复合型艺术基金三种。

为保证所购“货美价实”，基金化交易将重点放在“买入”环节，基金化交易高度重视一、二级市场的渠道疏通，和拍卖行、画廊、艺术家关系紧密。除此

---

① 艺术品基金化交易起自 1970 年中期英国铁路养老基金会（British Rail Pensions Fund）透过提拨部分 5% 流动资金（约 5000 万英镑）投资艺术品构想来自统计学专家列文（Lewin），他根据英国 20 世纪上半叶的通膨发展与艺术品市场的交易情况的数据，建议英国铁路养老基金会拨出 3% 的流动基金，以 25 年为期，进行艺术品投资，属投资型艺术基金。

② 只通过艺术品基金、信托产品的形式介入二级市场交易环节。

之外，艺术基金会组织自己的研究、鉴定团队作为投资决策的基础①。卖出方面，艺术品基金多采用拍卖途径进行交易，亦会通过文交所、协议转让的方式进行交易。目前，我国基金化交易以“募资”为重点，对于交易环节还在熟悉、探寻阶段。

挟庞大的资金基础，基金化交易不管是买进还是卖出，都比画廊、艺术博览会更为自主，操作艺术资源更多，获利相对可观。此外，基金化的退出机制通常为拍卖或协议退出，前者为较好的变现机制。然而，目前国内艺术基金化仍存在很多问题，在鉴定、评估、保管、市场回报率等方面都需要进一步优化。

（二）份额化

作为艺术金融的另一大创新，“份额化”指通过文化艺术品实物的鉴定、评估、托管和保险等程序为前提，发行交易拆分化、非实物的艺术品份额合约。文化艺术品份额合约挂牌交易后，投资人通过持有份额合约分享文化艺术品价值变化带来的收益，份额化亦可理解为证券化，目前份额化交易标的多为书画、雕塑、瓷器等。

份额化交易的操作模式是利用市场机制来配置艺术资源，最早期采用T+0②的交易方式，当天即可买进卖出，将日涨跌幅度上限设为15%，高于股市的10%。为了防止过度炒作，将交易模式调整为：（1）交易周期改为T+1，即隔日交易；（2）限制艺术品价格的日涨跌幅度；（3）对价格异常波动的艺术品实施特殊处理，抑制泡沫化情况。艺术品份额化交易的利益主体有艺术家、发售代理商、文交所、投资者、艺术品持有人、交易公正机构和价值评估、保险、确权、保险、托管机构等。

份额化交易实现了所有权和交易权的分离，采用多方认购的方式，份额交易模式降低了参与门槛，吸引不少人参与投资，也随之提高了资金流动。有别于拍卖行只有竞买没有竞卖的实物交易，份额化分离了艺术品的实体价值和市场价值，并将市场价值瓜分为数份可被他人独有的认购权，此种“竞卖竞买”的开放式交易，一改过去半封闭的购买模式。

艺术品份额化交易无非是一种突破性的金融创新，但却在初期的暴涨之后迎

① 团队中很多艺术品基金的高管往往自身就是在拍卖行、画廊、博物馆等相关领域多年的行家。

② 一种证券（或期货、现货）交易制度，特征是投机性大，当天购买的证券（或期货）在当天就可以卖出。

来暴跌，这主要是由定价、交易模式、法律问题、投资心态几个方面问题导致的。定价方面，企业采用通过市盈率（PE）、市净率（PB）、现金流折现等方法确定艺术品的价值，此法很难准确评估价值。交易的问题是份额化交易并未和一、二级市场对接，容易产生价格泡沫。关于法律问题，就正规交易规则来说，只有在明晰物权情况下的物权交割，交易才能够成立。份额交易模式将艺术品分的物权分化为数千份，然后分别售出，将个人物权转化为公众物权，购买者所购买的名义上是这件艺术品一定份额的所有权，其实是艺术品未来升值后的收益权。投资心态方面，现下许多投资者多抱着短期套利的目的进入市场，并不了解艺术品的价值特性，更缺乏对艺术品长期投资的认知，加上监管不足，扭曲了艺术品的投资性质，吸引来的多为急功近利的投资客，借价格涨跌之时脱手获利，倒置了艺术品价值发展的规律，造成市场崩溃。

如今，中国文交所仍不断寻求创新，发售艺术股票、发展电子盘，但终归面临“虚拟”与“实体”交易中的价值冲突问题，该如何改善，还需探寻。

五、艺术品交易模式评估与趋势分析

纵观艺术品交易的发展脉络可发现，传统交易模式过于单一、僵化、高成本，而这些问题有可能在新兴交易模式中获得解决，如网络化随之而来的是便捷、普及、透明的交易方式，交易机构能提取市场数据和相关指数，作为优化经营的重要参考。艺术品交易丰富多样，历经多种交易创新与探索，不少交易机构已意识到金融创新必须将艺术品增值相对缓慢的发展规律纳入交易制度的设计中，因此，金融化、网络化等交易在配套系统还需向传统交易借鉴，其有关确权、确价、兑换已有丰富的经验和法律保护。

在整体艺术品交易发展背景下，当前的网络化交易存在的问题也是相对明显的。不管是网页拍卖还是微信拍卖，网络化交易有一先天性缺陷——它终究无法取代实际体验，Art Affairs. com 创办人鲁兹伯格（Gluzberg）便提到“不管互联网变得如何普及、技术如何进步，没有什么东西可以取代亲临选购的经验”。首先，画廊、博览会、拍卖行因通过实物交割，能及时验货、权责也相对清楚，但网络化这种“交易及时，交货延迟”的交易模式产生了验货问题，衍生出来的消费纠纷也相对复杂，加上我国网络交易法还存在许多疏漏，可诉诸公权力的渠道较窄，整体而言，网络化交易风险较传统交易高。再者，艺术在线毕竟是种虚化交易，比起重视知识建构的画廊、艺博会、拍卖会，我国网络艺术品较多重视作品的展示与销售，对生产者——艺术家的创作特征与性格着墨较少，消费者很难切实地了解艺术家、补充艺术知识，甚至理解艺术品的内在价值，长久下来，会造成一、二级市场的关系倒挂，换句话说，资本市场将取代学术话语权，艺术品的文化价值将被稀释，更不利于大众对艺术品的价值判断。交易方面，艺术在线的最大症结是因规范不全引起的市场乱象，最典型的便是不公平竞争，目前《合同法》、《拍卖法》、《拍卖管理办法》等相关法律法规的约束和调整并未落实到网络拍卖中，仍有许多灰色地带①；如在实体拍卖中，消费者权益受《拍卖法》保护，但在网拍中权益确无法被保障。

同理，“微拍”虽然交易便利，仍有许多亟待解决的问题，第一，“微拍”信用基础低、契约的稳定性不足，目前微信朋友圈的交易还局限在熟悉的朋友之间，一般是买家先付款，卖家再发货，交易完全是靠朋友之间的信任，不怎么要求专业鉴定，更无其他刚性的保险措施。第二，第三方监控机制不足，因无法现场实物交割，如何让拍品在押运过程中不被掉包、交易失败后该如何处理等问题考验着经营者的管理能力。第三，因主体虚化，加上信息快速、片段且零碎，让投机分子有了炒作之机，消费者易被错误的信息误导。总得来说，“微拍”在整个网络拍卖目前只是实体拍卖的补充，不仅配套不足，未来也充满不确定性。

以小见大，上述的交易问题亦说明了我国艺术环境的不足，整顿好行业规范，促进市场稳定发展是目前政策首要。2014 年，艺术市场的建设受到政府正视，被纳入政策议事视野，7 月公告的《私募投资基金监督管理暂行办法（征求意见稿）》不仅鼓励艺术品私募基金的发展，更对投资标的、投资人、募集方式、管理运进行具体规范；9 月，发布艺术拍卖《从业人员职业守则》、《标的审定规范》和《标的保存管理规范》三项规范，首次将保管、审件、人员素质等环节纳入管理。北京画廊协会则针对画廊、艺术家、消费者发布了《画廊行业经营规范》和《画廊从业人员行为规范》，保障各方权益，完善交易机制。除了行业规定之外，有关“审美文化的重建”引起学界、商界、政府和藏界广泛的关注，如何建构审美价值，审美价值又如何与市场环境对接，是下一步需要深入探

① 《拍卖法》规定，拍卖成交，买受人要与拍卖人签署《拍卖成交确认书》。如果网络拍卖的全部过程都仅通过互联网进行，只靠拍卖企业的信誉作为保证，对于交易所涉及物品的质量、安全或合法性以及拍卖信息的真实性或准确性将无法保证。

讨的问题。

对比艺术品交易的传统模式、金融化趋势与互联网线上平台交易模式（见表2），我们可以看到，无论哪一种模式都并不完美，也不会在短时期内被完全取代，而其相互借鉴与不断创新才能使互联网时代的诸多尝试在喧嚣之后有所沉淀与发展。

表2：艺术品交易优劣分析

分类层次		特 征	优 势	问 题
传统交易	画廊	议价交易 实行代理制	艺术知识建构 价格弹性大 法律保障	信誉和投资、鉴定、保管保证 降低冲动型消费 法律保障
	艺博会	议价交易，价格弹性大 平台化，规模化，市场化		
	拍卖行	竞价交易	交易成本高 利益相关者 交易分散 （交易黑数）	交易成本高 信息不对称 拍品单一 手续烦琐
金融化交易	基金化	一、二级市场桥梁 研究团队	操作自主 获利可观	鉴定问题 评估问题 保管问题 收益保证问题
	份额化/交易所	多方认购	资金流动性高 门槛低	定价问题 风险机制 法律问题 投资心态
网络化交易	网络拍卖	虚化交易 普世价值	商业联动性 强拍卖内容 公开透明 成本低，规模化， 简便，及时	交易及时，交货延迟 缺乏艺术知识建构 法管欠缺，不公平竞争
	微信拍卖		传播力强 体验感	信用基础低 炒作之嫌

参考文献

[1]西沐．中国艺术市场白皮书[M]．北京:中国书店,2012:4.

[2]西沐.2014 年中国艺术品市场六大趋势[N]．中国拍卖报,2014-02-23.

[3]杨莉娟．"微拍"艺术品,更像玩游戏? [N]．北京日报,2014-03-21.

[4]梁婷．微信拍卖:碎片信息时代的市场试水[N]．深圳特区报,2014-05-07.

[5]徐博文．对文化艺术品交易所有关问题的思考[J]．西部金融,2012(3):59-61.

[6]蔡萌．微信拍卖:"小圈子"能否成就"大气候"[N]．中国文化报,2014-03-17.

[7]邓景夫．微信支付盈利模式的想象空间[J]．中国传媒科技,2014(12):153.

[8]有仪．中美两大电商合作艺术品网络交易再成热点[J]．收藏,2014(11):170.

[9]黄鸣奋．互联网艺术产业[M]．上海:学林出版社,2008:77.

[10]杨静．艺术品交易模式研究[D]．长沙:湖南大学,2012:13.

[11]Bonoma, Thomas V. *Get More Out of Your Trade Show*[J]. *Harvard Business Review*, 1983(61):75-83.

[12]季涛.2003—2013:国内文物艺术品拍卖市场回望[J]．艺术品,2014(2):70-81.

[13]游春,邱元．探析艺术品金融:份额化交易模式[J]．金融教学与研究,2011(5):50.

[14]分析艺术品基金交易环节[EB/OL]．新浪收藏．[2011-12-05]. http://collection. sina. com. cn/ystz/20111205/111347636. shtml.

[15]陈少峰,欧阳天．文化产权交易所在艺术份额化交易中的转变、症结和改进方案——以天津文化艺术交易所为例[J]．福建论坛(人文科学版),2013(10):65.

[16]林浩．对艺术品证券化中国实践的讨论[J]．经营管理者,2013(1):198.

[17]Gluzberg Meir. *Online Marketing* 101: *Basic Guidelines for the Art and Framing Community*[J]. *Art Business News*, 2000(10):62.

[18]苏宇．当艺术收藏遇上微信[N]．中国商报,2014-03-27.

国内外促进演艺企业走出去的政策对比及其启示

Policy Research on Promoting Chinese Performing Arts Enterprises' Operation Overseas

吴承忠　田　昀　刘广钦[①]

Wu Chengzhong　Tian Yun　Liu Guangqin

摘要：演艺业“走出去”是我国文化“走出去”的重要课题之一。在国际演出市场，来自中国的声音从无到有，逐渐发展，在国际演出市场上开创了文化“走出去”的新局面。尽管演艺企业海外经营已有成功的开拓者，但推动我国演艺企业顺利“走出去”离不开政策的引导和支持。本文首先对政策脉络进行梳理，了解当前国内外政策的总体情况，再通过对当前演艺业“走出去”的问题与海外政策导向的分析，为今后政策的制定提供参考。

关键词：演艺企业；中国；海外经营；政策研究

Abstract: The performing arts industry's "going global" is an important part of Chinese culture's "going global" project. Chinese performing arts have entered international market, developed step by step and created a new prospect for Chinese culture "going global". In spite of the successful begining, we still need policy guidance and support. Firstly, the essay analyzes the relative policies to help understand the current situation, and then by analyzing the problem of performing arts industry "going global" and learn from overseas

---

① 吴承忠，对外经济贸易大学文化与休闲产业研究中心主任，教授，研究方向是国际文化规划与政策；田昀，对外经济贸易大学教育经济与管理专业硕士研究生，研究方向是国际文化规划与政策；刘广钦，对外经济贸易大学文化产业管理专业硕士研究生，研究方向是国际文化规划与政策。

policy, some reference can be provided for future policy planning and formulation.

Key words: performing arts enterprise; China; operation overseas; policy research

随着经济的快速发展，中国与外国文化的交流日益密切，尤其是在提出了“软实力”的发展战略后，中国演出团体在海外演出的数量逐年增多。尽管当中相当部分演出由政府主导，以文化交流为目的，并不产生商业效益，但不可否认我国的演艺产业在市场化的过程中，无论是“引进来”还是“走出去”，已经积累了一定经验。作为文化企业的重要构成，国内演艺企业逐渐在国际市场上崭露头角。演出项目独特的表现形式易于吸引国际关注，成为国际文化市场的突破口，尤其是动作类演出项目的风靡也侧面反映出这类项目存在相对较少的“文化折扣”，可以说演艺企业是文化走出去的重要力量。在国际演出市场，来自中国的声音从无到有，逐渐发展，在国际演出市场上开创了文化“走出去”的新局面。

在现有的经营海外业务的演艺企业中，企业的组成呈现一家领衔、多家发展的结构。目前国有演出团体是支撑演出业生产能力的主体力量，也是“走出去”的绝对主力。拥有海外发展实力的演出公司身兼多项职责，而众多民营企业在资金、渠道等方面均处于弱势。结合国际经验，理清企业职能、设立组织致力于产业和海外市场的基础研究、保持国际网络中的活跃度以及创新资助方法，都需要在日后政策制定中得到关注。

一、国内相关的政策环境

（一）背景

1. 管理机构与政策导向

对于涉外艺术文化表演（政府间文化交流、民间非商业性艺术表演、涉外商业和有偿艺术表演等），由文化部负责全国涉外文化艺术表演及展览活动的归口管理和宏观调控，包括统筹安排和组织活动计划、批准表演活动的立项申请、认定组织者资格、审查经营机构资格、监督和检查活动等。根据文化部促进文化产品和服务“走出去”的整体规划，通过政策指导、项目带动、资金扶持、信息服务、人员培训等手段，培育骨干文化企业和产品、促进品牌化和国际营销网络的拓展，是近期“走出去”的目标。

2. 国内演出主体

在国有院团转企改制的大潮中，2012 年文化系统国有演出团体完成改制 2102 家，其中转企改制的占 61%，撤销占 20%，划转占 19%。

根据 2012 年中国演出市场年度报告，全国共有国有演出团体约 2700 家，演出总计 54.4 万场，演出总收入 124.2 亿元，政府拨款和演出补贴 85.6 亿元；共有民营演出团体约 10000 余家，比 2011 年增加约 2000 家，全年演出总计 126.8 万场，演出总收入 96.6 亿元，政府演出补贴 7.7 亿元。以下为国有与民营演出团体在数量与所获政府补贴上的对比。

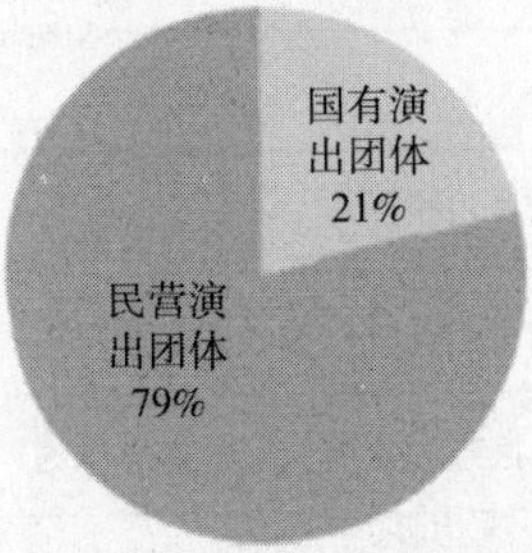

图 1：国有与民营演出团体数量对比

图 2：国有与民营演出团体所获政府补贴对比

占演出团体 21% 的国有演出团体获得了超过 90% 的政府补贴，民营演出团体在资金、信息渠道与政策扶持上均呈现弱势。因而，国有演出团体仍是支撑国内演出业生产能力的主体力量。

（二）国内政策环境现状

1. 我国涉外演出政策回顾

根据国内学者胡惠林（2010）对文化产业“走出去”的战略内容构成分析，战略内容包括三个层面。首先是文化层面，包括创新民族文化艺术、拓展对外文化交流、实施“走出去”重点工程和活动；其次是政策层面，包括完善文化贸易制度和制定有利于“走出去”的政策措施；再次是产业层面，包括培育骨干文化企业，做大做强对外文化贸易品牌和构建国际市场营销网络。

以下是国家层面涉及演艺业“走出去”的政策一览表（见表1）：

表1：国家层面涉及演艺业“走出去”的政策一览表

时间	出台部门	文本内容	文件名称
2004	文化部	出口	《文化部关于促进商业演出展览文化产品出口的通知》
2005	国务院	出口	《关于进一步加强和改进文化产品和服务出口工作的意见》
2006	国务院	综合性	《国家“十一五”时期文化发展规划纲要》
2006	各部委	出口	《关于鼓励和支持文化产品和服务出口的若干政策》
2007	各部委	出口	《文化产品和服务出口指导目录》，2012 年更新 《2007—2008 年度国家文化出口重点企业和重点项目目录》
2009	国务院	综合性	《文化产业振兴规划》
2009	文化部	投融资	《文化部文化产业投资指导目录》
2009	三部委	税收优惠	《关于支持文化企业发展若干税收政策问题的通知》
2010	九部委	投融资	《关于金融支持文化产业振兴和发展繁荣的指导意见》
2011	文化部	综合性	《关于促进文化产品和服务“走出去”2011—2015 年总体规划》
2012	文化部	综合性	《文化部“十二五”时期文化产业倍增计划》
2012	文化部	投融资	《文化部关于鼓励和引导民间资本进入文化领域的实施意见》

资料来源：互联网整理。

关于我国商业演出“走出去”的政策，最早始于2004年文化部颁布的《文化部关于促进商业演出展览文化产品出口的通知》。该通知明确了商演展产品出口作为对外文化工作的重点，应在政策和资金上提供强有力的支持，强调文化部将制定《国家商业演出展览文化产品出口指导目录》，旨在从全国范围内开发一批在国际市场有一定潜力和影响的项目，形成“国家文化产品出口示范基地”，受国家重点扶持。2005 年，国务院颁布了《关于进一步加强和改进文化产品和服务出口工作的意见》。该意见明确强调参与出口的市场主体包括国有文化企业和非公有制文化企业，指出要加快国有文化企事业单位改革步伐，着力培养一批参与国际竞争的文化市场主体，鼓励符合条件的国内文化企业与国际知名文化公司开展合资合作，实现投资主体多元化，逐步形成以大型国有文化企业和企业集团为主体、非公有制文化企业等各方面力量积极参与的文化产品和服务出口工作格局。2005年底，文化部成立中国传媒大学和深圳特区文化研究中心两个“国家文化贸易理论研究基地”。

2006年，多部委联合出台了《关于鼓励和支持文化产品和服务出口的若干政策》。相对于2004年的《国家商业演出展览文化产品出口指导目录》，该政策明确强调了文化服务项目，强调按照“以进带出、进出挂钩”的原则，加强对文化产品进出口的宏观调控，逐步改变对外文化贸易逆差较大的状况。同时，由于是多部委联合出台，该政策明确指出商务、文化、外宣、外交等主管部门要加强统筹协调，加大文化产品和服务开拓国际市场的工作力度，这体现了部委间合作的趋势。值得一提的是，该政策着力于资金支持与表彰，首次提出宣传文化发展专项资金、文化走出去专项资金和研究制定文化产品出口退税政策。

2007年，《文化产品和服务出口指导目录》颁布，旨在认定一批优秀的文化出口重点项目和文化出口重点企业。2012年该指导目录更新，确定了演出类重点企业标准，如年出口额在10万美元以上。自2007年以来，国家持续选拔年度国家文化出口重点企业和项目，并对优秀的文化产品和服务出口企业进行表彰奖励，奖励金额在5万元到15万元不等。

除了综合性政策，涉外演出政策在资金具体获得与优惠方面受到更多的关注，关于税收与金融方面的政策相继出台。2009年，财政部、海关总署、国家税务总局下发《关于支持文化企业发展若干税收政策问题的通知》，仍旧强调文化企业境外演出从境外取得的收入免征营业税，但企业所得税优惠政策停止。2010年，九部委联合发布《关于金融支持文化产业振兴和发展繁荣的指导意见》，强调完善文化企业外汇管理，积极培育和发展文化产业保险市场。值得注意的是，该意见特别强调加强和改进对文化产业的金融服务，这为之后演艺企业“走出去”过程中的融资问题提供了具体的政策扶持。

2014年，对演艺业走出去产生重大影响的政策文件为《国务院关于加快发展对外文化贸易的意见》及《关于推动2014年度文化金融合作有关事项的通知》。《国务院关于加快发展对外文化贸易的意见》提出首先要明确支持重点，鼓励和支持国有、民营、外资等各种所有制文化企业从事国家法律法规允许经营的对外文化贸易业务，并享有同等待遇；其次加大财税支持，结合营业税改征增值税改革试点，逐步将文化服务行业纳入“营改增”试点范围，对纳入增值税征收范围的文化服务出口实行增值税零税率或免税；再次强化金融服务，鼓励金融机构对符合信贷条件的国家文化出口重点企业和项目提供优质金融服务；最后完善服务保障，涉及海关通关、行政审批、知识产权保护和人才培养等方面。《关于推动2014年度文化金融合作有关事项的通知》中则列出了2014年度文化金融合作项目库（信贷融资），其中涉及的走出去的演艺项目包括河北吴桥杂技大世界旅游有限公司的吴桥杂技艺术中心项目，江苏省演艺集团有限公司的江苏舞台艺术海外推广系列演出及苏演院线剧场连锁建设项目，和云南文化产业投资控股集团有限责任公司的《吴哥的微笑》、《辉煌新加坡》境外演出项目，分别由国家开发银行、中信银行和中国进出口银行提供贷款。

2. 政策总结

从以上政策可以看出：

首先，在涉及海外经营的主体上，政策在国有文化企业和民营文化企业走出去格局划分中倾向强调国有企业的主体地位，也一定程度上反映出民营企业“先天不足”的资源劣势。

其次，在宏观环境的营造上，强调分批有次序培育企业。对于符合《文化产品和服务出口指导目录》而选拔出来的重点企业及项目，政府将依据有关规定在市场开拓、技术创新、海关通关等方面创造条件予以支持。

再次，在具体实践操作上，强调人才培育、资金扶持、市场开拓与信息库的建立。尤其是2009年随着文化产业投资政策的逐渐明晰，刺激了银行贷款、担保等金融服务业务的开展。

二、海外政策经验回顾与分析

（一）加拿大政策与机构

1. 加拿大促进表演艺术出口的组织

位于加拿大蒙特利尔的CINARS组织是接受加拿大艺术委员会（Canada Council for the Arts）资助的非营利组织，其使命正是促进和支持表演艺术出口。其主要目标是：（1）鼓励演艺界文化创作；（2）促进专业生产组织（创作）和演出展示组织（场所）之间的商业探讨；（3）使蒙特利尔成为世界表演艺术网络中心。

CINARS 提供的服务围绕五项内容展开：（1）CINARS 双年展；（2）国际代表；（3）促进专业发展；（4）合作推广策略；（5）提供专业知识。

2. 资助政策

加拿大艺术委员会由 1957 年议会法案通过建立，支持对艺术作品的研究、享有和生产。作为加拿大国家艺术基金机构，其核心业务是提供补助和服务，在多样的艺术学科和实践领域为加拿大专业的艺术家和艺术组织颁奖。不仅是提供资助项目，在加拿大艺术委员会专门提供的市场进入（Market Access）服务中，委员会还投资其他项目和途径，帮助加拿大艺术企业进入海外市场并增强竞争力。通过参与展会和国际活动，提供信息服务、资源和相关资助项目，以及对市场进入活动增加经费，加强加拿大艺术在新的国内和国际市场的发展。委员会计划 2013—2015 年总投入 1000 万美元用于国际市场进入。

（二）欧洲政策与研究

1. 芬兰 Luovimo 计划

Luovimo 是一个以创新服务和内容业务为重点，旨在促进创意产业公司国际增长的计划。该计划属于芬兰公司全球经营专家组织 Finpro，由芬兰经济与就业部、教育文化部共同资助。Luovimo 为不同的创意产业部门提供参与性的支持，包括国际发展规划、市场进入、优化网络和共享学习。Luovimo 特别专注于音乐、电影、电视、表演艺术、设计和游戏相关产业，2010—2011 年度的二十个项目中，参与者包括设计、影视、音乐、表演艺术、游戏和内容生产等领域的公司。以下是 Luovimo 针对多年国际创意市场开拓经验的研究发现：

（1）Luovimo 计划关于创意企业国际化的七大发现

①愿景：每个公司都需要愿景；②目标清晰，方式灵活；③持久投入；④全球本土化：⑤一切尽早；⑥量化；⑦长征。

（2）Luovimo 计划中与演艺企业国际化有关的调查（见表 2）

表2：Luovimo计划中与演艺企业国际化有关的调查

公司	ACE公司	BACKSTAGE公司	TERO SAARINEN公司
公司性质	私人企业	私人企业	私人企业
从事业务	剧院管理，戏剧创作，戏剧、音乐剧出口代理	签约、管理几国艺术家与乐队	舞蹈表演
企业目标	通过经济、先进和现代的内容管理、生产、品牌营销和赞助，成为为剧院开辟市场的可靠、创新型公司	打入已有过接触的美国市场，在美国设立新公司，与当地音乐产业建立可靠的联系，并对当地整体生态系统有综合把握 。	已经具有世界知名度，但仍希望开拓全新的市场（拉丁美洲）
创新点/经验	（1）眼光长远：希望成为一个欧洲与中国之间的文化门户，并试图在中国建立联合经营剧院的网络。	（1）公司采取很多措施扩大其对美国的知识和经验，其中主要是通过巡演和其他业务进行赴美旅游考察，公司领导者也在此期间增加个人在当地的人际联络。	（1）对拉美进行市场分析与选择。Finpro墨西哥与巴西分公司进行拉美五国与舞蹈相关的节庆与剧院调研，通过初步探索估量与专家访谈实现该过程。
	（2）借助Finpro进行国际协商。ACE与Finpro当地工作人员的合作颇有价值，他们为ACE发现高质量的本土接触，并帮助将信息准确传达至当地。在与当地的剧院、自治区、城市和政府谈判中，Finpro的出现占有重要地位，代表国家重要的支持。	（2）推动美国新公司的建设面临一系列的选择，但这些过程在文件处理、公司本身流程及后续决定方面非常耗时（在美临时签证使公司面临长久发展难题）。	（2）加强品牌：该工作由外部顾问完成，通过采访约20个公司利益相关者（买家、媒体、投资者等）了解当前的形势，获得强化沟通策略的反馈。在公司举办的研讨会中，外部顾问一同将访谈数据与竞争对手标杆、内部品牌分析和利益相关者映射结合分析，明确公司位置与目标。
	（3）重视合作与分享。Luovimo计划表明，通过分享经验、知识和资源，合作伙伴甚至是竞争对手，可以在芬兰外取得成功。通过在国外共同努力，如通过联合营销和品牌化的努力，芬兰文化部门的可获得显著优势。	（3）当选择从事一项大计划（相比临时性小计划）时，组织行动的时间和资源能得到更好的安排。本土公司在飞速发展的同时，领导者可能无暇顾及海外新公司。因此，海外（美国）市场需要独立经理人将国际化进程当作独立项目运营。	（3）进入新的市场最有效的方式是通过当地最大的舞蹈和戏剧节，这能吸引许多当地和国际参与者和公众。

资料来源：Luovimo官网。

2. 挪威 Music Norway 组织

挪威文化部于2012年秋季正式成立了音乐挪威（Music Norway）组织。2013年1月1日，该组织在奥斯陆总部开始运作。12位拥有在挪威音乐信息中心（Music Information Centre Norway）和挪威音乐出口组织（Music Export Norway）长期和杰出职业生涯的成员，是该新组织的核心。音乐挪威是挪威外交部关于音乐问题的正式咨询机构，作为政治建设的顾问和整个挪威专业音乐界的促进与推动者。

音乐挪威由挪威文化部资助，每年可获得1700万挪威克朗（约合1740万元人民币）的资助。除了文化部直接的运作资金，音乐挪威还通过组织的各种支持项目额外管理1000万挪威克朗（约合1024万元人民币）的拨款。该组织包括一个小型的行政部门（目前占员工总数的20%）、信息部门（35%）和项目部门（45%）。音乐挪威通过深度关注建立在深入了解商业发展基础上的文化政策，建立挪威音乐出口的新标准。该组织拥有坚实的网络、强大的专业技能以及充足和相关的工具箱（toolbox）。音乐挪威的任务由文化部确定，任务的战略基础源于组织使命。主要任务有三个：促进音乐出口和挪威音乐的国际性分析；组织将基于音乐产业的需要，增加开发挪威不同类型的音乐；了解音乐行业，刺激对国内以及国际乐坛现状的分析研究。

（三）国外政策经验总结

从以上的海外机构设置与扶助政策中可以看出：

首先，演艺国际市场十分活跃，发达国家关注本国的表演艺术在国际市场的影响力，关注本国企业在海外的经营情况与竞争力。但国际演出市场的开拓并非易事。一家演艺公司进行国际化经营，愿景是最基本的出发点与动力。国际市场参与者众多，变幻莫测，因此需要依靠长期的积累和持久的资金和人力资源投入，需要了解市场如何运作、评估业务的真正潜力以及不断寻找可靠的商业合作伙伴。成功的公司专注于自己的擅长领域，其业务的发展与对受众反馈的分析相关。

其次，关于促进出口的机构设置中，加拿大与北欧国家有一些相似之处，可概括成以下特点：

（1）非营利部门

CINARS组织是非营利组织，组织的愿景和任务十分明确，组织的成员往往有对国际市场研究的知识背景。

(2) 研究导向

CINARS 组织十分重视对数据的搜集与研究。组织强调对国际市场的基础研究，经常承担国际业务开发咨询、参与市场开拓、建立与目的国及潜在合作伙伴的联系，关注国内产业发展动向和趋势。

(3) 参与产业活动

往往有针对性地参与到国内产业发展中，甚至独立运作艺术节等相关产业活动，与产业联系密切，策划行业会议并提供专业人士间的交流机会。

(4) 政府资助与自营结合

尽管作为非营利组织接受政府资助，但也开发自营项目，如基本的咨询和培训项目，这样在一定程度上激励组织深入研究。

(5) 政府智囊

政府智囊掌握了国内行业与国外市场双重经验，是政府重要的咨询机构。

再次，政策的制定基于这些机构的研究发现，这些机构深入解企业，因此政策具有很强的针对性。

三、国内外政策的对比与启示

(一) 政策颁布主体与研究机构

首先，我国涉及演艺企业走出去的政策主要由文化部、国务院及相关部委颁发。近年来，针对推动文化企业“走出去”，国家颁布了一系列政策重视文化走出去，不仅是在文化产业发展专项资金中将文化企业“走出去”作为重点支持的六大方面之一给予补助，并设置具体实施细则，而且成立了国家对外文化贸易基地、文化贸易专业委员会等机构组织，促进文化贸易领域的信息整合与海外研究。

但是在研究机构设置过程中，我国倾向将企业管理者作为成员加入文化贸易研究组织，这与骨干文化企业拥有的海外经验和国际市场信息有关。尽管这类组织同样可以促进行业从业者的交流，建立联系网络，但这种旁系组织的结构并不稳定。究其原因，一是没有明确的组织目标与任务，二是成员的本职工作仍在企业，发挥的能力是有限的。相比之下，海外的具体研究组织为非营利组织，这类组织的设立专门是为了研究国内产业与国外市场，并且组织与产业联系紧密。

因此，从研究机构的设立和与政企的关系上可以看出差异（见图3、图4）：

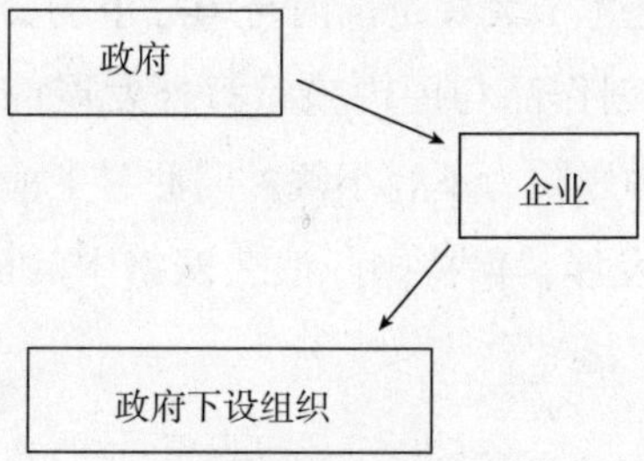

图3：我国研究机构与政企的关系

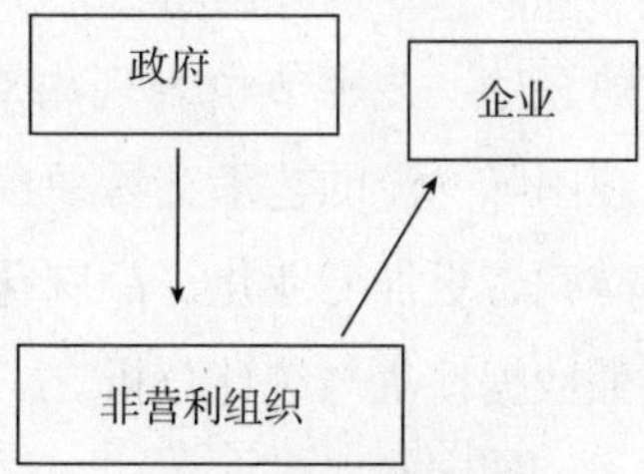

图4：加拿大研究机构与政企的关系

同时，我国现有的研究机构中，表演艺术与电影、出版物、游戏等其他产业部门共同列入文化贸易领域，这些研究机构没有细分具体的、有针对性的领域。中国演出行业协会是国内表演艺术领域的专业协会，但其主要业务是公益活动、国际交流和部分演出活动筹备，数据收集与研究的作用并不突出。国内演艺领专业研究的代表是以演出业为主要观察范围之一的道略文化产业研究咨询公司，但其研究范围也较少涉及国外演艺市场。

某种意义上，专业、独立针对演艺行业与国外市场深入研究的机构在国内仍是空缺的。

（二）平台机构与网络

在海外，开拓国际渠道的机构往往也是政府资助的研究机构。这类研究机构的任职人员具有国际市场研究的知识背景和业内的广泛联系网络，勤于分析最新的国际市场动向和趋势，并不断加强与海外的联系。一些研究机构也通过提供咨询服务增加收入，将研究机构拓展到海外不同的市场，帮助国内企业完成前期市场调研与潜在合作伙伴的寻找。

而目前国内这样的平台机构，在某种意义上就是中国对外文化集团。基于巨大的渠道优势，集团每年在境内外举办多个品牌节庆，举办各类演出、展览和综合文化活动5000多场，其中不乏对商业演出的推介。集团为中外演出活动提供巨大平台与网络，对外文化在商演之余肩负对外文化传播和交流的重任，也是国家文化年中演出展览项目主要承办者之一。因此可以看出，中国对外文化集团拥有多种角色。从渠道的拓展上看，集团强大的资源优势无疑可以降低开拓新市场的成本，也有助于集团品牌在海外的营销。但同样，集研究、贸易、文化交流、市场拓展多重任务为一身时，效率与专业程度可能受到多重目标的影响。

另一方面，在国际网络上，上海国际艺术节无疑是国内与国际市场交流与交易平台的翘楚，艺术节也表现出对本土原创作品与国内项目海外发展的支持倾向。纵观国际一流的艺术交易平台，品牌的影响力不容小觑。因此，上海国际艺术节还应朝着更加专业化、品牌化的方向发展，保持国际演艺网络中的活跃度，同时加强数据搜集与统计分析。

（三）政策覆盖面

在国家的文化产品和服务“走出去”的整体规划中，通过政策指导、项目带动、资金扶持、信息服务、人员培训等手段，培养一批优秀的企业带动海外市场的开拓是具体实施的导向。

事实上，这些手段也是国外将文化企业推向国际市场时备受关注的。如加拿大艺术委员会推动文化企业国际市场进入的三种途径即为项目资金资助、信息咨询服务以及作为艺术代理参与国际活动。

1. 资助政策

在资助政策上，加拿大与北欧国家多是以分类的项目资助为主。通过向加拿大文化遗产部、加拿大艺术委员会、加拿大表演艺术基金等机构组织申请，经过严格的资格审查，符合项目要求的艺术家或艺术组织将会选上并公布。项目的资助对象分为个人与组织，因此也覆盖了人才培训计划的资金。加拿大为表演艺术各门类设立了项目资金，仅戏剧一项下又包括巡演资金、国际市场进入资金等。加拿大艺术委员会计划 2013—2015 年总投入 1000 万美元资金用于本国演艺企业的国际市场进入。

在国内，文化产业“走出去”仍处于探索阶段，文化企业“走出去”专项资金也是为文化企业海外市场开拓而设立。在上海市的具体资助细则中，出口导向类项目，包括出口贸易、国际渠道的拓展、涉外版权登记、国际认证等都予以资助，同时还采取出口贸易贷款贴息和重点企业奖励，金额分别为一次性资助 15 万元、25 万元、5 万元、5 万元、25 万元及 5 万 –20 万元不等。同时，近年来也出现了文化与金融的创新。通过转为设立基金定向投资扶持，使政府与企业共同投资的公司进入产业实践、寻求项目合作，政府的扶持转向了政策性服务。

但不可否认，国内的资助项目主要倾向转制企业的演出补贴，尤其是公共服务领域。一方面，涉及海外资助的金额相较海外拓展的巨大投入来说并不充裕。另一方面，文化与金融的创新也只在少数地区实践，这方面的金融机构代表为北京银行。尽管北京银行是创意金融服务领域的领导者，但对于服务营销类文化企业的贷款十分重视企业无形资产，尤其是版权的核心竞争力，因而对于绝大部分无法通过版权的时间价值证明竞争力的演艺类企业而言，银行贷款确实不易实现。

2. 信息收集

海外一些国家的信息收集主要依赖专业的研究机构，这类研究机构接受政府资助，保持与产业的密切联系。根据文化部的政策，国内已建立起重点文化企业与项目的信息资源库，也强调持续关注学界研究，但专业研究机构方面的设置并不完善，或者说，国内产业与国外市场研究的资源并没有得到有效整合。

四、结论及政策建议

我国文化产业“走出去”政策已发展到第10个年头。通过以上分析，我们可以看出这其中的部分政策脉络：政策思路从初期以政府角度切入进行监督、审批等工作转变为目前以北京市政府为代表的从企业角度切入，帮助企业增强核心竞争力，力求可持续健康发展；资金补贴方式由原来的直接发放转变为现在的文化与金融结合的大胆尝试，助力企业合理有效经营。政策上的一些转变预示着未来政企合作的趋势将更加明显。在这种趋势下，政府和企业需要统筹协调，共同发展。

（一）研究总结

1. 国际市场参与者众多，变幻莫测，海外经营需要依靠长期的积累和持久的资金与人力资源投入。市场的开拓目首先依赖于企业资本实力和核心竞争力。对于演艺企业而言，品牌剧目的国际影响力、渠道与网络资源是企业竞争力的保障。在海外发展的道路上，进入模式的选择可能存在一些市场随机因素影响，但仍体现出由低级模式到高级模式发展的形式。企业集团化和品牌化经营是产业国际化的重要战略。我国演艺企业目前普遍规模较小，实力较弱，要实现演艺产业国际竞争力大幅提升，要实现我国演艺企业真正走出去的战略目标，必须大力强化集团化和品牌化的行业发展战略。

2. 市场的开拓离不开对目标市场的研究与资源联络。专业的科研机构是信息收集与分析的重要主体。在海外，这类重要的科研机构往往还是本国企业海外发展的咨询顾问与前期的目标市场联络者，这类机构是专门促进本国演艺企业出口的组织。这些组织保持竞争力的途径，除了聘用有丰富背景知识与业内人脉的员工，还保持较高的在国际演艺交流与交易网络中的活跃度。这种专业的科研组织正是国内目前缺乏的。建议我国组建国家部委与高校研究机构合作的科研咨询机构，开展我国演艺走出去的海外市场研究与信息发布报告，对我国演艺企业海外贸易与投资经营提供咨询和信息支持。

3. 我国演艺企业海外经营与政策支持密切相关。企业的海外发展离不开政府的鼓励与保障，这些措施包括从业人员技能培训、财政扶持、文化出口扶持等方面。这些政策需要全面考虑产业现状，也要体现政策连贯性，因为“走出去”是一个长期的过程。演艺企业走出去尤其是海外投资经营需要政府机构进行统筹规划、系统协调，制定系统和可持续的长期支持政策法规，并保证能落到实处。

（二）政策建议

基于以上的政策回顾、发展瓶颈和国外经验，本文总结出以下建议：

1. 梳理不同性质演出企业的职能

由于我国历史与体制原因，目前国有演出团体是支撑演出业生产能力的主体力量，也是“走出去”的绝对主力。拥有海外发展实力的演出公司，掌握了演出资源，并身兼对外交流和贸易双项任务，还包括信息统计与渠道开拓多项职责，而众多民营企业在资金、渠道等方面均处于弱势。因此，一方面应适当简化商业企业的非商业职能，设立专业组织辅助其进行市场分析与联络，另一方面重视民营团体的发展空间，设立渠道使其拥有人才培育的土壤与文化交流的机会。

2. 设立组织，致力于产业和海外市场的基础研究

这些基础研究，首先包括产业现状与发展策略、产业产出、政策影响、经济统计评估等。客观详尽的产业基础研究，是制定完善的产业发展政策的重要依据。同时也要加强企业海外经营与海外市场的基础研究，包括贸易政策与实施困境、出口、就业等统计数据。基础研究为政府制定产业政策提供完整的信息支持，保证政府政策的有效性、连贯性和一致性。

3. 保持国际网络中的活跃度

演出企业的“走出去”不仅要求国内有一个有国际影响力的专业演出交易

会，更需要各类组织、机构、企业保持国际演艺网络中的活跃度，参与国际艺术交流与交易会、国际艺术节等网络活动，把握国际趋势，促成合作的机会。

4. 利用税收优惠和专项资金扶持的同时创新方法

提升在国际演出市场中的竞争优势，除了对海外经营的公司给予税收优惠政策和专项资金支持，也要转变思维，创新扶持方法，以增强企业造血能力为目的，积极与优秀企业展开合作。同时，加强与地方政府、组织和企业的合作，开发多种筹资渠道，为企业寻求、提供多重资金支持。

参考文献

[1]文化部. 文化部关于促进文化产品和服务"走出去"2011—2015年总体规划[EB/OL]. (2011-04-11). http://3y.uu456.com// bp-9lne12pmnf3uh255bmoi_1.htm.

[2]中国演出行业协会. 2012中国演出市场年度报告[R/OL]. (2013-06-28). http://www.capa.com.cn/news/showDetail/60342.

[3]胡惠林. 我国文化产业发展战略理论文献研究综述[M]. 上海:上海人民出版社,2010.

[4]叶朗. 北大文化产业评论2011年上卷[M]. 北京:金城出版社,2011:1-16.

[5]宋亚非. 中国企业跨国直接投资研究[M]. 大连:东北财经大学出版社,2001.

[6]宋阳. 中国文化"走出去"发展战略研究[M]. 深圳:海天出版社,2012.

[7]杨利英. 近年来中国文化"走出去"战略研究综述[J]. 探索,2009(02):102-106.

[8]卢进勇,闫实强. 中国企业海外投资模式比较分析[J]. 国际经济合作,2005(03):24-29.

[9]卢进勇. 国际投资理论与政策[M]. 北京:对外经贸大学出版社,2008.

[10]齐勇锋,蒋多. 中国文化走出去战略的内涵和模式探讨[J]. 东岳论丛,2010(10):165-169.

[11]杨吉华. 文化产业政策研究[D]. 北京:中共中央党校,2007.

[12]骆玉安. 关于实施中华文化走出去战略的思考[J]. 殷都学刊,2007

(02):153 - 156.

[13]曹晋彰. 演艺产业链的构建研究[D]. 济南:山东大学,2012.

[14]傅才武,陈庚. 当代中国艺术表演行业的市场适应性问题及其对国家政策环境的特殊要求[J]. 艺术百家,2011(1):11 - 16.

[15]王海桃,田青."十二五"时期中国文化贸易的分析和思考——基于政府政策的视角[J]. 经营管理者,2011(10):128.

[16]周庆琳. 完善演艺文化的产业链[J]. 演艺科技,2010(6):34 - 36.

[17]朱敏. 资本运营助力中国演艺产业的可行路径[J]. 现代传播(中国传媒大学学报),2011(09):167 - 168.

[18]肖庆. 加快文化与科技融合亟待政策推进[J]. 艺术科技,2012(2):1 - 2.

[19]韩筱旭. 我国对外演出贸易模式新思路初探——以"天创国际"为例[J]. 商业文化(下半月),2011(8):158 - 159.

[20]谢大京. 试论表演艺术团体运作方式的产业化[J]. 社会科学,2003(5):121 - 125.

[21]颜聪. 艺术表演团体管理的有效性分析[J]. 北方音乐,2011(4):64.

[22]李金. 文艺表演团体改革刍议[J]. 魅力中国,2011(7):275 - 275.

[23]王珊. 分析演艺产业的经济效益管理[J]. 中国外资,2010(9):190 - 190.

[24]闫玉刚. 国际演出与文化会展贸易[M]. 北京:中国传媒大学出版社,2008.

[25]Lin A. Y. *Law, Culture and Investment Performance: a Cross - country Analysis* [J]. *Global Finance Journal*, 2009, 19(3):323 - 341.

[26]Schulze G. G. *International Trade in Art*[J]. *Journal of Cultural Economics*, 1999(23):1 - 2, 109 - 136.

[27]Galperin H. *Cultural Industries Policy in Regional Trade Agreements: the Cases of NAFTA, the European Union and MERCOSUR*[J]. *Media Culture & Society*, 1999, 21(5):627 - 648.

[28]Sadka E. *Efficient Investment Incentives in the Presence of Capital Flight* [J]. *Journal of International Economics*, 1991(31):171 - 181.

符号经济与徽州文化品牌发展策略研究

Study on the Development Strategies of Huizhou Symbol Economic and Cultural Brand

赵雅兰①

Zhao Yalan

摘要：从符号经济的视域下探究徽州文化品牌的构建策略，将徽州文化资源分为三大类：历史、生态和地方文化资源。阐述了符号经济与徽州文化资源结合的合理性，并分析了徽州文化符号利用的现状，提出了徽州文化符号品牌发展的五大策略，即提炼徽州文化符号、进行意义编码与品牌构建、运用数字技术、加强个性体验、推进产业整合与多元联动，同时强调符号化的场域性与文化的特殊性。以期为当下的符号经济和文化创意产业提供一些视角和思路。

关键词：符号经济；徽州文化资源；消费；品牌；发展策略

Abstract: From the perspective of symbol economy, this thesis attempts to explore the construction strategy of Huizhou culture brand, and divides Huizhou culture resources into three types: historical culture resources, ecological culture resources and local culture resources. Moreover, this thesis also elaborates the rationality of rolling symbol economy and Huizhou culture resources into one, analyzes the status quo of the utilization of Huizhou culture symbol, puts forward five strategies to develop Huizhou culture symbol brand, that is, extracting Huizhou culture symbol, performing meaning encoding and

① 赵雅兰，中国海洋大学国家文化产业研究中心文化产业管理专业研究生，研究方向是文化经济与文化企业管理。

brand establishment, applying digital technology, enhancing personalized experience and advancing industry integration and multi-cooperation. Besides, the thesis also argues that much attention shall be paid on the field characteristics of symbolization and the particularity of culture. This thesis is expected to provide some perspectives and approaches for the current symbol economy and culture creative industry.

Key words: symbol economy; Huizhou culture resources; consumption; brand; development strategy

一、时代：消费社会与符号价值

自从人类社会步入20世纪以来，伴随着后工业社会经济的不断发展，文化在人类生活中的地位越发的重要，文化已俨然成为与政治、经济并肩齐驱甚至大有超越二者的趋势。再随着后现代主义社会的到来，这个时代人们生活中最重要的变化就是“消费社会”的出现。法国著名哲学家、后现代主义的理论宗师让·鲍德里亚（Jean Baudrillard）提出，消费社会不同于以往社会的显著特点就是，在传统的使用价值和交换价值之外，聚焦于商品的“符号价值”。同时，现代社会和后现代社会的组织原则是不同的，前者的关键词是“生产”，而后者的关键词变成了“仿真”。在生产的逻辑支配下，社会组织的最大功效就在于强化物质劳动及其产品本身，也就是注重物质本身的价值。在仿真的逻辑支配下，社会组织的性质转向非物质劳动的符号开发层面，也就是今人所说的追求产品文化附加值。

以鲍德里亚为代表的社会学家，对“消费社会”进行了全面深入的分析。消费已不是单纯的需要的满足，消费的前提是物必须成为符号。消费是一个系统，它维护着符号和组织完整，因此它既是一种道德（一种理想价值体系），也是一种沟通体系、一种交换结构。“符号消费”其实是消费者的一种“自我实现”，或是为了体现“自我价值”的消费，也包括“炫耀”因素在内。消费体现的并不是简单的人与物之间的关系，而是人与人之间的社会关系。在现代社会中，符号价值可以不受使用价值和劳动价值的约束，一件商品可能劳动量很低，但是符号价值很高。符号价值理论的提出，构建了当代消费文化理论的基本框架。

当然，在后现代社会注重“仿真”逻辑的价值，符号消费下注重“符号”的价值，这并不是在文化产业的发展中反对“生产”和“物质”的价值（笔者本身对法兰克福学派的“文化工业”一说持中立态度），反而在文化产业的发展中依赖于工业的生产基础，这里一方面可以理解为在物质本身的价值上追求潜在的符号价值，另一方面是在无形的符号价值中结合物质产品创造出更高的经济价值，总之符号消费下的符号必须有一个“载体”来承担其所需要表达的文化价值，或再造或复制，不断延伸文化的价值链。

同样，后现代主义的到来，文化的不断深入发展，促进了符号学与人类学的不断碰撞与融合，在人类学家与符号学家的不断努力下，符号人类学应运而生，并在20世纪后期取得了快速的发展。紧接着，在符号人类学的启示下，鲍德里亚以改造马克思主义为立场，针对当代社会消费状况的变化，依从居伊·恩斯特·德波（Guy Ernest Debord）的理论逻辑（“景观社会”），提出“符号的政治经济学”理论，希望人们能在马克思主义对资本主义政治经济学批判这一传统维度之外，拓展出符号批判的维度，即在已有的政治经济学的维度之上，再增加一个文化的和符号学的维度，从而开辟出了“符号经济”这一全新的视野。与此同时，20世纪以来的人类社会现状更昭示了“符号”对于社会文化发展的决定性地位。这些在文化领域的创新，为文化发展注入了新的活力，为社会经济带来的新的增长点。

纵观国外文化，当中充斥着“星球大战”、“哈利·波特”、“达·芬奇密码”、“NIKE”、“麦当劳”诸如此类的代表，这些成功的文化符号构建，不仅为人类的生活烙上了思想的印记，为文化的传播提供了平台，更是迎来了巨大的经济效益。用叶舒宪学者的话来说，它们“均是借用最人气指标和知名度的符号能指，采用一种类似去伪存真的探索程序去改变符号所指”。再反观国内，却鲜有文化作品或文化项目可以达到这般文化影响效果，不禁引起我们的反思。

因此，本文以徽州文化资源作为研究对象，从符号经济的视域下探究文化品牌的构建策略，一方面期望为徽州的文化产业发展带来一定的创新，从而发展成为国内炙手可热并具有强烈代表性的文化符号。另一方面期望可以为当下的符号经济和文化创意产业提供一些视角、资源和研究个案。

二、概述：符号经济与徽州文化资源

（一）符号经济

正如恩格斯所说，每一次重要的观念革新都必然会伴随有术语的革命。鲍德里亚在 1972 年出版的《符号政治经济学批判》一书中提出“符号的政治经济学”理论，开辟了符号经济的视野；后来由美国经济学家彼得·德鲁克（Peter Drucker）于 1986 年正式提出了符号经济（symbol economy）的概念，他将经济系统分为两种，即实物经济和符号经济。

符号是文化的一种表现形式，文化产业的发展无疑就是文化的符号价值转换。以文化的角度来看符号经济，按当今学者的观点，其也就是非物质经济，即指是指商品作为符号的价值上升，以至于超过了商品本身的使用价值，经济活动围绕着商品的符号价值展开，引导与欲望的合谋造就了一个由符号构成的消费神话。简单来说，符号经济也就是以符号的生产、交换和消费为基础，在现代化走向终结之际来替代工业、制造业而成为新的经济引擎。

通常来说，符号经济有三大特点：一是神话般的惊人效益；二是基本不消耗自然资源和高度节能；三是高度环保。在当代的消费社会，在符号经济视域下，开拓文化产业并取得一定成绩的不外乎三大领域：一是图书市场，二是影音市场，三是旅游市场；不论其是隐喻的符号渗透还是符号旗帜的高调打出，其实质也都是以提高文化产品的附加值从而促进了经济的高速发展，最后获得了成功。如若徽州文化资源找到或创新出合适的徽州文化品牌符号，以当今徽州文化在世界的影响力，完全可以成就消费社会中的又一消费神话。

同时，以信息时代的角度来看待符号经济的发展，将会拓展出更大的潜在增值空间。符号经济集合了非物质化的信息、媒介、生态、都市、文化、环境、旅游、休闲、形象等经济的典型信息系统要素与创新元素，尤其是数字化、数字文化组合后的数字制造业、信息产业核心技术的进入，全球化信息社会的形成，市场经济信息传播力、文化博弈力的组合，它更是在本土文化资源整合的文化资本扩张中有着国家战略产业与核心竞争力的主导力量，形成知识服务业的国家创新系统，深刻地改变着商业模式与商业资本。正如横跨 20、21 世纪的美国大片《星球大战》所呈现的空前盛世一般，高新技术的运用成功提高了影片的符号附加值，实现了极高的经济文化价值。它俨然已经作为一个文化符号，成为了一个高度象征化的体系，甚至可以作为当今符号世界的一个极具影响力的缩影。

（二）徽州文化资源

徽州文化，简称为徽文化。广义上的徽州文化乃是指传统世代的徽州人进行历史创造活动所形成的一切古代文明成就的总和；狭义上的徽州文化则是指发生与存在于历史上徽州以及由此发生辐射、影响于外的典型封建文化。徽州文化是一个极具地方特色的区域文化，其内容广博、深邃，有整体系列性等特点，深切透露了东方社会与文化之谜，包容了中国后期封建社会民间经济、社会、生活与文化的基本内容，被誉为是后期中国封建社会的典型标本。学界对其的研究，至少经历了大半个世纪，被誉为与敦煌学和藏学并列的中国三大走向世界的地方显学之一。

一方面，本文主要以狭义的徽州文化为主，既有一定的空间范围，又包含一定的时间界限，提炼其独特的文化资源作为研究对象。

另一方面，本文所涉及的文化资源在一定程度上更加注重旅游文化资源，将着重强调徽州文化资源中的旅游文化资源，以其作为符号经济与徽州文化品牌发展结合的切入点。寻求正确的符号化方式，以期为徽州文化符号化之路提供新的思路。

全文将徽州文化资源细分为三大类别并进行分类探讨：一为历史文化资源，如徽州三雕（石雕、木雕、砖雕）、徽派建筑、徽州村落等资源；二为生态文化资源，如黄山风景区、齐云山风景区等复合遗产资源。三为地方文化资源，如徽州民俗、徽州方言、八大菜系之一的徽菜、新安画派、新安医学等资源。

三、现状：徽州文化符号利用分析

（一）徽州文化符号利用的现状

关于文化符号，笔者倾向于左薇薇学者的分类方法，她表示文化符号大致可以分为五类。即地标符号、节事符号、标语符号、代言符号、文化符号。徽州文化符号的利用主要表现在以下几点。

1. 地标符号

地标符号是旅游地最具代表性、最体现当地特征的建筑、景区，是旅游中介者使用频率最高的形象宣传符号。以黄山市为例，黄山风景区便是其最重要的符号代表。而在黄山风景区中，还有天都峰、莲花峰等这些山峰作为黄山风景区的代表，而在天都峰中，又有“仙人把洞门”、“鲫鱼背”、“天桥”、“百步云梯”、“松鼠跳天都”、“天上玉屏”、“童子拜观音”、“金鸡叫天门”、“二僧朝佛”等景点。

2. 节事符号

它是一种形象塑造的过程，它可以包括节庆和盛事两个方面。可以说它是一个动态的过程符号。徽州的节事符号一般可以包括三类：即农事性节事符号、祭祀性节事符号以及庆贺性节事符号。如徽州的所谓“春祈秋报”的社祭即属于祭祀和庆贺的节事符号，再如立春时的“鞭打春牛”等习俗都属于农事性的节事符号。而每年二月十五日举行的绩溪花朝节，又称“花神节”，以纪念保障徽州乡土有功的越国公汪华为主题，便属于庆贺性的节事符号。

3. 标语符号

它是一种象征符号，其所指需要在建立之后被大众所接受，并且具有较高的传播性，包括标语、宣传口号等。如“一生痴绝处，无梦到徽州”、“黄山甲天下，松与石最奇”、“任他五岳归来客，一见天都也叫奇”都是一种标语符号。

4. 代言符号

代言符号实际上也就是形象代言人。如徽州十大名人：农民起义领袖方腊、“新安理学”的开山之人朱熹、珠算大师程大位、制剪工匠张小泉、“红顶商人”胡光墉、中国铁路创始人詹天佑、现代著名山水画家黄宾虹、现代著名学者胡适、著名教育家陶行知、徽派朴学领袖戴震。而胡适先生的“努力做好徽骆驼”一语使得“徽骆驼”成为徽州商人的符号代表。

5. 文化符号

文化符号是指具有某种特殊内涵或特殊意义的标示，是文化内涵的重要载体和形式。广义上来说，上述四种符号均可理解为文化符号，即包括：地标符号、节事符号、标语符号、代言符号。狭义上来说，即被认为是承载徽州特定文化类型的符号。

关于徽州文化资源这五大文化符号所涉内容非常丰富，本文因篇幅所限只讨论最后一类，即狭义的文化符号的现状与不足——承载着徽州特定文化类型的符号。

（二）徽州文化符号利用的不足

众所周知，徽州文化资源在地域上大多集中在古徽州中，即一府六县（原徽州府属休宁、祁门、绩溪、歙、婺源、黟)，但实际在发展文化产业的过程中却一直面临着地域的局限。大多的人们除却深入了解过“五岳归来不看山，黄山归来不看岳”的黄山风景区和两个中国美丽乡村的代表——西递、宏村等，对中国三大显学之一的徽州文化却并无过多的涉猎。

举一个具体的例子来说，目前最专业的一次徽州文化符号化建构便是在2013年5月，为迎接“5·19中国旅游日”的到来，由徽州区和中国青年报社所联合举办的“中国梦·浪漫红”大型旅游推介活动，全新亮出了文化新符号，掀起了新一轮旅游营销热潮，并得到了多家媒体的关注和参加。烘托出一种游客可以徜徉在青山绿水间，唱响“相约徽州浪漫红”，把你的梦、我的梦、他的梦，联结成“中国梦”的浪漫氛围。

这是一次徽州乡村旅游符号化建构，以“中国梦·浪漫红”为主题，隆重推出具有中国传统经典爱情故事和法国浪漫风情的古村落——唐模；“走进呈坎·一生无坎”的神秘八卦古村——呈坎；人面茶花相映红——国内最大的生态茶花园；战地黄花浪漫红——岩寺新四军军部旧址；“丰乐游歌·放飞心情”——丰乐湖；“观皇宫去北京·看民宅到潜口”——潜口民宅；“探秘天上水街·感受儒释道”——灵山；探寻黄山毛峰之源——谢裕大茶叶博物馆；中国私家园林荟萃之地——西溪南；中西合璧风情小镇——纳尼亚；住徽派民居、吃农家土菜、品徽州文化——徽州农舍；徽景若绣图，人在画中居——徽州文化园；骑乐无穷——徽州绿道等系列特色旅游产品和“徽州花季行摄游”、“徽州自由行套餐”精品旅游线路。

无疑上述的符号化建构是专业的，可是并不能完全评定其非常成功。它在公众的影响力并没有得到很好的发挥，人们对其所投入的关注度依旧不高。虽然举办了如此规模的旅游推介会，可是公众对徽州文化的认识并没有因此而得到深入的提升。笔者并不是否认这类的符号化建构，而是为其未达到惊人的影响力所惋惜。

为了在一定程度上改变这样的现状，需要对徽州文化资源进行符号化。以控制文化符号，用符号展现、编排生产徽州文化资源的行为和产品，将一切具有旅游价值的徽州文化“意义”具体化，同时要辅之一个完整有效的营销方案，对来往的旅游者进行徽州文化资源的文化渗透，在无形中影响其对徽州文化的看法与印象，进而影响更多的消费群体，从而建构一个操纵利益的符号话语体系，并逐渐形成一种符号经济的生产与消费范式。

（三）徽州文化资源符号化的重要性

总体来说，随着后现代的消费社会的到来，在符号经济时代，一场以消费社会的需求为牵引的符号经济革命正在悄然发生，甚至有学者预测它将成为自工业革命以来意义最重大、最深远的人类社会转型。在此大环境下，徽州文化资源如何在历史革命的潮流中准确定位自身的文化符号，如何在消费社会中准确捕捉人们的消费需求，建立、发展、巩固徽州文化品牌，以此创造更大的文化价值、经济价值，从而在中国乃至世界文化资源中崭露头角显得格外重要。所以，发展徽州文化品牌依赖于对徽州文化资源的提炼与整合，依赖于对徽州文化资源的符号化，利用非物质的文化价值大开发，实现由符号向社会意识形态的转变，以此为契机促进本土特色文化资源的弘扬与传播。因此，加快对徽州文化资源的符号化显得尤为迫切。

1. 徽州文化资源符号化的必要性

（1）消费趋势的牵引

物质生活的极大丰富，在当代的人们并不仅仅满足于传统的物质消费，伴随文化、精神消费的日渐崛起，符号消费在人们的生活中扮演了极为重要的角色。使人们对产品的实用功能的要求逐渐弱化，符号象征内涵的追求日益凸显，由此而引发的潜在的文化市场价值极为诱人。以符号学的角度来看，人们在消费社会中，其消费指向更加偏向于对产品“所指”的意义，对产品的实际“能指”的需求降低。

因此，人们在消费指向的变化趋势下，徽州文化资源的发展不应该仅仅依靠徽商祖先们留下的物质财富进行原品展览，其迫切要求对徽州文化资源进行一种创意的再造，将其打造为中国徽符号的神话。

（2）文化经济发展的要求

加强对徽州文化资源的符号构建，重塑和改造资源的价值指向，发展具有地方特色的文化产业，这不仅助推着区域经济的发展，为国家的发展奠定基础；也在不断提升徽州文化资源的附加值，传承并弘扬徽州文化以及中国传统文化。

（3）品牌符号的连带效应

徽州文化资源的符号化构建将为徽州文化带来强烈的品牌联想力，其潜在价值巨大。同时，以徽州文化资源为中心，以创意的角度开发单一或多种徽州文化符号，将不同的文化内容相结合，发挥符号的连带性，将独立又相互联系的符号关联起来，共同组成一个大的徽州文化符号。像这般加强文化间的协同创新，不仅有利于加快徽州地区城镇化，也有利于以此为牵引使本土文化得到广泛的传播。

2. 徽州文化资源符号化的可行性

（1）国家政策的支持

国家对文化产业的发展提供了大量的政策倾斜，不论是党的十六大报告首次提出的“积极发展文化事业和文化产业”，还是党的十八大报告强调的要“扎实推进社会主义文化强国建设”、“建设优秀传统文化传承体系，弘扬中华优秀传统文化”，还是《安徽省关于加快建设文化强省的若干意见》提到的“‘打好徽字牌’，培育一批具有自主知识产权的特色文化品牌和具有较强核心竞争力的优势艺术门类”，“打好黄山牌，做好徽文章”等，这些政策优势均为徽州文化资源的符号化带来了巨大的契机，有利于增强徽州文化品牌的影响力。

（2）学术理论的引导

从整个符号经济的历史上来看，居伊·恩斯特·德波提出“景观社会”这一观点，并由其学生让·鲍德里亚继承，立足于当代社会消费状况的变化，提出“符号政治经济学”理论，开辟了“符号经济”这一全新的视野。再转向我国，文学人类学在中国三十年的不断发展，相对于其他学科的文化关照方式，更强调从人类表述自我的符号层面探究“符号经济”的学术根脉与实践可能，为当下的符号经济和文化创意产业提供着一些视角、资源、方法和研究个案。不论是国内还是国外均有着丰厚的理论探究与研究成果，这都为徽州文化资源的符号化提供着指导。

（3）品牌力量的优势

从符号经济的现实需求来看，现在的徽州文化资源虽然没有进行特意的符号再造，但其已经是中国传统文化地域文化的代表作，在中国乃至世界均有一定的影响力，如一提到“徽骆驼”、“绩溪牛”、“黄山松”等便知晓在说徽州文化。以此为依托进行品牌符号的创新，可以省去大量为获得眼球效益的知名度而花费的前期投入及各种代言费，这样的民众基础使徽州文化资源的品牌构建过程处在一个优势的地位。将成功构建徽州代表性文化符号，提高徽州文化的品牌知名度，提升徽州文化的品牌识别性。

（4）文化资源的丰厚

文化资源的本身是发展符号经济的重要支撑，是创意产业发展的灵魂。以文化为底蕴的观念价值决定旅游产品的市场价值，文化可以增强旅游产品的竞争力和附加值，提升城市或企业的形象价值。徽州文化资源拥有着诸如作为世界自然与文化遗产的黄山风景区，世界遗产的西递、宏村，国家级非物质文化遗产的徽州三雕等丰富的文化旅游资源和文化环境，不仅具有极高的历史文化价值，也为文化旅游业提供了坚持的资源基础。这些丰厚的资源都将为徽州文化资源符号化提供可塑的基础。

四、策略：符号经济与徽州文化品牌发展

文化资源的本身并不是一种符号经济体现，旅游地表征的符号价值根植于文化，但文化不能直接转化成符号价值。文化特质的东西需要经过创意和编码转化成文化资本。符号经济本质上是文化经济，文化资本的一种重要表现即为文化品牌。因此，徽州文化资源符号化的进程首先需要提炼代表性的文化物质，再对此文化特质进行创意性编码，最后对其进行符号化营销，方可使其转化为具有符号价值的文化资源。

（一）提炼符号：徽州文化资源的代表性符号

挖掘有利于产品及品牌形成和发展的形象符号要素，对徽州文化资源进行细分，提炼具有代表意义的文化符号，将多样化的徽州文化资源进行新组块的整合，实现部分之和大于整体的效果，最终提升徽州文化的思想内涵，促进徽州文化资源的品牌发展之路的形成。

1. 徽州文化资源的分类

2001 年 5 月，江泽民总书记视察黄山时，概括了“C、B、M、E、A 徽州五要素”即徽州文化的五个基本方面：文化（Culture）、徽商、贸易（Business）、医学（Medicine）、教育（Education）、建筑（Architecture）。

结合上述分类方法，本文对徽州文化资源进行三大分类，即如表 1 所示：

表 1：徽州文化资源分类

类 别	徽州文化资源的内容	代表符号
历史文化资源	徽派建筑（古建三绝：古民居、古祠堂、古牌坊）、徽州三雕（石雕、木雕、砖雕）、徽州村落等	徽园
生态文化资源	黄山、齐云山、新安江、情人谷、太平湖等	徽景
地方文化资源	徽州民俗、徽州方言、徽菜、新安画派、新安医学等	徽风

本文主要将徽州文化资源分为三大类别进行符号化探讨，即概括为历史文化资源，生态文化资源，地方文化资源。

第一类：历史文化资源。即可供现在和今后人们开发利用的人类历史遗存，从广义上来说，它可分为物质的历史文化资源和精神的历史文化资源。作为徽州文化资源中的历史文化，本文将其细分为：徽派建筑，即古建三绝——古民居、古祠堂、古牌坊；徽州三雕——石雕、木雕、砖雕；徽州村落，即徽州村落的布局、选址、设计等。

第二类：生态文化资源。即具有一定文化意义的生态自然风景资源。作为徽州文化资源中的生态文化资源，本文将其细分为：黄山、齐云山、新安江、情人谷、太平湖等自然风景区。

第三类：地方文化资源。即由徽州人民在其历史发展过程中创造和发展起来的具有徽州地方特点的文化。作为徽州文化资源中的地方文化资源，本文将其细分为：徽州民俗、徽州方言、徽菜、新安画派、新安医学等。

虽然从一定意义上将徽州文化资源依据各资源的特点进行了不同的分类，但并不是主张对徽州文化资源进行独立的个体发展，而是以徽州文化资源作为徽州文化的发展中心，对不同资源进行不同的符号化发展，运用品牌的联想力，将各个组块进行整合加工，利用符号的连带性特点实现整体徽州文化符号的构建，打造徽州文化图腾，从而产出更高的经济价值、文化价值等。

2. 徽州文化资源符号提炼

徽州文化品牌的宣传和传播，需要运用不同类型的符号，从不同的方面引导着人们对徽州文化资源的感知，人们往往是透过这些符号才逐步形成对整个徽州文化本体形象的感知。本文主要探讨的是狭义的文化符号地构建，提炼徽州文化资源的文化符号。

关于历史文化资源，以“徽州园林”（简称徽园）作为其代表符号，其不仅代表着园林的本身，更是代表着园林中的建筑、雕刻、布局技巧等。实际上，整个徽州也就是一个大的园林，一个“中国画中的乡村”。因此，用“徽园”作为徽州历史文化资源的代表符号，最为贴切不过。

谈及生态文化资源，以“徽州景观”（简称：徽景）作为其代表符号，顾名思义，“徽州景观”即是徽州地域中的文化景观资源。在此，提取其狭义的概念将其作为生态文化资源的代表，着眼于两个特点：一是具有文化意义，二是具有自然景观的特点。因此，将黄山、齐云山、新安江、情人谷、太平湖等自然风景区用“徽景”这一符号作为代表，更加显示出自然景观的文化特性。

对于地方文化资源，是以“徽州风貌”（简称徽风）作为其符号的代表，徽州风貌可以分为徽州的风土人情、徽州的地方特色、徽州的文化创造等。因此，用“徽风”代表徽州民俗、徽州方言、徽菜、新安画派、新安医学等文化资源。

（二）意义编码：徽州文化资源符号的深化

符号神话之所以可以成功打造，一个重要的原因就是创造者对符号本身所赋予的意义，也就是对符号进行意义编码。所谓意义编码，就是对文化资源进行深层次的信息处理，对所提取的符号赋予信息元素的过程。意义编码必须具有可识别性，合理的意义编码是关系文化资源符号成功打造与否的重要因素。成功的文化符号，或寓人哲理或振奋人心或影响久远等，总之可以在人们心中烙下深刻的印记。对于品牌来说，并不是等待消费者前来消费，而是要运用自身的符号价值激励消费者进行消费。因此，徽州文化资源的品牌化需要对其进行深刻的意义编码。

1. 徽州文化符号标识的设计与色彩化

成功的文化符号构建，不仅为人类的生活烙上了思想的印记，为文化的传播提供了平台，更是迎来了巨大的经济效益。同时，人们对徽州文化的感知是通过徽州旅游文化所传达出的各种信息形成的，不仅包括旅游地本身所展现的一切景观和设施，还包括了用以描述徽州的文字、图像、声音等各种信息，它们都赋予一个共同的所指——徽州文化资源的整体形象。

因此，徽州文化资源的符号化需要对其代表性符号进行深化，或创新或再造其代表性符号的形象标识。鉴于此，本文提出从“色彩”这一方面着手，为徽州文化资源符号标识的设计提供些许思路。

（1）“黑白·徽园”——历史文化资源

历史文化资源是重要的徽州文化资源，也是古人们留给我们最为直观的物质财富。选取“徽园”作为徽州历史文化资源的代表符号。一方面是因为徽州园林是徽州建筑的典型代表；另一方面，其园林中的雕刻作品正体现了徽州三雕的艺术特性；同时选址与设计正凸显了徽州村落的布局、选址、设计等价值。为了给人们带来视觉冲击，加强感观效应，为“徽园”这一符号加以色彩渲染，选取“黑白”一词作为其颜色基调。

“黑白·徽园”一词来源于对徽州建筑的评价，即：粉墙黛瓦，雪白的墙壁，青黑的瓦。粉墙与黛瓦错落交叉着，涂抹在青山绿水间，有着强烈的色彩冲击力。青绿的山水与黑白的村落，调色上形成极大反差，这几种略显单调的颜色，组合在一起构成了美学的轮廓。这便是江南古建筑最经典的特色。一方面“黑白·徽园”作为一种审美符号，给人对徽州建筑的直观印象；另一方面“黑白”作为一种强烈对比型色彩，有利于加强人们的感观记忆。

(2)“青绿·徽景”——生态文化资源

“徽景”即具有文化意义的自然景观，在人们赋予了生态自然资源一种独特的文化含义之后，便形成了独具人间特色的生态文化资源。将徽州的独具一格的山山水水——迎客之黄山、道家之齐云山、山水画廊新安江、瑶池仙境情人谷、江南翡翠太平湖等纳入徽州生态文化资源之中，以其直观的生态颜色特点，以“青绿·徽景”作为徽州历史文化资源的色彩代表符号。

“青绿”是绿色植物描述词，徽州生态文化资源不仅有青山绿水的大好风光，更是有极具代表性的黄山松，以之青绿的颜色来概括生态景观的最大特点，一方面给人以直观的视觉感受，另一方面也隐喻了徽州文化中独特的黄山松不屈不挠、勇于拼搏的精神。

(3)“驼红·徽风”——地方文化资源

“徽风”即徽商在徽州地区所形成的风貌与风俗，现称其为徽风皖韵，将其作为徽州民俗、徽州方言、徽菜、新安画派、新安医学等徽州民族文化资源的代表。“驼红”即驼红色，这一词来源于形容徽商的“徽骆驼”一词，是描述沙漠骆驼吃苦耐劳的形象颜色，是对徽州人的一种象征：历史上的徽州人正是以“徽骆驼”的吃苦耐劳精神和其贾道儒行的特点在明清时期构筑了一代徽商帝国。因此提炼出“驼红·徽商”这一符号颜色代表徽州地方文化资源。“徽风”使人联想到徽州的地方文化，其独特的文化吸引着国内外学者、文人墨客前来欣赏研究。“驼红·徽风”一方面是对徽州人品质的一种形容，另一方面是对徽州独特的地方文化资源的一种再现。

运用了“黑白”、“青绿”、“驼红”这三种颜色与“徽园”、“徽景”、“徽风”这三个词语作为徽州文化资源分类的符号色和徽州文化的分类形容，虽然在每类资源中强调了此类资源的特殊符号性，但不影响徽州文化资源的整体符号打造，反而为徽州文化资源的整体开发提供了契机。

2. 徽州文化符号的意义编码与品牌构建

（1）“黑白·徽园”——历史文化资源的神话赋予

在消费时代下，人们对物质的要求逐渐减少，而钟情于精神性的感受。对于历史文化资源，如徽州三雕，人们不只希望可以细细观赏三雕的技艺，更是希望能在精湛的雕刻背后发现那一缕或称赞或凄美或可歌可泣的徽州故事。这就需要徽州文化学者们对历史文化资源进行一种创意式的开发，为“黑白·徽园”——历史文化资源进行一种神话赋予，为历史增添一种故事性魅力，加强徽州文化符号意义的编码，给予徽州历史文化资源增添另一种文化附加值，延长文化产业链，从而拉动经济的增长，文化价值的提高。

（2）“青绿·徽景”——生态文化资源的品牌识别

在这三类徽州文化资源中，生态文化资源是目前开发相对较好的一块。因其具有不可复制性，世界仅此一座，是一种非常特殊的资源。如黄山，头戴世界自然遗产、世界文化遗产、世界地质公园三项世界性桂冠的人类生态第一山，它不仅因为是其鳞次栉比的奇峰怪石，而且因为人们对其赋予的多样性情感。提及迎客松，众人均知其不仅代表着黄山，代表着徽州，更代表着徽州人民对世界人民欢迎的态度。这就是一种成功的品牌文化符号的构建。除却对黄山的成功打造，徽州其他的生态文化资源的品牌符号打造就显得任重而道远了。因此，加强生态文化资源的符号再造，提高资源的品牌识别度，将为徽州文化资源的开发提供更宝贵的发展契机。

（3）“驼红·徽风”——地方文化资源的融入发展

地方文化资源的适宜发展是徽州文化品牌成功打造的推动器，这是一个地方最具代表性的文化资源。地方性民族文化如何走出发源地，走向世界一直是非物质文化遗产学家们研究的重点。徽州民俗、徽州方言、徽菜、新安画派、新安医学等大多情况下虽以精神的形式存在，但是它们终将依靠某一物质载体向人们展现。

在此，需要对地方文化资源进行一种再融入式地发展：一方面需要对其进行扬弃，丢弃封建腐朽思想，弘扬孝义信等儒家思想，取其精华，去其糟粕。另一方面需要为其融入时代的新鲜血液，创新地方文化的展现形式。建立、发展、巩固特色徽州文化品牌，使人们在潜意识中牢牢记住其文化含义，实现由符号向整个社会意识形态地转变，最终将促进地方文化资源的弘扬与传播。

（三）数字技术：增强徽州文化品牌符号构建的影响力

作为一个整体的徽州文化资源，不论是作为一张区域不可再生的文化名片——历史文化资源，还是具有极大自然力的生态文化资源，抑或是地方文化资源等，随着时代的发展，它们都面临着一定的发展风险与发展契机。如徽州历史文化资源的代表——徽州三雕（这里不是指代雕刻的技艺手法，仅将历史遗存的徽州三雕作品作为研究对象），随着时间的推移，保护措施的有限，面临着损坏消失的极大风险。又或者是作为地方文化资源的代表——徽州民俗，随着外来文化的冲击，本土文化不断朝向着一元化的方向发展，将面临着地方文化被同化的风险。

运用数字化高新技术手段和信息技术对徽州文化资源进行整合，将其转化为图像、文字、影像、语音等内容，其形式可以是一部电影、电视剧、纪录片、动漫、游戏、音频等，也可以是作为徽州文化旅游等形式出现的数字博物馆、数字艺术展览馆、数字遗址景观等。再次以徽州三雕为例，在对其运用数字技术记录、保护、开发之后，建立一个专项的徽州三雕的数字博物馆，同时学者们加强为每一幅雕刻图案进行符号化的建构，对其进行一种人物故事赋予，形成一个历史文化典型信息的数据模型与演示符号表达体系，不仅可以对保护实物的徽州三雕起到一定的作用，另一方面也激发起了人们更大的兴趣，从而促进徽州文化品牌的建构。

如此发展，运用数字技术，增强高新技术在徽州文化品牌符号构建中的影响力，一方面可以最大化地促进资源的保护，另一方面可以借助数字技术开发历史文化旅游、个性化旅游创意与策划、按游客需求的个性化旅游产品的生产等来促进新一轮徽州文化资源的开发。

（四）个性体验：拓展徽州文化消费路径、提升品牌联想力

消费社会中注重个人感受，从一定程度上说这是一个体验时代。对徽州文化资源的开发不可忽视一点：即创造和设计徽州文化体验，以独特文化符号内涵和足够新奇的文化体验吸引旅游者，并形成一种品牌式的文化发展模式和文化消费路径。这种强调个性化感受的经济，把个性体验作为一种商品来出售的经济类型便是体验经济，它是消费结构向高层次转变的标志。而品牌联想是指一切可以让顾客联想到的某个品牌的因素，它能够影响消费者的购买心理和购买动机，是品牌内涵塑造和个性强化的结果。品牌联想的核心就是在产品中注入情感因素，并

因其人性化和个性化的形象定位与竞争者形成差异，向消费者传递卓越的价值承诺。如作为历史文化资源代表的徽州村落，其中有名的便是西递宏村两大古村落，人们慕名前往村中并不只是希望能一睹徽州古村落美丽的山水风景，更是想通过特定的方式来体验徽州古村落生活方式，领悟一定的文化涵养。徽州文化的个性消费体验，其实质就是消费者对徽州文化资源的一种“符号”意义的解码和传递。

因此，从符号经济的角度来说，符号经济形态下消费者的符号消费行为，虽然具有“能指”与“所指”消费两个维度，但两者之间不再是必然的对应关系。在现代背景下，徽州文化资源的符号化就是要求以徽州文化资源为载体和平台，不断扩展消费者对徽州文化个性化、差异化的消费体验，引导其尽可能地将徽州文化资源深厚的文化内涵和其外在产业品牌符号联系起来，进而建立起品牌联想力，形成一种文化认同的多重体验。从而一方面满足消费者对徽州文化的特殊需求，一方面拉动当地文化产业的发展，带来一定的经济价值，推动区域经济的可持续发展。

（五）多元联动：寻求符号载体、推进产业融合、形成规模效应

首先，正如前文所说，后现代社会认同生产的价值，一方面在物质本身的价值上追求潜在的符号价值，另一方面是在无形的符号价值中结合物质产品创造出更高的经济价值，总之符号经济下的符号必须有一个载体来承担其所需要表达的文化价值，或再造或复制，不断延伸文化的价值链。所以，在探寻徽州文化品牌的发展之路中，不仅需要提取徽州文化资源的代表符号，运用色彩加强符号的冲击力，更需要为每类色彩符号寻找适合的载体进行发展。以“黑白·徽园”——历史文化资源为例，对其进行旅游纪念品的再造，为这类文化资源定制特殊的纪念品，不仅需要在颜色上强调黑白色，更需要以徽园作为纪念品原型。以此为产业思路，为每类文化资源量身定制特色产品，以旅游业带动其他产业的发展，不仅可以带来更大的经济效益，更可以增强人们对徽州文化的解码，逐步形成对整个徽州文化本体形象的感知。

其次，人们对徽州文化资源的消费仅局限在几个非常著名的旅游景区之内，一般情况下，消费者多集中于历史文化资源和生态文化资源这两大方面，一方面是因为这两大资源具有较大的可观赏性，同时具有不可再生性，另一方面是因为地方文化资源相对于前二者而言，其与消费者的联系度不够高，品牌符号化构建

程度没有后者开展的深入。因此，为了徽州文化资源的全局发展，对三种文化资源进行产业融合，形成徽州文化资源发展的规模化效应显得尤为重要。可以将这三大资源看作一种商品，将其理解为捆绑式销售。比如，当消费者来到黄山欣赏生态文化资源的时候，需要抓住机会在黄山风景区中渲染徽州的整体形象，以“青绿·徽景”的景观文化符号刺激消费者前往“黑白·徽园”历史文化资源的西递宏村，在古村落景区中营造徽州人家的古朴形象，从而带动消费者对“驼红·徽风”地方文化资源的消费，同时，多举办一些关于民俗文化的体验项目，使消费者提高参与对地方文化资源的积极性。以此为例，不断促进三大资源的融合发展，消费者将领悟到不同载体所呈现的不同的徽州符号意义，为消费者营造一种“来到徽州不体验全这三种文化资源，则无法真正体会到徽州文化的精髓”的直观感受，以旅游文化资源为中心，以创意的角度开发徽州文化资源符号，结合不同文化内容，发挥符号的连带性，增强符号与产业的融合，将看似独立却又相互联系的各类符号关联起来，组成一个完整的徽州文化符号，实现对徽州文化资源多元联动式的规模化开发，最终将促进徽州文化符号品牌的成功构建。

五、结语

诚然，也并不是所有的文化资源都适用以符号经济的视域来看待，但值得一提的是：“一切的文化，除了物质的形式之外，都是以符号的形式而存在的。”在符号经济时代，在世界文化不断朝向着多元化、开放化、融合化方向发展的浪潮下，人们如何有效地提炼本土文化的符号性，创新本土文化符号的意义，并挖掘这些潜在的无形资产，带动经济的发展，复兴弘扬本土文化显得愈来愈重要。

同时，值得注意的是：在整个徽州文化资源符号化的道路上，考虑文化符号的场域性，这在整个徽州文化资源符号化之路中都是一个至关重要的节点。正如法国社会学家、哲学家皮埃尔·布尔迪厄（Pierre Bourdieu）提出的场域理论所说，场域里活动的行动者是有知觉、有意识、有精神属性的人，每个场域都有属于自己的“性情倾向系统”即惯习。每个场域是具有惯习的，每个惯习只能在场域中存在，并且每个惯习和产生它的场域是对应的关系。此场域的惯习和彼场域的惯习之间存在着“不吻合”现象。由于场域是分为不同类型或不同形式的，惯习也不例外；因此不同的场域有不同的惯习，把此场域形成的惯习简单地“移植”到彼场域中必然会造成不合拍的现象。场域和惯习之间不是简单的“决定”

与“被决定”的关系，而是一种通过实践为中介的“生成”或“建构”的动态关系。徽州文化资源已是一种世界化的资源，在对其符号化的过程中，应该注意多元文化在碰撞与融合中所产生的可能性，注意不同文化的消费者在接触徽州文化资源符号时可能面临的排斥性与误解性。

最后，徽州文化符号品牌的构建还需要辅之以合适的传播方式和传播工具进行推广，发挥符号在文化资源发展中的作用。同时，也需要考虑品牌符号的时效性和时代感，进行不同程度的品牌符号的更新，去除其不合时代的元素，以保持徽州文化资源符号的时效性和新鲜感，保证品牌符号的生命活力。

总之，符号经济时代下徽州文化资源走向符号品牌之路已是大势所趋，符号品牌发展之路需要不断地探索与发展，成功的徽州文化符号的构建不仅是一个地域文化资源发展的成功，更是一个领域文化产业发展的成功。

参考文献

[1]叶舒宪．文化与符号经济[M]．广州：广东人民出版社，2012：174.

[2]鲍德里亚．消费社会[M]．南京：南京大学出版社，2001：69.

[3]蒋建国．西方消费文化理论研究的发展、演变与反思[J]．消费经济，2005，12(06)：86.

[4]叶舒宪．文化与符号经济[M]．广州：广东人民出版社，2012：10－11.

[5]黄悦．符号经济与消费神话[J]．江西社会科学，2005(11)：32.

[6]叶舒宪．符号经济与作为非物质文化遗产的“七夕节”[J]．江西社会科学，2005：10.

[7]皇甫晓涛．符号经济与数字文化的国家创新系统[J]．江西社会科学，2005：11：22－26.

[8]吴丽蓉．徽州文化旅游深度开发与对策研究[D]．芜湖：安徽师范大学，2006：17.

[9]左薇薇．基于符号感知的上海都市旅游形象研究[D]．上海：上海师范大学，2011：32－34.

[10]徽州区旅游委员会．中国梦·浪漫红徽州旅游文化亮出新符号[DB/OL]．黄山市旅游委员会．[2013－05－18]．http://www.hsta.gov.cn/xinxi/html/

13/130518145445. shtml.

[11]闫红霞. 旅游符号经济的发展路径研究[J]. 经济纵横,2012(8):62-63.

[12]娄丽芝. 符号经济与旅游符号的开发[J]. 求索,2008(10):36-37,223.

[13]陈亚民. 符号经济时代文化产业品牌构建策略[J]. 经济社会体制比较,2009(4):188-191.

[14]盛学峰. 游遍徽州[M]. 北京:中国旅游出版社,2002:35.

[15]贺夏蓉. 符号经济与女书文化产业及其品牌的构建[J]. 湖南科技学院学报,2011(11):22-26.

[16]俞建章,叶舒宪. 符号:语言与艺术[M]. 上海:上海人民出版社,1988:1-29.

[17]李艳培. 布尔迪厄场域理论研究综述[J]. 决策与信息:财经观察,2008(6):138.

数字生活空间的美学“沟通元”

——以2013年新媒体营销传播热点为例

The Study of Aesthetics Meme in Digital Living Space: Exemplified by the Case of New Media Marketing Communication Hotspots in 2013

宋湘绮　杨惠竹①

Song Xiangqi　Yang Huizhu

摘要：“沟通元”是创意传播管理（CCM）理论的核心词，观察2013年新媒体营销传播热点的“沟通元”，发现把握性情之真、摸准时代脉搏、引发持续互动是创意优质沟通元的前提。认为创造优质沟通元有三个要素：一是要有“符号学”创造观，以理想之维，激活“沟通元”；二是要有时代气质，以真知灼见，丰富沟通元；三是要有“生成”论美学观，以动制动，把握“沟通元”。进一步提出创意，就是诗意，创意传播管理要重视“内容”的诗性、重视情意的符号化，重视“美”的生成性，适应哲学从认识论向生存论的转向，主动迎接美学经济时代的来临。

关键词：美学“沟通元”；数字生活；《致我们终将逝去的青春》；《爸爸去哪儿》；聚美优品

Abstract: Meme is the key word of Creative Communication Management (CCM) theory. Observing the meme of the new media marketing communication hotspots in 2013, we can find that creative and original meme has such qualities as grasping true nature, meeting the requirements of the time and triggering consistent interaction. Firstly, sense of creation is needed so that the meme can be activated by ideas. Secondly, sense of contemporaneity is indis-

---

① 宋湘绮，博士，中南大学文学院中国文化品牌研究中心副教授，主要从事文化创意与文化产业研究；杨惠竹，中南大学文学院中文系研究人员，主要从事传播学研究。

pensable so that the meme can be enriched by profound insight. Then, the aesthetic view of "generation" is needed so that the meme can be utilized fully by modification to the changes. Originality is poetic quality. Thus, in Creative Communication Management, great emphasis has to be attached to poetic features of the content, "symbolization" of emotion and feelings, and generation of "beauty" to actively meet the advent of aesthetic economy era initiatively.

Key words: aesthetics meme; digital life; *So Young*; *Dad, Where Are You Going*?; Jumei. com

一、从 IMC 到 CCM，打开数字生活空间

20 世纪末，互联网导致消费形态和传统营销模式改变，1993 年，美国舒尔茨提出了整合营销传播（IMC）理论，提出以产品为导向的 4P 营销理论。该理论把消费者作为营销传播中心，品牌建立由消费者主导。21 世纪，新媒体日新月异，媒介“神经”牵动营销“大脑”。媒介引起人们思维、观念、行为的巨变，“关系”文化发达的中国在新媒体平台酝酿了一场营销传播的革命。2008 年，陈刚推进他的老师舒尔茨的 IMC 理论，提出了创意传播管理（CCM）理论，解答了互联网带来的互动世界可能发生的变化及对策。2013 年十大营销传播事件都涉及该理论的四个关键词：数字生活空间、生活者、“沟通元”、协同。以 CCM 理论分析成功案例，对企业“创造”营销传播“沟通元”有重要启示。

社会化媒体的发展改变了企业所面对的传播环境。传播环境的变化推动企业营销传播的变革。社会化媒体的出现和发展使得互联网逐渐成为一种“数字生活空间”，整合营销传播模式也必须因应调整。① 生活在互联网这个数字生活空间中的“生活者”——网民，在 2013 年中国已达到 6.18 亿，他们在微博、微信、人人等社交媒体上开辟专属领地，在数字生活空间中构建个人数字家园，形成圈子。互联网时代，海量信息包围着生活者，因为“用户参与上传、分享内容是数字生活空间的典型特征，在这个平台上人人都是信息的发布者。大家都参与发

① 陈刚．整合营销传播与创意传播管理——对社会化媒体时代数字营销传播发展的探讨［J］．北京：北京论坛（2012）文明的和谐与共同繁荣——新格局·新挑战·新思维·新机遇：“社会化媒体时代的创新与变革”传媒分论坛论文及摘要集．2012：139.

布、传播话题，并想尽办法让别人关注，这就使得传播者无限增多、传播渠道无限增大”，形成信息的海洋，如果“广告主和广告公司发布的、想要达到目标消费者的品牌信息如果传播力度不够，就会被淹没在海量的信息中。这就是数字生活空间营销传播中最显而易见的难点——消费者对传播信息视而不见”。生活者主动对信息进行筛选，圈子成为最好的过滤器，是营销传播重要目标。

数字生活空间极大地缩小了企业和广告人与生活者的距离。社会化媒体的出现和技术的进步使得企业可以越发真实而清晰地了解生活者。“这种变化，对企业是最珍贵的机会。因为企业营销传播从此真正有可能从复杂的市场细分进入到一对一的沟通与销售阶段”，实现精准营销。

因此，企业必须进入“生活者”的圈子才能摆脱与消费者无比接近却极有可能被视而不见的尴尬。圈子是为了“帮助信息实体筛选了海量的信息，在彼此之间的交流中满足了互相的需求。”做生活者的邻居、知己——“生活服务者”，是创意传播管理别无选择的出路。

“邻居”关系的建立需要契机，即所谓缘分。在现实生活中，我们可能会因为一个话题产生共鸣，拉近关系。在数字生活空间，这个“话题”契机被称为“沟通元”。“‘沟通元’是指一种基于内容的文化单元，它凝聚了生活者最感兴趣的内容和最容易引起讨论和关注的话题，一旦投入数字生活空间，就会迅速引起关注，激发生活者热烈的分享、讨论和参与。并且，在传播者和生活者的积极互动过程中，‘沟通元’不断地丰富和再造，并不断地延续传播。”对“沟通元”的概括和新解，是CCM理论的最大的贡献。

在圈子里，从“邻居”变成“知己”，需要优质、可持续的“沟通元”，才能在互动过程中一次次深化交流。“沟通元”作为文化单元的含义间接被赋予品牌，集聚成品牌价值。“沟通元”成为生活者和企业结为“小伙伴”的契机，使生活者了解企业及其品牌，主动参与到营销传播当中。“品牌建立是在企业与消费者通过‘沟通元’不断‘协商’，在彼此平等的条件下的商议、沟通和磨合而最终达到统一形象的反反复复过程中成就的，这其中或许存在消费者个体认同的差异，承认差异，面对消费者理解上的差异也是创意传播的挑战，在相对的个体差异寻求品牌核心价值的统一。我们把这种异同的创造过程称为品牌‘协同’，这也是新媒体平台的创意传播不同于大众传播时代广告创意的魅力所在。在这个时代，一切都需要‘协同’。”新媒体在互联网时代成为企业和生活者走向“协同”的纽带，通过“沟通元”，使生活者主动参与到品牌构造和营销传播的过程中。2013 年营销传播热点的美学观察，可以帮助我们认识从 IMC 到 CCM 的时代跨度，更好地理解“协同”和“沟通元”这两个（CCM）理论的核心词。

二、从“精神消费”到“美学经济”

19 世纪索绪尔的语言学研究触发了结构主义思潮，他认为语言现象是一定时间相互关联相互制约的符号系统。该学说促使文学研究从语言到话语，从作品到文本的的“转向”。话语分析成为文学、文化研究的主导方向。20 世纪语言学研究的又一次飞跃，是将结构主义延伸到作为文化符号的语言。巴特完成了这一飞跃。巴特认为语言不是根据特定的人类言说或解释被掌握，而是作为一组“意指实践”被掌握。20 世纪至今，语义学分析被用来研究所有的文化实践，各种形式的、通过“意指”产生意义的“文本”，成为文化研究的焦点。

产品的文化创意和营销传播”正是一种“意指实践”，是一种生产者和生活者“异同”创造的符号系统、意义结构。本文把“沟通元”看作“意指实践”，观察意义“生产过程”。笔者从 2013 年营销传播事件中选取三个点（动态数据以笔者调研时间 2014 年 2 月 16 日的数据为例），将营销传播研究从认识论，转向生存论视野，进行营销传播情感协同的“话语分析”。

（一）《致青春》的泪点直击灵魂

《致我们终将逝去的青春》（下文简称《致青春》）这部投资仅 6000 万元的电影，首日票房 4650 万元，3 日票房过亿元。最终以 7.2 亿元的总票房将导演赵薇送进了“亿元票房”导演的行列，也为她加冕了“内地最卖座的女导演”的称号。

在这次电影营销过程中，从创意到微博等新媒体的运用是十分成功的。“首先，从《致青春》2012 年 3 月开拍时新浪官方微博正式上线到电影的公映，官方微博的粉丝已达到 162779 人，微博发布量达到了 2245 条，在一年多的时间里平均每天发布 5 到 6 条微博更新状态。”营销团队通过微博完成《致青春》营销传播的准备和预热。随后 24 位不同领域的大 V 参与到“致青春”的话题中。“致永远不朽的蓝颜”、“有一种感情叫赵薇黄晓明”等话题引爆网络，掀起青春怀旧风潮。之后，人人、微信、豆瓣等新媒体上都建立了公共平台，引导话题持续进行。这部在 2013 年 4 月 26 日公映的影片，由于新媒体给力，在开播之前就赚足了眼球。王菲演唱的主题曲一经发布，迅速转发达6万次。

"致青春"这一"沟通元"，准确抓住了目标人群的心理："70后"、"80后"这些在改革的浪潮下长大的一代，有着与上一辈不同的成长环境。他们的青春是叛逆的，多彩的，美好的，也是苍凉的。走过懵懂岁月，成为社会中坚，在柴米油盐的平凡中怀念那个曾经的自己，百感交集。"90后"是青春"进行时"，因为电影的公映时间设置在五四青年节和毕业前夕，唤醒无数人把握当下，珍惜青春的觉悟。

因此，尽管《致青春》的目标人群十分广泛，但精准营销游刃有余。"致青春"作为"沟通元"引爆了缅怀与珍惜的话题，无数生活者通过新媒体主动参与到话题讨论中，不断对"沟通元"进行再塑，包括对子话题的模仿与重塑。《致青春》团队始终在新媒体上与生活者互动，"沟通元"在传播中总是在被消费者不断深化。在一次次的再次塑造中，"沟通元"中消费者最感兴趣的内容被放大，同时围绕着一个中心，更多消费者关心的内容被新添加了进来"，"致青春"不再只是郑微和陈孝正的青春，而是"张微"、"王微"、"李孝正"等的青春。《致青春》用"青春"拨动每个人的心灵，走向"青春"、"大合唱"。

（二）"聚美优品"的招数逼近需求

2012年聚美优品的陈欧体"我为自己代言"广告引爆网络，创造了广告视频的播放神话。自2012年11月7日由聚美优品官方用户"聚美2012"在优酷网上发布，四天破60万，至今在优酷网上有656.9万①的播放量。广告的主角陈欧在微博上发布该视频的微博累计转发436860次②，韩庚、孙杨、徐小平、何炅等大V纷纷转发、点评。广告中所表现的"80后"励志拼搏，为梦想奋斗的精神鼓舞无数年轻人，朗朗上口的广告词成为大家争相模仿的对象。一时间，"我为自己代言"的陈欧体爆红网络。聚美优品2012年"双十一"大促达30万单，2013年3月1日"301"大促"三天的销售额达到了10亿元。3月1日当天百度搜索指数超过100万，超过天猫2012年"双十一"的百度指数。"

与2012年的"代言"广告相比，2013年的"代言2.0"版——"光辉岁月——我为自己代言"，显得逊色。尽管陈欧和聚美优品的官方新浪微博都将其

① 数据来源于优酷网：聚美优品2012. http://v.youku.com/v_show/id_XNDcyMDE4MTIw.html.

② 数据来源于新浪微博：聚美陈欧. http://weibo.com/p/1003061705180884/weibo?is_search=0&visible=0&is_tag=0&profile_ftype=1&page=12#feedtop.

置顶在微博首页，这部与2012年版发布时间几乎相同的广告至今在优酷只有126.8万[①]的播放量，陈欧发布该视频的微博也只有28354次[②]转发。聚美优品这只"初生牛犊"，由于对"沟通元"把握不当，跌了一跤。

比较两支广告发现：2012年的广告取材于与陈欧同时代年轻人创业时几乎共同面临的感人遭遇，撷取感人片段。情节流畅、画面明晰，内容紧凑、有张力，对白朴素、朗朗上口。"你"、"我"的对比具有较强的"可复制"性（可传播性）。2013年的广告画面看似缤纷夺目，其实累赘。整体效果因为陈欧和魏晨的过多加入，淹没了主题。负面色调过多，压抑沉闷。"在商业信息泛滥的数字生活空间中，如果信息承载的意义过多则会导致生活者理解混乱，反而不利于记忆。""沟通元"必须是明确单一，全力以赴突出主题。2012年的聚美广告成功恰好是以"逐梦奋斗"这一单纯"沟通元"，引发共鸣，"陈欧体"又加深印象，拉近关系。2013年加法做得太多，复杂沉重的"沟通元"难以自发复制。

虽然广告失利，2013年聚美优品还是有其卓越之处，营销传播整体处于上升状态。自2012年火爆的"陈欧体"广告发布后，聚美优品一直通过网友投票为下一支广告征集代言人和歌词等方式，保持受众品牌的关注度；陈欧个人形象所积攒的关注度与魏晨知名度，虽未形成合力，但作为影响加分因子，有一定的效力；2012年"陈欧体"励志广告已经形成了一定的品牌影响力，与"双十一"营销风暴叠加，创获颇丰。"上线不到24小时，点击率便已经突破100万。网友们的火爆搜索也使得聚美优品的百度指数直线上升，在'双十一'当天达到了历史最高点。"据返利网提供的数据，2013年聚美优品的流量和销售额增幅12倍，"这主要得益于，我们是全网范围内第一家支持中国化妆品真品防伪码联盟的电商企业，由于是直接从源头上解决了化妆品网购假货的风险，彻底打消用户网购化妆品的疑虑。自加入真品防伪码联盟以来，聚美优品用户增量屡创新高。"作为一个做化妆品的垂直电商，切身考虑消费者利益，用最实际的方式解决消费者最关心的真假问题，满足消费者的需求，从而获得消费者"一致认同"。在广告上跌了一跤的聚美，在2013年牵手中国质量万里行，成立中国化妆品真品防伪码联盟，又创造"标志性事件"，仍然高速地奔跑着。

① 数据来源于优酷网：2013聚美优品. http://v.youku.com/v_show/id_XNjMyNjg5NTU2.html.

② 数据来源于新浪微博：聚美陈欧. http://weibo.com/p/1003061705180884/weibo?is_search=0&visible=0&is_tag=0&profile_ftype=1&page=1#1391679185449

（三）《爸爸去哪儿》问及心灵深处

《爸爸去哪儿》是湖南卫视从韩国 MBC 电视台引进的亲子户外真人秀节目。自 2013 年 10 月 11 日一经推出就以全网 1.11 的收视率夺得全国第一，随后持续走高，期期保持全国第一的收视率，最终以 3.64 的神话收视率完美收官。作为一个第四季度才播出的节目创造了收视神话，成为 2013 年收视率最高的综艺节目。[①]“#爸爸去哪儿#”微博话题以 2013 年新浪微博搜索率最高进入新浪微博热议话题第 11 名。[②] 同时，档期绝佳，在 2014 年大年初一抛出《爸爸去哪儿》电影首日创 9200 万元票房，截至 2014 年 2 月 10 日累计票房近 6 亿元，排名内地影市票房总榜第 21 位。

这部口碑之作一经推出就近乎“零差评”，并在新浪微博的讨论热度整体只增不减。根据新浪微指数数据，《爸爸去哪儿》的热议第一个小高潮是在 10 月 12 日开播后第一天开始的。“《爸爸去哪儿》在开播前几乎很少有人知道，但在 10 月 11 日——也就是第一集开播这天，《爸爸去哪儿》在社交网络上的讨论量突然直线上升，许多观看了这档节目的观众开始跑到社交网络上给它以好评，其他人看到这些好评后便去主动搜索，然后观看网络版，直至成为《爸爸去哪儿》的忠实观众——这便是口碑传播的最典型表现。”

形成口碑靠“沟通元”。奶声奶气的“老爸，我们去哪里呀?”问到了每个人的心上。亲情、友爱、伙伴、生存、沟通、竞争、差异等关键词直击心灵。社会转型、观念巨变，“关系”该如何相处?《爸爸去哪儿》似乎给我们提供了一个开放思考的教参。学者 Richard Jackson Harris 提出“观察学习”，指出媒介中的角色成为人们学习、模仿的榜样，是一种优质传播。这里的榜样主要是指被观察的对象，也可以被称为示范者（the model）。一个正在成长中的孩子需要健全的人格，孩子既要学会进取、同情、乐观、感恩、能够认识美好的事物，同样也要拥有面对失败和烦恼的勇气。在培养孩子上述优秀品质的过程中，亲子教育的作用不容忽视。在《爸爸去哪儿》节目中，五位明星父亲及其可爱的孩子们在节目中的亲子教育表现就为节目制造“观察学习”的效果提供了源泉和基础，

---

① 数据来源于百度百科：爸爸去哪儿 . http：//baike. baidu. com/link? url = FAntWV8KrX7BCMtO _ tb5cv5axVgaBJ9eau - 0tJltYw6S7GSrCFE_ OCN3gtqDQGwmWXv1V1Je7USmjTIawx0SHq#4_ 2.

② 数据来源于新浪微报告 . http：//data. weibo. com/report/detail/report? copy_ ref = zuYT1rJrizcrZ&_ key = 2XfmzK8&m = m,

而节目也俨然成为电视版的亲子教育宝典。据统计，2013年新浪微博热门话题“爸爸去哪儿”名列前茅，“提及用户”有88%是由“80后”、“90后”组成的。“80后”、“90后”逐渐成长至组建家庭，大部分都为独生子女的他们仿佛自己还没“长大”，在“教育子女”问题上面临诸多困惑。中式还是西式？老派还是新式？如何与子女相处、与他人相处，甚至延伸至反思自身的价值观、人生观，的确成为众人关注的话题。《爸爸去哪儿》中的“父子相处”成为精彩“沟通元”，其中的教育、亲情、笑点、泪点被大家反复讨论。“父子身份”唤起人们多重感受，该片虽然情节简单，但“真人”秀出了人人向往的真爱亲情，俘获众心。热议，不但把人们从音乐选秀的审美疲劳中解脱出来，而且寓教于乐，在耐人寻味的讨论中走向集体沉思、甚至价值观的重建。

无论是“青春”、“大合唱”、对“优品”的“一致认同”，还是对亲子关系的“集体沉思”，都包含着营销传播过去关注较少的美学思维。数字生活空间，创造美学“沟通元”已是大势所趋。情感的协同，是数字生活空间最关键的协同。

三、从消费心理，到美学“沟通元”

“沟通元”与生活者交流、共振，不断丰富，在数字空间“开花结果”，才能创造营销额。受众需求复杂、多变，在个体差异中寻求“核心价值”的统一，最终走向“协同”。“沟通元”涉及传播学、美学、经济学、文学等。创意传播管理不仅是营销传播的先进理论，也是影响“日常生活审美化的”[①] 进程和品质的实践生存论美学。经济增长只能满足人们对物质的渴求，美学经济才能满足大众从物质到精神的丰富期待，其中精神含量需要美学分析。

“这其中或许存在消费者个体认同的‘沟通元’，承认差异，面对消费者理解上的差异也是创意传播的挑战，”应对这个挑战，关键是要认识人的情感需求和情意诉求，美学正是研究情感、情意的学问。“沟通元”的实质是中国传统美学中的意象。2013年营销传播热点中的“青年”、“奋斗者”、“父子”中所包含情感、情意被作品和与作品“互文”的话题对象化、形象化、符号化，揭示出

① 据皮埃尔·布尔迪厄的《区分：鉴赏判断的社会批判》（《国外社会科学》1994年第5期）介绍，是指将“审美的态度”引进现实生活，大众的日常生活被越来越多的“艺术的品质”所充满。或将纯粹的审美原则用于日常生活中的日常事物，是大众文化时代物质满足后精神对美和艺术的渴望。

创意就是诗意，二者同根同源的艺术奥秘。

“沟通元”是广义的意象，是《情象、理象、事象》[①]，是广义的“诗”。21世纪实用美学关注的是广义的意象、生活的诗，关注的是艺术人生化、人生艺术化。大众文化在票房、营销额的引领下，走向美学经济时代，在大众情感认识和价值判断中走向合规律性和合目的性的有机统一。

美学素养是创意传播管理者的根，根深才能叶茂。《致青春》、《爸爸去哪儿》、聚美优品正是创造了美学“沟通元”，搭乘新媒体快车，成就了营销奇迹。美学经济时代，创意传播管理，必须重视以下三点：

（一）要有“符号学”创造观，以理想之维，激活“沟通元”

良好的“沟通元”，与情感符号化、与人的生存、发展相关联。以美学思维分析传播学“沟通元”的概念，才能将恰当的情意赋予恰当符号载体，抓住创意传播管理的命门。数字生活空间是一个语义空间，符号在其中作为意义的载体。“沟通元”是“内容和形式”完美组合的流畅“符号”。想要生活者产生共鸣，主动参与到营销过程中，就必须打动生活者。情真意切，“无中生有”，创造一个性情中“元”，可以迅速拉近产品与生活者之间的距离。“动人心者，莫乎于情”。因共鸣而分享、复制、生发。《致青春》的“蓝颜”、聚美优品“我为自己代言”、《爸爸去哪儿》的纯真童趣，都抓住人性的理想之维，提升观众的情志、意趣而被广泛传播。挖掘人性深处的理想之维，构建“性情”的符号，是创意传播管理的源头活水。

（二）要摸准时代脉搏，以真知灼见，丰富“沟通元”

消费社会，生产商不断赋予商品符号价值，满足消费者的情感、尊重、审美和自我实现的需求。“当商品的受欢迎程度，由使用功能的优劣转向象征符号的高下竞争，开发商品的重心就由对制造流程和成本合理性的专注，转向了由工业

---

① 当代美学家陈伯海深入研究意象，他在《为意象正名》(《新华文摘》2012 第 9 期)）中说：“意象作为诗性本体的范畴，其确切的界定应该是表意之象，作用于表达人的诗性生命体验。意象不应混同于诗中的名物，表名物的词语可能产生表象，但难以揭示人的情意体验；只有在表象的关联与组合中构筑起张力，让诗人的活生生的感受得以在某种程度上显露出来，意象始能成立。诗歌的意象构成材料亦不限于物象，举凡事态、情状、理致都有可能用意象，可称之为与‘物象’相对应的‘事象’、‘情象’和‘理象’。”这个意象新解可以指导我们把“红楼梦”看作“大意象”，是曹雪芹价值观的符号化，把《致青春》中的“青年”、《爸爸去哪儿》中的“父子”、聚美优品中“奋斗的陈欧们”及沟通元衍生的文化产品链都看作“大意象”，看作创意人价值观的符号化。

设计、产品包装和广告营销主宰的美学领域。这并非说商品功能的开发，制造质量和成本控制对企业不再重要，而是指这些可靠理性学习来的能力，不再能帮助商品产生差异性，当然也在吸引消费者的权重系数里不具优先地位。如何让消费者能融入由商品‘象征符号’所暗示的某种理想化生活风格里，并且和别种符号来进行一种感觉与心理的系统战，则是一种美学的技术。”在美学经济时代，通过创意构建美的符号，打造美的“沟通元”，使生活者在沟通的过程中产生美的感受，进而为了分享美而产生的传播。聚美优品2012年的广告所运用的符号元素以及音乐、旁白等排列组合协调舒适，文案与画面的配合引人深思，可见“符号的排列、符号的组合以及符号的历史感”至关重要，决定了符号美不美需要“舒适、协调和深意”三者的平衡。聚美优品2013年的广告，元素繁杂，且负面情绪过多，掩盖了2012年“沟通元”的真知灼见，流失了美感。

（三）要有“生成论”美学观，以动制动，把握“沟通元”。

充分考虑“人”的情感需求及其变化和传播生态，给“沟通元”“加大马力”。以“情意”为核心，衍生数字生活空间的产业链。充分考虑“沟通元”的成长生态，抓住时代脉搏、个体诉求和时机，精准把握生活者心理，在恰当的时候打正确的营销传播战。无论是热点关注型“沟通元”、生活者制造型“沟通元”还是主题传播型“沟通元”，都离不开对生活者“情感、情意”的精准把握和对时机的微妙掌控。除了抢占先机以外，还需传播经验和美学嗅觉，做到“稳”和“准”。《致青春》电影营销对“70后”、“80后”心理的掌握就是抓住了时代脉搏，对公映时间在五四青年节期间和毕业前夕就是抓住了事件的时机。《爸爸去哪儿》电影为了赶在大年初一上映，掀起2014年“合家欢”看“爸爸”的高潮。为此牺牲了原本想拍成3D的美妙创意也在所不惜。事实证明，该片的创意、制作、投放，节奏紧凑，步步到位。甚至“五天拍完”、“无故事、无表演”的观众吐槽，都是另类的“关注”。因为任何否定，都包含着对否定对象的肯定，部分观众可能正是因此非看不可。

《爸爸去哪儿》一边营销，一边创意，甚至人们继续期待“爸爸还能去哪儿”。一个优质的“沟通元”，会带动一个文化产业链，本身就是一个品牌帝国的奠基。“爸爸”靠一个“亲子沟通元”，带领受众横跨电视荧屏、手机屏、电影屏幕，其社会意义和实践意义正在发掘。湖南台综艺类节目、自制剧，靠美学“互文”的概念，深度开发文化产品，打通媒体与媒体，终端与终端的界限，正在成为全国文化产业“内容”创新的引擎。该片开发的手游，下载也创造了业界的奇迹，到2014年2月10日，下载量已经超过1亿次，日活跃用户有几百万。

《爸爸去哪儿》对创造美学“沟通元”（诗意），对如何创意，以及如何深度开发优质“沟通元”的文化产品产业链颇有启发。迪士尼和哈利·波特的成功，可以为“爸爸还能去哪儿”提供参照系，湖南卫视就此远不止电视节目、大电影、手游可做。包括体验营、成长VCR、婚庆档案、生日Party等都可以在互联网+的时代，展开线上、线下的创意项目，满足每一个和“爸爸”有关，想“真人秀”，渴望真情、美感、爱意的人。创意人，可以据此合理配出精神大餐。

从2013年新媒体营销传播热点的“沟通元”来看，营销传播关乎受众需求、时代气质、情感变化，是一个协同的“生产过程”。因此，我们的研究方法、创意方法要把握动态。数字生活空间，精神消费是敲开营销传播之门的“芝麻”，电商靠“精神共鸣”打入圈子。垂直与受众互动，使经济学问题，变成美学经济的问题。在每个信息的背后，都是活生生的“人”。营销传播在“人”这里，遇上了美学。静态“效果”研究变成动态“过程”研究。这一转变与20世纪美学从现成论转向生成论，以及新媒体对人们生活方式、生存状态的深刻影响密切相关，因此在数字生活空间，增加营销传播乃至文化创意产业中“沟通元”的美学含量，对提升产品的精神价值至关重要。

参考文献

[1]陈刚，沈虹等．创意传播管理[M]．北京：机械工业出版社，2012：15，21，14，124.

[2]沈虹．创意传播管理（CCM）与整合营销传播（IMC）的比较研究——跨越文化的视角[J]．广告大观理论版，2010（5）：34.

[3]杨晴．从传播学视角浅析网络小说与电影“联姻”的成功——以电影《致青春》为例[J]．新闻知识，2013（06）：88.

[4]佚名．聚美优品CEO陈欧分享“2013年终总结”[EB/OL]．[2014-01-07]．http://www.138mr.com/info/204/88972.shtml.

[5]陈刚，沈虹等．创意传播管理[M]．北京：机械工业出版社，2012：125.

[6]新浪广东.陈欧魏晨首次合作聚美优品全新广告[EB/OL].[2013 - 11 - 12]. http://news. gd. sina. com. cn/news/20131112/1361799. html.

[7]千寻. 电商双11战果排行出炉聚美优品增幅跃居第二[EB/OL].[2013 - 11 - 15]. http://news. cunan. com/8/5558. html.

[8]付超.《爸爸》高票房的背后:档期早定好本想拍3D[EB/OL].[2014 - 02 - 10]. http://ent. qq. com/a/20140210/020568. html.

[9]寻空.2013年度十大社会化营销案例赏析[EB/OL].[2013 - 12 - 11]. http://www. tmtpost. com/83060. html.

[10]李翔. 内容为本渠道制胜——从《爸爸去哪儿》看电视真人秀节目的社交营销[J].新闻实践,2013(12):64.

[11]詹伟雄. 美学的经济[M]. 北京:中信出版社,2012:38.

微电影的商业价值和盈利模式

Commercial Value and Profit Model of Micro Movie

郭 靖①

Guo Jing

摘要：在以移动互联为代表的新媒体时代，微电影以其长度短小、内容精练、传播性强等特点迅猛发展，逐渐成为新的文化时尚。微电影具有渠道新、分享快、成本低、自由度高等优势，通过微博、视频网站、社交网站等社会化媒体进行传播，改变和塑造着网络文化产品的形态，代表着未来新媒体时代文化产业的发展潮流和方向。微电影已经表现出强劲发展势头，开创着未来的商业价值和盈利模式，具有无限发展潜能，是具有发展前途的传媒产业之一。本文试图通过对微电影的商业价值和盈利模式的分析，为微电影的产业化发展提供思路。

关键词：微电影；商业价值；盈利模式；产业化

Abstract: In the new media era represented by mobile Internet, micro movie, characterized by its shortness, concision and high transmissibility, gradually grows as a new cultural fashion. Micro movie boasts advantages such as new channels, fast sharing, low cost and high degree of freedom. Through the spread of micro – blog, video sites, social networking sites and other social media, micro movie is altering and reshaping the form of network cultural products. Representing the trend and direction of cultural industry development in new media era, it has showed a strong momentum of development, created

---

① 郭靖，北京外国语大学副教授、硕士生导师，北京外国语大学文化产业研究中心副主任，研究方向为文化创意与管理。

new commercial value and profit pattern. It has a bright future with infinite development potential. Through analysis of its commercial value and profit pattern, this paper attempts to provide a way for the industrialization of micro movie.

Key words: micro movie; commercial value; profit pattern; industrialization

一、微电影的概念

关于“微电影”的概念和定性，存在着各种不同的观点和讨论。有认为比电影短、比广告长的视频，就是微电影。也有人认为微电影是在制作上更专业更有创意的网络视频。从这个角度来看，微电影产生的源头就是早期网友们个人拍摄并在视频网站上发布的视频作品，如2005年胡戈的《一个馒头引发的血案》。如果说网络视频是微电影的初期“发育胚胎”，那么以2010年筷子兄弟的《老男孩》为代表的网络电影就是微电影的直接雏形。微电影（Micro Movie），即微型电影，是21世纪逐渐兴起的电影新类型。具有故事性和可观赏性。时长从三五分钟到三五十分钟不等，是微时代——网络时代的电影形式，微电影之“微”不仅在于微时长、微制作、微投资，更是同传统的“大电影”相对应，以其短小、精练、灵活的形式风靡于中国互联网平台。正如华影盛视CEO赵雨润所说“微电影就像是舞台上的小品，它的特点是小而美，而优势则是同时满足了企业的品牌宣传需求与观众的娱乐休闲。”微电影作为一种新的艺术传播形式，创作不受条条框框的束缚。每个有光影梦想的创作者，都可以用镜头自由地表达这个世界。让思想者思想，呐喊者呐喊，行动者行动，用微电影追求梦想，用梦想改变世界。

2013年微电影市场蓬勃发展，已成为新媒体文化产业发展领域的一股“微势力”。北京国际微电影节参与奖项角逐的1000余部微电影当中，明星参与的微电影有50余部，商业微电影近100部，同时涌现了大批的优质公益微电影。

二、微电影的商业价值和发展前景

商业价值指事物在生产、消费、交易中的经济价值，通常以货币为单位来表示和测量。当前学界对微电影的商业价值还没有统一和完整的表述，笔者认为微电影的商业价值是指微电影在制作、消费和交易中能给制作者、消费者和交易平台企业等利益相关者所带来的经济价值。微电影的商业价值无限，关键是如何挖掘和把握。如果挖掘得充分，把握得恰当，再结合当前乃至未来积极的市场环境因素，微电影发展的未来之路就会走得更宽更远。微电影要实现盈利，就要走产业化道路，使获利的途径更加的多元化。除了依靠广告主的投资之外，可以扩大播放渠道，将微电影的版权出售，在电视台、院线等传统媒体上播放，开发衍生产品，将微电影中的人物进行海报、人物玩偶等系列衍生品的开发。同时，还应加强与影视公司等周边产业的合作，实现自身资源的整合和优化配置。自从2011年我国首部微电影诞生以来，微电影表现出了强劲的发展势头，有着诸多深受广大受众喜爱的传播特性，受到了广大网民、广告商、视频网站等多方面的支持与青睐。但是与此同时，微电影产业也是一个新兴的产业，一个朝阳产业，因此微电影的产业化之路有着光明的前景。

（一）微电影的商业价值

1. 微电影对于产品受众的价值

对于广大受众来说，微电影通常是免费的优质小电影，其制作一般不亚于影院上映的大片，尤其是有精彩出奇的剧情和顶尖的明星出演，充满了看点和谈资。而且在传播推广渠道上具有很强的便利性和互动性，在各种互联网平台和移动新媒体上均能即时观看、分享和评论。这满足了碎片化时代人们利用碎片时间放松、娱乐的需求。但微电影之于受众的最大魅力在于它用一种潜移默化的“润物细无声”的软性广告营销方式向受众宣传自己企业的品牌形象或产品功能，这也迎合了自我意识时代下人们反抗填鸭式生硬宣传的需求。

2. 微电影对于广告客户企业的价值

微电影是互联网多媒体视频营销与社会化媒体营销深入发展的必然产物。现在越来越多的商家开始意识到微电影作为视频传播的重要性和有效性，微电影以纯粹娱乐的形象营造出一种电影的氛围，用电影的拍摄手法、画面、镜头、传播模式为观众提供一种电影感，让受众不仅喜欢去看，而且还津津乐道，从而用电影的方式实现广告说服的意图而不让受众产生抵触和排斥的感觉。其次，传统的电视广告不仅有播放的时间限制和高昂的播出成本，而且其宣传色彩比浓厚，在多媒体时代下，传统的电视观众已经分流，尤其是年轻观众，广告并不会受到人们的广泛欢迎，所以其传播效果有限，甚至还受到了部分观众的心理抵触。在网购已经逐渐成为主要消费方式的今天，大量消费者转移消费阵地，为了追踪网络上的目标消费者，微电影营销成为众多知名企业塑造推广品牌的重要手段。

3. 微电影对于广告公司的价值

微电影作为广告与电影跨界的产物，很好地迎合了当下时代的需要，彻底地摆脱了枯燥、乏味的传统广告传播方式，淡化了广告的外在特征，消解了受众的抵触心理，满足了受众的需求。潜移默化间实现广告效果的最大化，在企业的产品营销以及品牌战略传播上发挥了重要的作用。而对于广告公司来说，微电影营销的项目周期短，资金回笼快，广告效果易于监测和评估。同时微电影的兴起，对苦于找不到新营销手段的广告公司而言，也是一次重要的机遇，不仅重新打开了他们的营销创意视野，而且还让他们有了整合上游影视娱乐闲置资源和下游多屏广告载体资源的机会。

4. 微电影对于网络院线企业的价值

2012 年 DCCI 互联网数据中心发布的《中国网络视频蓝皮书》显示，视频用户每周观看视频时长分布分别为：PC 电脑 12. 6 小时/周、电视 9. 0 小时/周、平板电脑 8. 3 小时/周、智能手机 7 小时/周。这份蓝皮书无比清晰地诠释着网络视频正在发生跨屏蜕变：观看视频不再只是电视和电脑的专利，智能手机和平板电脑等移动终端也是前景不错的载体。而华谊兄弟与中国电信的合作，将通过手机、PC、PAD 以及互联网电视等平台，为创作者提供一个全新的收益渠道。

在 2012 年 6 月举行“促进网络院线发展圆桌论坛”，国内各大视频网站的代表抛出“网络院线”概念，企图为国产电影开辟电影院之外的“第二院线”。（这一说法其实早就被提出过，乐视、腾讯、PPTV 等 7 家视频网站曾共同成立了一个“电影网络院线发行联盟”。）网络院线的终极发展目标是，做到和传统院线一样的“分账模式”，即电影通过由各大视频网站组成的“院线”付费播出，所得收入再由网站与片方分账。而联盟成员拥有的独家正版电影，第一时间要与联盟内的其他成员企业分享，在各自网站的收费平台播放。而微电影与传统电影在创意、制作、发行方面等方面有很多相似之处，也完全可以采用这种经营方式获得收益。

（二）微电影的发展前景

《中国新媒体发展报告 No. 5（2014）》（新媒体蓝皮书）展望我国新媒体的

发展趋势：（1）互联网普及率达50%，手机网民将超过5.5亿人。随着4G网络和智能移动终端的进一步普及，中国手机网民的数量将在2014年大幅增长，预计会超过5.5亿人，互联网普及率将超过50%。（2）移动互联网全面进入爆发期。2013年中国移动互联网市场规模达1059.8亿元，同比增长81.2%；预计到2017年，市场规模将增长约4.5倍，接近6000亿元。移动互联网市场进入高速发展阶段。中国移动互联网产业将全面进入爆发期。而且此数据还不包括移动电视、楼宇广告等其他新媒体形式在内。可以预见随着新媒体用户总量的不断增加，依托于新媒体成长起来的微电影将以其短小精悍、病毒性传播等优势对传统电视媒体、电影院线传播造成强烈冲击，并“掠夺”大量广告客户，占据大半广告市场。经过这些年的市场化经营，微电影由作品向产品发展，进而系列化商业运作。这当然离不开传播技术的发展和智能手机、电脑等庞大的终端基数所带来的资本利好预期因素。实力雄厚的传统影视机构已经开始考虑在继续深耕细作传统电影市场的同时，进一步探索微电影的产业化运作之路。如陈天桥旗下的华影盛世已经开始大张旗鼓进行推广宣传和概念包装，并计划与华谊音乐联合推出50部音乐微电影。微电影无论是在版权分销、内容集成还是在商务开发方面，都会形成一个新的较为清晰的盈利模式。

微电影的跨平台传播趋势将会更加明显。经过这几年平台的整合和发展，视频网站自身造血能力逐步提升，同时也是由于目前版权价格居高不下的经营压力所致，视频企业开始由播出平台、内容集成平台向内容生产商方面整合和扩张，微电影可以继续采用电视台与网络视频的台网互动模式，系统化创作，流水线式规模生产。在电视台层面，可以对微电影进行栏目化运作，但不同于传统综艺节目和栏目剧，一个微电影项目要按照一定规模、题材、类型进行创作和编播，丰富电视台各频道的内容编排。对于视频平台企业来讲，其运营就更加灵活，可以一边拍摄一边上线，滚动制作，既可以整体包装，类似于“11度青春”系列，也可以单片推广。视频网站企业现在的平台功能越发明显，将来的趋势不是台网互动，而是网台互动，由单向资源流动向双向资源互动转变。

微电影成功发展的关键就是“创意”和“营销”。创意即要在内容上出新出彩，结合品牌，紧贴生活，准确地触动受众的兴奋点。随着微电影的不断发展，在未来还会出现品牌化的趋势，不同的微电影导演会导出不同的风格，任何一种风格都有其受众，这些就是未来微电影的最大卖点之一。如果说创意是微电影的灵魂，那么营销就是微电影的生命，微电影的未来发展需要全方位的营销、强势的推广平台和推广资源以及多触点的媒介推广配合。

总之，从以上分析可以推测，微电影具有无限的商业价值，关键是微电影企业如何挖掘和把握。如果挖掘得充分，把握得恰当，再结合当前乃至未来积极的市场环境因素，微电影发展的未来之路就会走得更加宽广。

三、微电影的盈利模式

关于盈利模式，大多数文献仅是对一些成功企业的经营管理进行分析，归纳总结出盈利模式所包含的内容、应满足的条件进行了说明，尚无一个明确的定义。一种观点认为，盈利模式是对企业经营要素进行价值识别和管理，在经营要素中找到盈利机会，即探求企业利润来源、生成过程以及产出方式的系统方法。还有观点认为，它是企业通过自身以及相关利益者资源的整合并形成的一种实现价值创造、价值获取、利益分配的组织机制及商业架构。笔者认为微电影的盈利模式就是对微电影企业自身经营要素进行识别和管理，与相关利益者资源的整合并形成的一种实现价值创造、价值获取、利益分配的组织机制及商业架构，并探求本企业利润来源、生产过程以及产出方式的系统方法。具体的盈利模式如下：

（一）微电影作为植入广告

植入式广告是指，把产品及其服务具有代表性的视听品牌符号融入影视、游戏或舞台产品中的一种广告方式，给观众留下相当的印象，以达到潜移默化的宣传效果。由于受众对广告有天生的抵触心理，把商品融入这些娱乐方式的做法往往比硬性推销的效果好得多。正是因为源于植入式广告具有独特的传播优势，大多数微电影的亮相则是以植入式广告短片的形式问世的，微电影利用其自身的灵活性将广告植入到剧情中从而达到潜移默化的宣传效果，这种以网络电影与广告植入相结合的全新的广告模式必将成为互联网时代广告竞争的新趋势，以达到营销目的。自微电影诞生之日起，《一触即发》与凯迪拉克、《老男孩》与雪弗兰、《十二星座微电影》与桔子水晶酒店等的这种微电影与企业商家合作的手段，成为植入式广告微电影的经典模式，逐渐反映出微电影与广告植入的密切关系，植入式广告与微电影的相辅相成阐释了品牌推广与电影艺术的完美结合。

（二）微电影视频贴片广告

贴片广告或随片广告，是指将企业产品广告或企业形象广告与影视作品一同拷贝，在影视放映前播出的广告。在影视作品中的夹带广告按其表现的方式来说，这种广告为显性广告，也就是贴片广告，在当今的互联网时代，众多的门户视频网站不断发展壮大，各品牌企业商家迅速占领视频网站这一领域并运行贴片广告的网络视频营销模式。网络视频贴片广告指的是在视频片头或片尾插播的广告，以及背景广告等。这种广告通常以几十秒不等的播放时间硬性地插播在观众观看的视频前，以达到信息传播的目的。例如，优酷网、56 网等门户视频网站都是以这种方式进行贴片广告的播放并获取一定的广告费用。箭牌公司出品的《益达酸甜苦辣》系列微电影现在仍以网络视频宣传的形式出现，并且利用贴片广告的形式进行传播。以这种方式传播，品牌广告信息的宣传就达到了较高的覆盖率，同时，视频网站在广告商家那里也收取了可观的广告费用。

（三）微电影作品的再创作

这是一种没有外来赞助资金的纯粹投资行为，投资方目标非常明确，那就是靠经营版权进行投资回收，当前微电影的版权、播映权销售渠道主要包括视频网站、地市级电视台、通信运营商的内容集成平台。微电影企业可以尝试的是将系列微电影整合后同名推出面向院线的长电影。由于每部微电影都可以单片传播，等项目形成一定影响力后还可以尝试再度创作修改剪辑一到两部小成本长片电影。再度创作不是简单的拼凑，而是在前期系列项目规划及创作阶段就已经考虑好怎么创作整合，以保证微电影和长电影的剧情相互补充、相得益彰，在同一个项目品牌下深度运作。长电影可以按照传统电影进行运作，争取院线发行，然后在电影频道、网络院线播映，以及其他渠道放送，《男得有爱》就是这样一种尝试，先是在网络上获得了过亿的点击量，而后利用丰富的前期拍摄素材、事先规划好的没有剧透的故事情节进行再度整合创作，既极大降低了成本，还在传统院线市场实现了盈利。如果一个微电影项目共有 10 部单个项目，就可以形成规模效应，一旦吸引到适宜品牌商务合作的话就可以减少一部分运作成本，加上网络版权分销、点映、电影频道外购销售、传统院线等资金回笼渠道，只要项目品质有保证，操作得当，就会有一定的盈利空间。高品质的微电影还是需要专业机构统筹谋划，由专业团队进行项目研发、生产。目前微电影制作机构的品牌尚未形成，一些大的影视机构可以整合自身优势资源，占领先机。通过多渠道的销售，甚至可以发行到国外并参加一些电影节。如果题材好，宣传得法，对应市场的需求，广告客户也会投入资金。

（四）赞助商的资金支持

由于微电影的特殊优势，有更多的赞助商把注意力转移到微电影上来，利用微电影制作周期短、时效性强、更贴近于大众生活等优势来进行对微电影的投资。这些赞助商对微电影进行投资的目的就是要凭借微电影作为一种艺术方式来吸引足够多的受众目光，从而达到对投资品牌的宣传目的，增加品牌的关注度。在2013年的北京大学生电影节微电影精品大赛中，由优酷“青年导演扶植计划”赞助出品的《绝世高手》、《刷车》、《2B青年的不醉人生》3部微电影一举获得了最受大学生欢迎微电影、最佳微电影、最佳编剧和最佳摄影4项大奖。优酷出品每年会从大量新锐导演中挖掘怀揣电影梦想、青春激情的优秀青年导演进行重点培养，从资金、技术支持、专业培训、宣传推广及专业输出到合作签约不同形式的扶植。五百、卢正雨正是通过优酷出品“青年导演扶植计划”脱颖而出，从而实现了电影梦想。2013年，优酷出品将会投入5000万元资金与资源，并成立由大师级导演：顾长卫、张婉婷、罗启锐担任导师的“青年导演导师团”继续大力扶植青年导演。作为优酷出品的这几部微电影借助这一视频传播平台，放映之初就获得了极高的点击率和关注度，优酷也正是因为赞助出品了这几部优秀的微电影作品为自己品牌做了宣传，增加了知名度，这不仅促进了电影艺术朝着更高的层次发展，也诠释了赞助商对当今微电影行业的支持和重视。

（五）微电影作品的版权出售

自从微电影刚出世就被给予厚望，微电影拥有开放的传播平台，除了在网络电视播出之外，还可以在手机、公交车和地铁站的移动电视等多种移动终端上进行重复播放，然而视频网站购买微电影的版权空间也逐渐扩大，各大网站根据自身的实力制定不同的策略和明确的发展方向。如新浪、优酷、土豆网、爱奇艺等网站都先后走上了微电影版权出售的道路，并且由门户网站自己出资打造微电影，例如：优酷出品、56出品和爱奇艺视频网站专门推出的微电影专栏，出售微电影版权也成为了视频网站借助制作微电影盈利的模式之一。微电影的版权问题得到了解决，微电影制作人的版权也得到了保护，这必将大大激发制作人的创作积极性，鼓励制作人制作出更加出色的微电影。目前，视频网站开始以微电影制作者的身份投身于自制战略中以求得超千倍的版权费用，也免于在激烈的竞争中利益受到损失。

（六）微电影相关产业的发展

随着微电影产业环境的不断改善，相对于互联网和电影产业，微电影在出世时就已经拥有了成熟的商业模式，微电影的盈利模式更趋向于产业链条的多元化。它的产业链条已初具规模。2012 年 3 月 1 日，在“微视频应用与运营模式”高端互动媒体论坛上作为中国首位提出“微电影产业化”的倡导者——华影盛视首席执行官 CEO 赵雨润先生首先提到：“‘产业化’是未来中国微电影领域最大的命题，每一个参与者都绕不开这个关注点。由‘营销、制作、播出、发行、衍生’几大环节链接而成的产业链，将会有大量新锐的公司和团体涌入，而谁能够做到‘上下融合、各处都有’，才能够获得持续性的发展和稳定健康的利润回报。”微电影产业规模化发展的原因在很大程度上是因为我们不断去探索微电影其他的盈利模式，特别是在微电影与音乐平台的合作和实体产品及其产生的更加密切的产品。微电影的热播可以为其相关的产品火爆销售带来颇高的效益，并且逐步完善微电影的文化产业链条和逐步克服微电影盈利模式中的弊端。

（七）微电影衍生品的开发

微电影诞生于2010 年，但是真正发展起来的时间也就是近两三年，可是它的发展势头却是非常强劲的。2011 年国内微电影的数量就达到了 2000 多部，2012 年微电影发展的势头更是迅猛。微电影发展的趋势如此汹涌袭来，并伴随着像中国国际微电影节、中国大学生微电影节等各类微电影节、微电影大赛如同雨后春笋般涌现出来，这些如此众多的关于微电影的相关活动所涉及的周边服务就是微电影的“衍生品”。“因为微电影的影响力还是很小，所以要开发传统的实体衍生品并不现实，在微电影的领域，衍生更多指的是这些相关活动”，赵雨润说。这些活动包括了微电影论坛、微电影节、微电影评选等，这些衍生活动的展开也就印证了微电影产业发展的势头。随着微电影产业化的不断发展，除了电影节一类的衍生品外，由微电影为素材的书籍、玩偶、玩具、微游戏、微动漫等也将不断出现。

四、结语

2010 年至今微电影一直在蓬勃发展，其数量、种类之多，速度之快令人惊讶。但是就目前而言，我国的微电影还没有走上真正的产业化运营道路，网络免费播放还是微电影的主要运营方式。本文从深度和广度两方面论证了微电影的商业价值和盈利模式，论述了传统的与品牌商家开展全面的广告合作的微电影运营模式；赞助商的品牌宣传的公益赞助的资金支持模式；未来具有很大发展潜力的微电影作品的再创作模式、微电影作品的版权出售模式、微电影衍生品和周边产业发展模式。笔者认为随着微电影势力的壮大、经济的发展、技术的进步与完善、受众知识产权意识的提高，实现微电影的盈利目标指日可待。也许不久的将来微电影也会像传统的电影电视一样，实现产业化的发展。

参考文献

[1]文化投资．微时代的蓝海战略——对话华影盛视 CEO 赵雨润[EB/OL]．腾讯科技．[2011 - 10 - 13]. http://tech. qq. com/a/20111013/000256. htm.

[2]百度百科．微电影[EB/OL]．[2015 - 04 - 10]. http://baike. baidu. com/view/4342291. htm.

[3]唐绪军．中国新媒体发展报告 No. 5(2014)[M]．北京:社会科学文献出版社,2014:3.

[4]叶志飞．浅谈微电影的商业价值和发展前景[J]．现代商业,2012(6):47.

[5]DCCI 互联网数据中心．中国网络视频蓝皮书[EB/OL]．[2012 - 06 - 27]. http://www. baidu. com/baidu? tn = 56060048_4_pg&ie = utf - 8&ch = 1&word = % E4% B8% AD% E5% 9B% BD% E7% BD% 91% E7% BB% 9C% E8% A7% 86% E9% A2% 91% E8% 93% 9D% E7% 9A% AE% E4% B9% A6&searchRadio = on.

[6]朱亚利．对微电影营销策略及盈利方式可能性的探讨[J]．新闻界,2013(13):53 - 55.

[7]百度百科. 盈利模式[EB/OL]．[2015 - 04 - 23]. http://baike. baidu. com/view/1581222. htm? fr = aladdin.

[8]常琳,叶非．微电影盈利模式初探[J]．中国电影市场,2013(5):27 - 29.

[9]赵嘉伟,王立学．微电影的商业空间[J]．视听界,2012(12):67 - 68.

[10]新华娱乐. 大学生电影节微电影大赛揭晓优酷出品获四项大奖[EB/OL]．[2013 - 04 - 27]. http://news. xinhuanet. com/ent/2013 - 04/27/c_124640391_3. htm.

[11]赛迪网．华影盛视赵雨润论微电影八趋势产业化成焦点[EB/OL]．[2012-03-01]．http://tech.qq.com/a/20120301/000436.htm.

[12]北京商报．剖析微电影产业链的五大环节[EB/OL]．[2012-12-07]．http://tech.163.com/12/1207/00/8I35NK9I000915BF.html.

[13]陈杰，肖湘女．剖析微电影产业链的五大环节[EB/OL]．[2012-12-17]．http://www.bbtnews.com.cn/news/2012-12/07000000201558.shtml.

我国文化管理模式的创新路径研究

Studies on the Culture Management Model of China

庞　敏①

Pang Min

摘要：政府在文化管理中的角色，往往会影响国家文化建设的走向和文化发展的水平。现阶段，我国政府的文化管理模式仍在不断探索当中，本文针对政府对文化管理和市场的干预程度，从政府在文化管理中的角色出发，将我国文化产业管理模式定位为大政府的直接管理。通过借鉴西方发达国家文化管理模式的成熟经验，结合我国文化管理中存在的诸多问题，提出了优化我国文化产业管理模式的具体路径。

关键词：文化管理模式；政府角色；直接管理

Abstract: The trend of national cultural construction and the level of cultural development tend to be influenced by government's role in cultural management. Currently, China is in the initial exploration stage of cultural management, and there are still many problems. The paper starts with government's cultural management and its market intervention, and proceeds with government's role in cultural management, while positioning China's cultural industry management mode as the direct management mode of big government. By drawing on mature experience of cultural management in western countries, taking into consideration problems in China's cultural management, the paper comes up with suggestions for improvement of China's cultur-

---

① 庞敏，中国海洋大学国家文化产业研究中心文化产业管理专业研究生，研究方向为电视产业发展与商业模式创新。

al management mode.

Key words: cultural management mode; the role of government; management system

作为文化管理的主体，政府是我国文化政策产生的主要场所，政府的文化管理模式，对国家未来文化发展、文化走向有着不可替代甚至决定性的影响。

一、我国文化管理模式

新中国成立之后，我国文化事业作为意识形态的附属而存在，文化管理体制也是基于计划经济体制建立起来的。改革开放以后，文化体制改革提上日程，文化的产业化发展在中国经历了一个从无到有的历史过程，自 1998 年国家文化部成立文化产业司到 2003 年中央政府明确文化体制改革方向，再到 2013 年十八大强调发展文化产业成为国民经济支柱型产业，文化产业在国家层面上受到了前所未有的关注与重视，政策层面也逐步明确了文化事业和文化产业“两条腿走路”的基本方针。

成熟的文化管理模式，要符合本国历史传统和现实文化状况，具有一贯性、稳定性和系统性。我国文化管理属于“大政府”的直接管理模式：中央文化部统一制定宏观文化策略，把握文化方向，地方政府根据自己的实际情况制定地方文化规划，利用行政手段制定和执行地方文化政策。这一模式的形成同我国计划经济体制的历史和社会主义初级阶段的基本国情一脉相承，同我国民主集中制和社会主义初级阶段的发展现实相适应。

现阶段，我国文化建设的过程中仍然面临着文化地区发展失衡严重、文化市场资源配置率低、文化对精神建设带动能力疲软、传统文化面临外来文化冲击等诸多问题。在互联网产业兴起并改变文化产业整体格局的大背景下，脱胎于计划经济体制的文化管理模式已经不能适应新形势的变化。我国文化体制改革起步晚，文化市场机制不健全，各地文化复杂性和差异性大等问题，也对传统的文化产业管理模式提出了挑战。政府职能在文化领域内的体现是政府的文化职能，由管理型政府转型到服务型政府涉及文化体制改革等复杂因素，仍有很长的一段路要走。在这个过程中，从中观和微观角度，我们可以借鉴国际上比较成熟的文化管理模式，提高政府的管理水平和管理能力。

二、国外成熟文化产业管理模式及典型案例分析

全球化进程的加速使得国际文化发展的极端化愈加严重，不同国家政治制度、经济发展状况、文化传统千差万别，文化管理模式也不尽相同。我们在警惕国际文化霸权主义的同时，也要在竞争中学习国外较为成熟的文化管理模式，研究和借鉴先进的管理经验，反思目前我国文化管理中存在的主要问题。本章以政府对市场的干预程度及国家文化结构作为切入点和衡量标准，将国际上较为成熟的文化管理模式分为：直接管理型、间接管理型和一臂间隔型三种模式。

（一）直接管理模式：合约式管理的法国政府

直接管理模式，即利用中央集权，通过文化部来为全国文化发展制定框架，对全国文化事业进行直接调控和管理，体现政府管理微观经济的意图。法国的文化管理模式属于典型的直接管理，国家利用完善的机构设置，坚持政府在国家公共文化行业中发挥主导作用，通过财政力量支撑民族文化兴盛。

法国文化部是中央政府文化的主管行政机构，统一对全国的文化事务实行直接的协调管理，不仅直接管理各大区的文化部门和国立文化机构，在文化立法以及资金分配方面也拥有极大的权力。法国政府还成立了各行业独立委员会等行政分支机构以及地方文化事务司，保障国家文化政策的高度统一。法国文化管理的目标是保护民族文化，为了保障地方文化发展的活力和灵活性，政府垂直文化结构的管理采取签订文化协定的契约形式确保管理目标的实现，并通过财政手段减免文化企业税收，鼓励社会发展文化企业、保护民族文化的热情和积极性。对于营利性的文化产业，政府则是采用完全的市场手段进行调节。面对国际文化霸权主义的崛起，法国政府一方面通过法律、税收政策扶持本国文化产业发展，如在广播电视节目中通过差别税收来扶持法语广播电视节目，一方面在国际谈判中坚守阵地。早在 1982 年，法国部长雅克·朗就提出了著名的“文化例外原则”，反对将文化产品列入关贸总协定的自由贸易范围，对本国文化实行贸易保护。

法国的文化管理政策主要通过逐步完善国家文化行政管理结构、法律法规和调节文化预算实现的，这种大部制的直接文化管理模式，也使得法国这个地理小国成为文化大国。但政府针对公共文化发展采取的高额的财政支持、补贴以及税收优惠等政策，也使得政府在运转的过程中被迫面临财务危机等问题。

（二）间接管理模式："无为而治"的美国模式

间接管理模式，强调弱化政府在文化管理中的角色分量，发挥社会组织和文化企业在文化发展中的作用。作为世界上最大的文化产业强国，美国是采取间接管理模式最典型的国家。

美国没有严格意义上主管全国文化事务的文化部，全国文化的最高决策机构实际上是作为白宫文化政策顾问的总统艺术与人文委员会，主要负责研究文化方面的政策问题。联邦政府设有国家艺术与人文基金会，基金会及其下设分支机构主要负责落实联邦政府制定的文化艺术政策及活动计划。美国各州、县、市政府都设有作为文化艺术理事会作为地方政府的办事机构，这些基金会和办事机构均没有行政管辖权，但却通过与民间组织的密切联系，对美国文化发展起着指导、协调和组织的作用。各类中介机构、协会、基金组织等组成的社会文化服务体系，形成了民间导向的文化发展形式。

美国政府原则上不干涉具体文化产业项目的运作，采取社会办文化的方式，保证国内文化产业发展具有宽松的社会环境，消除文化产业发展的政策性壁垒。政府对国家文化发展的调控，主要通过经济和法律手段进行，为文化企业提供完备的发展环境。美国法律不但通过《文娱版权法》、《反电子盗窃法》、《合同法》等直接保护文化产品和文化生产者，还通过《国家艺术及人文事业基金法》、《联邦税法》等相关法律条文从经济上对非营利性文化事业和文化产业发展进行支持，如《国家艺术及人文事业基金法》规定国家实行"非营利免税"相关政策，联邦税法明文规定，文化企业可以获得税赋支持，个人和企业向法律指定的一系列文化组织捐赠款物，也可以享受减免税收优惠。在美国的文化管理模式下，一切文化市场行为按照市场经济的要求和贸易规则运作，政府主要从资金、市场、就业政策、税收、监管等非行政方面进行监管。

（三）一臂间隔模式：三级管理的英国

一臂间隔①作为一种分权式的文化管理模式，结合了直接管理和间接管理的优势。这一模式下，政府在文化管理和产业发展中扮演着重要角色，但并不直接干预文化资本的投入和分配，在文化管理的过程强调中介机构作用的发挥。

① 一臂间隔原指人在队列中前后左右保持一臂长的距离，"一臂间隔"最先用于经济领域，指母公司与子公司、厂商与经销商等具有隶属关系的经济组织，日常经营活动中具有平等法律地位，并不相互支配。

英国文化管理模式是典型的“一臂间隔”模式。这一模式下，政府并不直接管理文化机构和文化企业，两者之间有一定的距离，政府通过接受中介机构的建议和咨询，调整文化政策，并通过中介机构对文化机构或企业进行拨款、监督和评估。在文化管理的组织架构上，英国主要实行三级文化管理模式：一级的文化、新闻和体育部为中央级管理机构，统领全国文化、新闻和体育事业，负责制定文化政策和统一划拨文化经费；二级是各级政府及非政府公共文化机构，即各类半官方的文化艺术委员会，负责执行文化政策和具体分配文化经费。三级是基层地方政府及地方董事会、文化联合组织，负责具体文化经费的使用。这三级管理机构各自独立，无直接的行政领导关系，但政府通过制定和执行统一的文化政策，逐级分配和使用文化经费，相互紧密联系在一起。在具体的运作中，政府不直接与文化艺术团体发生关系，政府文化政策的实现主要是通过间接的经济手段和财政支持，辅以必要的行政手段。发源于英国的“一臂间隔”原则还得到了加拿大、澳大利亚等发达国家的广泛认可，这些国家普遍建立起了对文化艺术进行资助的准政府国家机构，有效贯彻分权原则、削减政府对文化发展的直接义务和管理责任，尽可能动员各种社会资源发展文化，减轻政府发展负担。

法、美、英国的文化管理模式虽各具特色，但无论是法国的直接管理模式，美国的间接管理模式还是英国的“一臂间隔”，政府均不直接干预文化的具体生产，而是通过各类中间机构或签订文化契约等形式进行文化管控。政府与文化企业、文化组织分工明确，政府为文化发展提供战略指导，扶持公共文化服务，完善文化产业发展的法律环境（见表1）。

表1：中、法、美英三国文化管理模式对比

国家	文化管理模式	中央文化管理机构	组织架构	特 点
中国	直接管理	文化部	民主集中制	政文合一，政府协调文化事业与文化产业发展
法国	直接管理	文化与信息部	契约式管理	政府通过签订契约的形式对地方文化事务实行直接管理
美国	间接管理	无	民间导向	政府对文化发展实行弱控制
英国	“一臂间隔”	文化、新闻和体育部	三级管理	中央与地方采取“一臂间隔”的三级管理模式

由于社会制度、文化体制、具体国情等方面的不同，我国在探索自身文化管理模式过程中形成了同西方国家截然不同的个性和风格。党的十六届三中全会明确提出要“逐步建立党委领导、政府管理、行业自律、政企单位依法运营”的管理体制，十八届三中全会提出了要“建立健全现代文化市场体系，构建现代公共文化服务体系，提高文化开放水平，推进文化体制机制创新”的发展目标。这是与时俱进，符合我国文化管理的实际国情和社会文化发展战略思想的。由于各地方经济、文化发展差异性大，我国文化管理模式尚不成熟，在探索的过程中呈现出诸多问题。

三、前途光明，道路曲折

我国的文化管理处于直接管理的初级探索阶段，政府在文化管理中仍存在着角色不清，行政色彩浓郁，政府管理角色错位、越位与缺位，部分地方文化政策迟缓而被动等诸多问题，主要表现在以下几个方面。

（一）文化管理体制上存在职能不清，机制不活，管理僵化等问题

经过20多年的改革发展，我国在文化管理体制改革上取得了极大的成果，确定了党委领导、政府管理、行业自律等原则性问题，但在具体的运营过程中，条块管理仍是现阶段我们文化管理体制中最大的问题，“条”指部门计划系统即按照国家的行政管理组织体系，强调纵向的“归口管理”；“块”为地方计划系统即按照行政区划体系，强调各级地方党委和政府的属地管理，条块分割的管理，形成了我国文化产业发展和文化事业建设所面临的两个最重要阻碍：第一，多头管理，权责不明。条块管理本质上是既使用部门计划体系又使用地方计划体系，各政府部门对文化产业进行交叉式的管理。国内十余类文化行业的管理通常被分散到文化部、新闻出版总署、广电局、旅游局、版权局、信息产业部、工商行政管理局、税务局等管理部门中，同时各级政府又在自己的行政范围内，对地方文化产业进行规划和管理。我国条块分割的管理框架，理论上遵循上级部门指导业务，同级地方政府统管人事和财务，以明确组织和分工。但由于社会的发展、地方实际情况的复杂性和文化的特殊性，中央集权和地方分权的矛盾突出，行政关系上下政策不一也是常态，具体文化企业和文化组织往往很难清晰地归属到单一产业中，这种模式下极易造成政出多门，权责不清，管理效率低下，资源浪费，政策执行混乱的问题。第二，在条块分割下，跨地区，跨行业资源整合阻

力大，区域经济壁垒问题突出。政府依靠合法的行政架构，以行政手段为主，借助经济和法律手段，限制本地区文化产业资源的流出，跨地区文化运营行政壁垒林立，整合航母式的文化产业集团阻力众多，文化发展的规模不经济特点突出。

（二）文化管理手段以行政管理为主，法律调控力度不足

与法国、德国等的直接管理模式相比，中国在管理手段上主要依靠行政管理手段，财政、法律支持不足。我国文化管理中的行政手段，主要是指采取行政命令、方针、政策、指示、规定、决策等措施，来调节、管理文化产业和文化事业，以保障文化生产经营活动顺利进行和文化事业的繁荣。这符合我国一贯的文化传统，利用行政手段在宏观上统一政策，便于协调行动，促进文化管理的规范化，根据地方经济发展的速度，引导文化生产的方向，文化市场布局及文化消费指向，有利于国内文化生产的稳定性，合理引导文化市场的发展。但与此同时，我国在文化法律环境的支撑上存在明显的不足。20 世纪 90 年代以来，我国的文化立法工作有明显的进步，《著作权法》、《专利法》、《商标法》、《文物保护法》、《娱乐场所管理条例》等相继出台，但发展文化产业必备的《电影法》、《新闻法》、《广播电视法》等专项法律仍然处于空白，文化产业发展缺乏严谨的法律保护和支持。2010 年，《关于金融支持文化产业振兴和发展繁荣的指导意见》为我国完善文化产业发展的金融信贷系统提供了一个良好的开端和宏观指导。但这仍不能满足我国文化管理和产业发展的需要，执法机制不健全，“无法可依”、“有法不依”的现象仍然十分突出。除此之外，中国文化产业在运作中也缺乏行业协会、基金会等非政府行业管理组织的协助。

（三）面面俱到的管理内容，政府“办文化”特点突出

文化产业的发展是一个庞大的系统工程，有些问题可以通过当地政府的努力来实现，有些则需要市场自行运转来解决。目前我国政府在管理中往往习惯性大包大揽，事无巨细地“照顾”文化企业单位，扶持其生产甚至直接参与各种文化生产组织的管理，政府与文化经营单位之间的责、权、利尚未理清。这种文化管理的初衷是好的，但全面管理的模式一方面增加了政府的负担，降低了政府运行的效率，另一方面因为政府的过度干预造成的市场失灵和市场被动惯性，则会造成资源的浪费。地方政府在发展文化产业时往往会贪大求全，“文化大省”、“文化大市”、“文化大镇”、“文化大乡”的口号此起彼伏，文化政策纲要从格式到语言、从口号到目标，都给人似曾相识，千篇一律的感觉，一些地方政府既当

球员也当裁判，政府管理意识仍然停留在“办文化”，而不是“管文化”上。扶持文化产业，被定义为“做大做全做强”，力争“人无我有”，而不是突出地方特色，做专做精。在这种思想指导下，文化产业规模小、产业链不长、产品档次低、产品没特色这些弊端成为一种不可避免的必然。

四、政府文化管理模式的创新路径

我国文化管理模式的不断完善，根本目标在于满足消费者日益增长的文化需求，将我们的文化大国打造成文化强国，对外输出我国的文化价值，在国际文化竞争中立于不败之地。推行文化管理模式改革，首先要明确，基于我国的文化发展及社会实际，现阶段最适合我国国情的，仍然是直接管理模式，本文所提倡的改革，更多的是针对管理体制的改良和管理手段的优化，也可以称为直接管理下的“改良主义”。

（一）核心：明确政府在文化管理中“服务者”的角色定位

各级政府发展文化产业，建设文化事业，改革文化管理模式，首先要清晰自身的职能定位和角色定位，改革过去“所有者”身份和“办文化”思想，由以往的文化管理者甚至依靠行政手段的文化利益争夺者，到真正的文化产业发展的服务者。明确政府直接管理是指管理结构上的直接管理，而不是管理手段和管理方法上的过度干预，减少政府具体运作中的行政强制手段，增加经济刺激和法律保障。认识到相当长一段时间内，官本位意识、人员分流阻力，仍然会是文化管理体制改革的主要障碍。对现有政府文化管理职能进行系统、清晰的调研之后，根据文化发展实际做出政策选择。

（二）方向：小政府，大部制

通过前文对三种成熟文化管理体制的分析，我们清晰地发现不同国家虽然会采取不同形式的文化管理机制，但成熟文化管理模式，均重视尊重市场运作规律，且政府均不直接干预文化产业的具体内容和形式，而是通过中介代理机构，或通过签订文化契约等形式使政府脱离于具体的项目中，以小政府的形式充分调动机能，实现对社会文化事业宏观的决策与管理。因此，文化管理中高效的政府，一定不是面面俱到的大管家，而是有的放矢，抓住重点的小政府。

现阶段，我们的文化管理处于条块分割格局，这种格局带来了管理上的矛盾和困难，文化部门整合是必然趋势。发展文化产业，必须革除多头管理的弊端，按照行政管理和市场经济的内在规律，建立精简、高效、廉洁、权威的文化政府管理体制。推动从中央政府到地方乡镇文化体系大部制改革的进行，减少不必要的区域经济壁垒和行业经济壁垒，通过法律，完善文化管理中的权责关系。

（三）突破口：完善政策法律系统

美国“无为而治”的文化政策之所以能够使其成为一代文化霸主，完备的法律环境是其最重要的条件之一，健全的法律，在约束文化单位行为的同时，为文化企业发展提供了法律保障。现阶段，我国推行文化体制改革和文化管理模式改良面临重重阻力，以法律建设作为突破口，一方面可操作性强，可循性强，面临的政治阻力小。另一方面，完善政策和法律条文，改善我国的立法、执法、守法、司法中的各个环节，符合我国依法治国的大正方针，对于完善我国法律体系建设，具有重要意义。

1. 有法可依

法律政策的权威性，法律政策的有效性，来源于法的权威性和庄严性。目前国内文化产业法律政策形同虚设的一个重要原因，就在于法律在制定阶段就缺乏这种法的权威性：目前诸多地方文化发展规划，是在少数学者研究和论证中产生的，没有经过广泛的讨论和论证，甚至是缺乏调研就被“拍脑袋制定”下来的。因此，很多法律条文，虽然是由政府部门发布，但其权威性仍不是很高，在社会和业界的影响力仍十分有限，实施起来的可行性就更加可想而知了。

法律政策的全面性在于两个方面：规范性法律和鼓励性法律。文化事业繁荣和文化产业发展，首先需要规范性法律条文，使文化管理有法可依，通过诸如《知识产权法》、《拍卖法》、《电影法》等专项法律的完善，明确行业发展的法律边界，为行业健康发展，提供法律保障。其次市场蓬勃发展还需要鼓励性法律条文，以鼓励社会投资文化事业、发展文化产业的积极性。如美国政府制定的“非营利免税”政策，通过《国家艺术、人文基金会法》、《联邦税法》等税收政策鼓励社会各界投资文化事业。法国根据社会参与文化赞助活动的社会实践，先后制定了《企业参与文化赞助税法》、《文化赞助税法》、《共同赞助税法》等一套文化赞助税收体系，既使得企业参与社会事物的权益，也鼓励了企业参与公共文化事业的热情。

2. 有法必依、执法必严、违法必究

有法可依作为依法治国的关键，是中国法律建设工作的重中之重，有法不依

的现象，也是现阶段我国文化管理中最严峻的法律难题。如《广告法》、《药品管理法》、《药品管理实施条例》等法律条文对药品、医疗器械广告有着详细的规定，但现阶段各地方电视节目、报纸副刊中仍然有无数违规甚至违法的医疗广告充斥于眼。除了公民和企业的法律意识淡薄，我国目前广泛存在的违法成本过低是一个主要问题，在文化管理具体的执法过程中，执法不严、违法不究，法律的权威性和重要性没有被摆放到应有的重要位置。

3. 法律对投融资体系支撑

除了改进具体的法律环节，文化建设和文化管理作为市场经济的产物，还需要投融资体系的支持。我国文化建设中的大部分行业属于回报周期长，投资风险大的产业。行业发展缺乏法律支撑的一个直接的后果，表现为投融资体系的不健全，产业建设、发展缺乏社会资金支持。2010 年，政府《关于金融支持文化产业振兴和发展繁荣的指导意见》，宏观地阐述了金融业支持文化产业的系统，为金融业支持文化产业发展提供了一个良好的开端。但同成熟的金融体系相比，我国在金融政策系统仍存在很大的不足，如发达国家政府往往极其重视社会捐赠对于文化事业的发展，为了让社会捐赠成为文化事业资金的重要来源，发达国家主要是通过减免税政策、发行国家彩票、政府“陪同”赞助、通过机构会员费形成私人捐助和鼓励企业捐资文化产业等做法促进文化融资，成效十分可观。

文化事业的作用，不仅仅是提供舆论导向，文化产业的发展，也不仅仅会拉动就业，促进经济发展，文化的力量，更多的在于国民性的塑造和民族文化延续。改革国家文化管理模式，除了从政府角度出发，重新将政府的角色定位到“服务者”，转变政府的文化管理职能，还应该完善文化管理机制和主体，实现政府管理、社团管理、民间管理、部门管理和市场管理的共同进步。

参考文献

[1]曹峰旗，贾小鹏，张国昌．英国“臂距”文化管理模式与启示[J]. 商场现代化，2007(11)：55－57.

[2]王钦鸿．论转型期文化产业发展中的政府职能[J]. 山东理工大学学报，2006(05)：12－16.

[3]王文锋．我国新闻出版业的“行政区经济”现象：成因、影响与变革[J]. 编

辑之友,2012(3):17－19.

[4]郭俊华．构建和谐社会的根本保证:政府职能的转变[J].西北大学学报,2006:11.

[5]韩骏伟,胡晓明．文化产业概论[M].广州:中山大学出版社,2009:88.

[6]郑苒.发达国家形形色色的文化融资手段[N].中国文化报,2013－12－05.

新经济形态下我国艺术设计创意型人才的培养战略

Training Strategy of Creative Talent of Art and Design under New Economic Mode

乔 梁 祝锡琨①

Qiao Liang Zhu Xikun

摘要：设计经济时代的来临宣告经济空间大规模自我变革的开始，其带来的经济效益强有力地带动了企业、产业甚至是国家的发展与壮大。在新时代里创意生产力作为经济发展的根本动力发挥着重要的作用。而作为其核心群体的艺术设计创意型人才则是这股强大生产力的重要驱动力量，因此对其的培养就显得十分重要。笔者试图系统地从生产力与生产关系、经济发展的角度来阐述我国艺术设计创意型人才发展的基本问题、重要性以及其培养战略。

关键词：设计经济；创意生产力；创意型人才；培养战略

Abstract: The arrival of the design economic era heralds the beginning of the economic space's large - scale self - reform, whose economic benefits give strong impetus to the development and expansion of enterprises, industries, and even the whole nation. In the new era, creative productivity plays an important role as fundamental impetus of economic development. And as the core strength, the creative talent of art and design is the important driving force of the powerful creative productivity, so the cultivation of such personnel is very important. This paper tries to expound the basic problems, the significance

---

① 祝锡琨，大连工业大学艺术设计学院副教授，研究方向为文化产业管理与视觉哲学；乔梁，大连工业大学艺术设计学院研究生，研究方向为视觉传达与品牌传播。

and training strategy in the development of Chinese creative talent of art and design systematically from the perspective of productive forces and productive relations, as well as economic development.

Key words: design economy; creative productivity; the creative talent; training strategy

一、设计经济时代

（一）新经济形态的来临

当全球经济步入网络时代后，经济空间发生了史无前例的变化。一方面发达国家加快了对制造业的掠夺与扩张，另一方面来自越南、印度尼西亚与印度等发展中国家的竞争压力也在不断扩大。受全球经济的不稳定性影响，原材料、能源和土地价格浮动率增大，劳动力成本、环保成本等要素成本增加，以及针对出口的税收优惠逐渐减少；再加之国外贸易壁垒更使国内标的难以出口。低成本是“中国制造”在国际竞争中胜出的主要武器。20 年前正是价格低廉的劳动力、土地和能源引导制造业从台湾、香港以及马来西亚等地区转移到中国大陆。但当下中国正逐渐丧失这一竞争优势，现有一大部分制造业正从中国向越南、印度等地转移，其对我国产业链造成了很大程度的冲击。

在经济空间自我变革的同时，世界工厂加工仿制的加剧更使得同质化标的日益增多、标的的同质化日益增强。各企业在同质博弈的殊死较量中发现了差异化设计战略，用以扩大销售范围，提升企业效益。不曾想到，设计的蝴蝶效应不仅加快了全球产业的升级步伐更是促进了全球产业链与经营模式的变革。设计经济时代的来临宣告着经济空间大规模自我变革的开始，其带来的经济效益强有力地带动了企业、产业甚至是国家的发展与壮大。在 21 世纪这个讲究风格及品位的美学时代，设计经济作为一种崭新的经济形态已然走在历史舞台的最前沿。

（二）设计经济的内涵

设计经济是以知识与信息的生产、分配、使用与管理为基础；以创意型劳动力与科学技术为主要依托；以文化、创意、设计为支柱；以文化创意产业为核心，追求网络化、差异化、个性化。这是人类步入知识经济时代出现的一种新型经济形态，它是知识经济的必然产物，是知识经济时代进化的结果。设计经济与农业经济、工业经济、知识经济相较而言，它是一种具有知识网络化、信息图像化、文化创意型等特点的美学经济。

设计经济作为知识经济时代出现的新经济形态承担着新的历史任务即生产力与生产关系的变革。这种变革给世界各国带来了市场对产业结构作为一个经济系统整体产出的新要求以及各国经济转型的新方向。可以说传统经济空间的饱和孕育了新经济形态而新经济形态的出现则开辟了新的经济空间，这不仅代表了社会经济发展的新方向，也是对人才培养提出了的新要求。

设计经济的来临，意味着农业经济、工业经济甚至是知识经济这些旧经济形态的消退。意味着人本主义的回归、意味着人的价值主张与责任在经济发展中得到充分的体现、意味着社会的发展从标准化、规模化、讲究效率逐渐导向差异化、个性化、网络化、无结构化。这种变化逐渐促使各个行业发生深刻的转变与融合；而我国艺术设计创意型人才的培养却没有与这种经济形态相适应，仍然还在原来的培养模式下对艺术设计创意型人才进行培养。这就严重影响了我国设计经济的发展与繁荣。

（三）新型产业的兴起

设计经济的出现不仅促进了传统经济发展方式的转变更是代表了最为先进的生产力与生产关系登上历史舞台。新型生产力与生产关系的出现则标志着新型产业的来临，这便是如今人们热衷谈论的文化创意产业。文化创意产业是设计经济时代产业经济形态的具体表现，它作为设计经济发展的重要力量，不断地为设计经济提供发展动力。从整体上来看，文化创意产业是将文化资本同设计创造力激发的创意资本进行有机整合，进而引入新经济形态系统的新型产业。其主要特点是借助信息、知识的形式把文化艺术、科学技术、产品服务同商品市场有机结合起来，为消费者提供一种能满足消费者物质与精神需求的文化消费。

文化创意产业较于三大传统产业的核心优势在于其产业价值的增值并非仅限于其本身而是对整个相关产业链的价值增值。在设计创意创造价值的同时也在为整个产业链条创造价值。而消费者与设计创意之间的互动关系，又变向地影响着上下游的供给产业，从而形成了一个循环往复的生态联动产业增值模式。文化创意产业就是通过这种联动模式与三大传统产业协同发展从而实现了对传统经济增长方式的全面转变；这不仅优化了地域产业结构还大大提升了其产业效益、延伸了其产业价值。

（四）新时代的机遇与挑战

近些年来，世界各国文化创意产业产生的效益是有目共睹的。例如，英国在不到十年的时间里，相关产业创造的收入从 6 亿英镑蹿升到 1000 多亿英镑，从业人员从不到十万人发展到近二百万人。目前，英国文化创意产业经济的增长速度为 12%，其价值增长是其服务业的两倍，是制造业的四倍，文化创意产业已然成为英国缔造财富的第二大产业以及其就业的第三大重要产业部门。近年我国各大省市积极地推进文化创意产业的发展，取得了一定的成绩。联合国创意产业部部长埃德娜就曾说道："数字化的创意内容、出版和设计等最具竞争力的创意产品，使中国占据了新兴创意产业亚洲出口的领先地位，相关贸易额达到上百亿美元。"

设计经济正深层次地改变着世界经济格局与发展态势。设计经济形态理念的提出，其意义不单单在对其所涉及的产业内容进行重新分类与归纳，更是强调在新经济形态下世界各国的经济结构、市场发展、企业组织与运作甚至是人才的教育与培养都要与设计经济相适应、相调整，从而获得更好的发展。

二、创意生产力与艺术设计创意型人才

（一）创意生产力登上历史舞台

生产力是经济社会发展的根本动力，生产力决定着经济社会的产业发展等级，生产力发展水平越高，相应的产业发展等级也就越高。从人类历史的发展来看，人类从原始采集、狩猎到第一产业的出现，其后逐步有了第二、三产业的产生及其发展；其根本原因就是在于社会生产力的不断解放与发展。时至今日，新经济形态代替了传统经济形态走在历史舞台的最前沿。应运而生的第四产业的兴起宣告最为先进的生产力登上历史舞台，这就是创意生产力。

现如今，创意生产力正逐渐地壮大起来。据有关数据显示，目前创意生产力占美国与加拿大国内生产力总份额的 30%，占丹麦、瑞典等北欧国家的 40%，占新加坡的 45%，而在伦敦、纽约等资本高度集中的地区则超过 50%。换句话说，工业时代中 50% 的生产力在工厂工作；而现在，在设计经济时代中部分发达地区已经有 50% 的生产力在进行创意生产了。这充分地证明了创意生产力登上了历史舞台并发挥着十分重要的作用。

(二) 创意生产力的独特性

创意生产力来源于人类的创造力、最大价值在于其本身独特的原创性，最大特点在于其思维维度的广度与深度。它是基于一定的文化背景而形成与迸发，其思维过程高度个性化。主要表现在如下几个方面：

1. 价值的创造

创意生产力创造的价值不单单是有形的还是无形的。它不易被界定与量化，并且其价值发展又有着无限的空间。在创意经过文化发掘、资源配置、价值转化、创意手段等过程，创意的价值开始产生。从创意作品的出售、授权到其衍生品再到其价值延伸及价值输出都充分表明了创意生产力无穷的价值创造。可以说创意生产力的价值创造是多元的，除了其本身的固有价值还创造了相应的经济价值、文化价值、社会价值、生态价值。

2. 设计转化的过程

创意生产力的价值创造并非是直观的，它是需要进行设计转化的。经过文化发掘、资源配置的前期准备，创意开始进行价值转化和创意手段的过程，这一过程即是创意生产力的设计转化过程。

3. 文化的土壤

创意生产力属于知识型生产力的范畴，其本身就需要依赖文化的积淀、需要一定的文化内涵。可以说凡是创意生产力能成功带来巨大效益的，其所蕴藏的文化内涵一定很高。因此，创意生产力对于文化的依附性就很强，当然创意生产力对于文化的发展也是有着巨大的推进作用的。

(三) 创意群体

创意生产力的出现，必然会相应地出现一个新的生产力主体，他们将引领人们走向一个富有创造力的世界。这个创意群体的显著特征就是群体中的人们从事着富有“创造力”的工作。他们大体可以分为两类，一类是“创意核心”，包括艺术设计创意型人才、工程师、大学教师、科学家、诗人与小说家等；另一类是现代社会的思想先锋，包括智囊机构、分析家、非小说作家、文化人士等。这些富有创造力的人们思想独立并深爱着他们所从事的工作，直到实现自我的最终价值。他们的财富来自他们的创造，同时他们拥有非常相近的品位、愿望以及个人偏好。

(四) 发展艺术设计创意型人才

从西方国家创意生产力的发展来看，艺术设计创意型人才对于经济发展的壮大有着不可磨灭的影响。但是人们对于艺术设计创意型人才却没有广泛而深刻的认识，这一点在我国尤为突出。这就导致了创意生产力主体发展落后，进而大大影响了创意生产力的前进步伐；而其生产关系却引起了过度的关注，这就导致了区域设计经济运作模式的混乱。

专家预计，设计经济未来在我国将保持15%的速度增长，但其前提是生产力主体的发展与壮大。而创意生产力主体的发展又是靠其核心群体的发展而发展，因此作为其主要创意核心群体——艺术设计创意型人才便成为了创意生产力发展的重要驱动力量。人民群众的创造力关乎一个国家的未来发展。如果说在设计经济时代中一个国家的艺术设计创意型人才匮乏，其发展与进步也就会停顿下来；最终在激烈的国际竞争中成为被动挨打的对象。当下我国正经历产业转型、转变经济发展方式的关键时期，因此，我国就必须要在这个设计经济时代里大力发展设计经济、大力发展创意生产力、大力发展艺术设计创意型人才，为我国经济的繁荣与发展、综合国力的进一步提高，开辟新的空间。

三、我国艺术设计创意型人才的发展与培养现状

(一) 宏观发展现状

1. 产业发展的恶性循环

随着新经济形态的来临，创意生产力登上历史舞台。然而创意生产力的崛起却没有引起我国学者及专家的足够重视。与之相反，新型的生产关系却引起了过度的专注，这就导致了我国创意生产力与生产关系的失衡。我国创意生产力得不到应有的重视使得创意生产力主体发展不足。而创意生产力主体发展不足又导致创意生产力的主要核心群体——艺术设计创意型人才发展乏力，进而又反作用于创意生产力主体导致其发展迟缓最终导致创意生产力发展乏力。从而致使第四产业发展迟缓、产业运作模式产生混乱。这一现状就使得我国艺术设计创意型人才就业困难、发展乏力。就目前来看，我国艺术设计创意型人才就业形势主要有以下特点：

(1) 招聘单位规模小，以私营为主。主要是一些小型的设计公司或工作室。

(2) 招聘需求地域差异明显、工作类型有别。在经济发达地区艺术设计创

意型人才主要是做设计工作，而在二、三线城市艺术设计创意型人才则成为广告制图员的一个代言词。

（3）艺术设计创意型人才薪资水平与工作待遇总体较低与国外截然不同。

（4）在国内艺术设计创意型人才主要从事“图上工作”，很少有真正触及到创意生产阶段工作的。因为，国内大多数企业涉及创意生产阶段总免不了请外国人以及资历高的艺术设计创意型人才来为其工作。

（5）艺术设计创意型人才因国内各地设计经济发展不同，其流动性很大。再加之国内需求层次不高、部分地域需求严重不足，使得大多数艺术设计学员毕业后放弃本专业选择其他行业就职。也有很多人是在从事工作一到两年后开始转职的。因此，艺术设计创意型人才的变动性很大。

艺术设计创意型人才就业的困难加剧了我国创意生产力发展的难度，这就导致我国艺术设计创意型人才发展的恶性循环。其严重阻碍了我国创意生产力的解放与发展，严重阻碍了我国设计经济的发展与壮大。

2. 从业人员不足

在纽约艺术设计创意型人才占其总就业人口的12%，在伦敦这一比例达到14%，在东京更是达到15%。而在我国北上广等大城市，这一就业比例竟不足1%。在这不到1%的数据里，大多数还只是技能型的作图人员，真正以创意生产为主要工作的艺术设计创意型人才则更为稀缺。可以想象如此少的艺术设计创意型人才其地域的创意生产力发展如何，便可想而知了。

3. 人才构成不均

正如上文所说，在国内艺术设计创意型人才主要从事“图上工作”，很少有真正地触及创意生产阶段工作的。其主要原因是我国艺术设计创意型人才构成不平衡。这就导致我国大多数企业只要涉及创意生产阶段总免不了请外国人以及资历高的艺术设计创意型人才来为其工作。

山东工艺美术学院潘鲁生教授就曾在2013年《设计艺术》期刊第五期上针对我国艺术设计创意型人才进行过细致的分类：

（1）关系传统手工艺等中华文化传承的艺术设计工艺传承型人才；

（2）致力创意驱动发展的艺术设计科技创新型人才；

（3）面向经济发展的艺术设计产业服务型人才；

（4）侧重理论与战略规划研究的艺术设计战略研究型人才。

这四种艺术设计创意型人才类型的划分，主要是基于文化传承、科技创新、产业发展和战略研究等几个不同的侧重点，来化解我国在艺术设计创意型人才构成不均的基本问题。通过上文的论述我们可以清楚地认识到，目前我国艺术设计创意型人才在潘鲁生教授的划分上，绝大多数为第三类服务型人才，第一、二、四型创意人才在我国可以说是凤毛麟角。

（二）微观培养现状

一个国家能否在设计经济时代中占领创意生产发展的制高点，关键就在于其是否能拥有大量具备国际水准的艺术设计创意型人才。目前我国设有与艺术设计创意型人才相关专业或相关研究机构的院校约 80 所，而其中 37.5% 处于起步与探索阶段，培养本科生与研究生的院校也只有 50 余所。这些院校基本集中于北上广等大城市。这些院校所培养的艺术设计创意型人才在数量、规模特别是专业培养方面绝大多数不能满足我国设计经济的发展需要，其主要表现为以下几个方面。

1. 人才层次培养的不足

我国艺术设计创意型人才构成不均衡问题产生的主要来源于两个方面：一是我国市场对创意生产力认识不足，使得艺术设计创意型人才得不到应有的重视。二是我国院校缺乏先进的教学理念，在艺术设计创意型人才专业与课程设置上明显反映出对其培养理念上的落后。更有甚者，有些院校对于艺术设计的认识还只是停留于 80 年代的工艺美术上。这就严重阻碍我国艺术设计创意型人才的发展。当下我国这些院校大多将艺术设计创意型人才等同于艺术设计产业服务型人才，并且对艺术设计产业服务型人才也仅仅局限于技能型的培训，不重视学员的创意生产能力的提高。

此外，作为对学院教育起到重要补充作用的社会培训还在构建与发展之中，艺术设计创意型人才的培训市场尚不规范。这些培训机构大多都以“考证”、软件教学为由对学生进行培训，都属于低层级的培训。而中、高层次的培训机构则寥寥无几。这些现状充分地说明了我国教育理念在对于艺术设计创意型人才的培养上缺乏认识，对于培养怎样的艺术设计创意型人才、如何培养他们等问题缺乏深入的研究。

2. 凌乱的学科体系

目前，我国艺术设计创意型人才教育过于强调本学科的独立性与重要性，缺乏与其他学科的相互交流与沟通、没有良好地锻炼学生的综合能力。这些教学科目众多却缺乏整合，缺少一个系统的学科体系。这就导致了学生无法从整体来理解与把握自己的知识结构，不能在各个领域里融会贯通，从而最终导致艺术设计创意型人才缺乏综合素质、缺乏创造力、缺乏创意生产力。

3. 传统的教学模式

目前我国多数院校对于艺术设计创意型人才的培养仅仅是停留于“美工”、作图、软件等方面上，对于材料、设计、市场的功能性与价值的学习往往停留在表面上，缺乏深入的研究与探讨。因此，其作业成果与市场需求严重脱节，最后只能“纸上谈兵”缺乏市场价值。

4. 人才创造力的缺乏

艺术设计创意型人才与传统型人才的根本不同就在于，艺术设计创意型人才是一群极富有创造力的人才。因此，艺术设计创意型人才的创造力培养就十分重要，甚至可以说创造力的培养就是其教育的最终诉求。然而目前我国艺术设计创意型人才却显得缺乏创造力，其原因在于三个方面。一是由于没有一个系统的教学体系，导致学生无法从整体来理解与把握自己的知识结构，不能在各个领域里融会贯通从而缺乏创造力。二是市场的无序化竞争以及对其不够重视。三是我国院校教育模式缺乏创造力。

5. 师资力量的欠缺

我国艺术设计教育起步较晚，新时代的来临艺术设计创意型人才的大量需求对于师资质与量的要求就很大，但我国有能力与资格任教的教师却是极为缺乏，这就导致我国艺术设计师资力量薄弱。不仅如此，大多数的青年教师是毕业后直接进入学校任教的，缺乏实践经验。这样的教师在进行教学活动时就很容易“闭门造车”，容易误导学生的学习与发展。

四、我国艺术设计创意型人才的培养战略

（一）国家政策的支持

我国艺术设计创意型人才培养体系的健全与完善，是需要政府的大力支持与统筹规划的。我国第十七届六中全会通过的《中共中央关于深化文化体制改革、推动社会主义文化大发展大繁荣若干重大问题的决定》指出了发展我国创意型文化人才的目标及其重要性，但并没有指出具体的发展政策。近几年来，我国的人

才发展政策也很少有提及艺术设计创意型人才的。因此，艺术设计创意型人才的发展政策的提出就显得十分必要。以下是关于艺术设计创意型人才发展政策的几处重要参考。

（1）提高全民意识，尊重、重视艺术设计创意型人才。

（2）统筹规划市场经济体制，为设计经济发展奠定基础。

（3）文化创意产业园区与创意型人才共同发展，产业园区的建立与发展，其主要指标为创意型人才的数量与质量。相关单位要予以重视，不得空谈创意。

（4）鼓励创意型企业的创立与发展，着重减免其相关手续与税负。

（5）制定艺术设计创意型人才培养战略，明确人才培养的目标与层次。

（6）官方协办设计创意协会，为各省市人才的培养与发展提供社会服务。

（7）各大高校对于艺术设计创意型人才的培养要予以高度重视，要在我国经济发展的宏观考量下进行对其人才的高质量培养。

（二）市场的完善与发展

1. 市场完善与发展的重要性

我国艺术设计创意型人才的发展与我国市场的发展是成正比的。目前，我国市场经济受我国创意生产力与生产关系矛盾的影响使得第四产业发展迟缓、产业运作模式产生混乱。再加之我国现有的其他产业问题更加加剧了我国发展设计经济、发展创意生产力、发展艺术设计创意型人才的难度。因此，市场的完善与发展就显得极为重要。

2. 市场经济体制改革

有鉴于此，我国就要大力促进市场经济体制改革，大力促进市场环境的规范化、合理化、效率化，辅助并鼓励创意型企业的创立与发展。通过整合市场资源、系统化解决行业发展的基本问题，肃清一些阻碍创意生产力发展的不利因素，从而为我国创意型人才的发展提供良好的市场环境。

（三）中国设计事务组织协会的组建

最近几年国内外各大行业均受到了来自设计经济不同层面的冲击，这使得企业不得不不断地改变与进化。因此相关专业组织协会的构建就显得十分必要，它能够调节官产学研的相互关系，为企业、行业的发展提供有效的服务、为人才的培养与发展提供必要的平台。然而在我国设计相关协会众多却没有一个能够为整个行业、相关行业的发展以及艺术设计创意型人才培养的服务型组织。因此组建中国设计事务组织协会就十分必要。

1. 协会宗旨

通过企业、行业之间的交流与合作，整合与利用资源；从而促进企业与传统行业从传统经济到设计经济的转变。通过协会平台更好地培养与发展我国艺术设计创意型人才，为专业人才的培养与发展提供更好的实践与学习环境。通过官产学研的相互协调，促进我国设计经济的大发展、大繁荣。

2. 职能与基本原则

（1）主要职能

对企业成员提供设计交流合作平台以及相关的技术支持与指导，并为企业内部设计组织、设计团队、设计公司等提供对专业设计师的培训以及对其设计师的深造培养。利用协会团队（由成熟的设计师与培养实习中的艺术设计创意型人才构成）来解决各企业在设计过程中所遇到的相关问题，并为其发展方向做出指导性的意见和建议。对各企业成员进行设计协助管理、评估认证以及设计风险评估报告等。

对学院单位成员提供学员的培养、设计比赛、讲座论坛、国内外的设计交流活动等。打破国内学院教学培养界限，在学生的学分制度上力图争取统一的标准。展开国内区域联合教学活动，促进区域学院学生的交流与合作，促进国内各学院能够在设计创意型人才的教育培养上有更加广泛而深刻的交流与合作。

对艺术设计创意型人才提供设计职业规划、国内外深造培养、相关的实习就业机会、设计比赛等。

（2）基本原则

①公正性：协会的一切会务秉承公平、公正、公开的原则。

②保密性：协会保护会员的设计专利、设计创新成果以及企业隐私。

③可持续性：协会鼓励协调可持续的设计产品的开发与研究。

④安全性：对企业内部设计组织和设计公司进行设计安全监督。对企业成员提供相关的设计风险评估报告。

⑤自主性：协会成员的加入与退出均由各成员自主决定。协会成员可以自由参加协会的相关活动，协会不做强制要求。对于企业成员的设计外包、设计师培养与深造等工作由协会提供相关支持，企业单位可自主选择。

⑥协同性：中国设计事务组织协会重组织轻机构。其宗旨不是掌控与管理而是为行业、企业、学院、人才提供服务平台。因此在协会组织、活动中协同性最为重要。协会鼓励成员协同发展、创造共赢。

3. 组织模式

协会专家会议下设评估审议监察部、设计操作与指导部、理事会、设计事务交流部。评估审议监察部在组织机构中保持相对独立性，评估审议监察部下设评估审议部、监察安全部。该下属各机构与秘书处保守相对联系。秘书处只需记录日程。在过程中秘书处和评估审议监察部要对外部进行保密工作，确保企业成员的隐私信息。

设计操作与指导部的操作部门包括：设计部、理论部。理论部结合会议所提出的问题进行相应的研究。设计部下设设计操作部门、设计研究部门，设计管理事务所对企业会员的设计活动进行认证。设计发展委员会负责成员的设计发展方向并协调协会各部门的发展战略。理事会下设秘书处与人事部，秘书处记录会议内容时间，记录后立即存档，档案室有专人看管。非得许可者禁止入内。人事部主管协会各部门的人事事务。

设计交流部下属机构为国家部门政策沟通、宣传部、国内外设计交流会议策划、国内协会交流管理沟通中心、设计院校交流中心、会员服务中心、人才培训所、人才深造所、设计事故分析中心。国家部门政策沟通主要负责与政府对接、洽谈等相应事务。与政府有关部门保持密切联系与沟通，最大限度为设计经济的发展争取国家政策支持；与其他有关的国家机构开展交流合作。宣传部主要负责协会和会员的宣传工作。国内外设计交流会议策划，主要负责国内外设计会议的策划工作，搭建国内与国外更为有效的设计沟通平台。设计院校交流中心负责我国各艺术设计院校的交流与合作。会员服务中心负责安排会员的基本事务，直接对会员服务。设计事故中心针对成员的实际问题提出切实有效的方案。针对方案分给设计操作与指导部门，由操作部门来对企业成员提供服务。

4. 人才培养模式

表 1：人才培养模式

<table>
<tr><td rowspan="2">人才类型
培养模式</td><td colspan="2">学院培养</td><td colspan="2">社会培养</td></tr>
<tr><td>国内</td><td>国外</td><td>协会培训</td><td>市场培养</td></tr>
<tr><td>院校会员里的学员</td><td>1. 举办设计文化周以及相应报刊
2. 组织设计比赛
3. 举办讲座论坛
4. 举办设计展览
5. 院校交流活动
6. 区域联合教学
7. 承担社会项目</td><td>1. 组织设计比赛
2. 举办讲座论坛
3. 举办设计展览
4. 开展交流活动
5. 提供海外留学深造机会</td><td rowspan="3">1. 培训课程
2. 设计比赛
3. 提供项目
4. 设计交流
5. 优秀设计师带领实习生承担协会项目</td><td rowspan="3">1. 提供市场设计项目
2. 提供国内设计实习机会
3. 展开行业人才的交流与合作，打造专业群体的生活圈</td></tr>
<tr><td>设计创意型人才</td><td colspan="2" rowspan="2">学院深造</td></tr>
<tr><td>企业会员里的人才</td></tr>
</table>

（四）创意型生活圈的构建

1. 创意型社会结构

设计经济发端于英国，但迅速形成产业规模并引领世界潮流的却是美国。美国学者弗罗里达就曾对这个进行过深入的研究。他认为：这是因为美国有强大的制度结构作为其发展设计经济的支撑，这种结构可称为“创意社会结构”。这种新型的社会结构主要由三个部分构成：

（1）适合创意型企业生存、生产的经济体系。例如，美国热衷于文化创意产业风险投资的金融体系、持续增长的创意研究经费等都对美国本土设计经济的发展起到了深远的影响。

（2）不断创新的、高效的生产服务体系。例如，良好的工作环境、弹性的生活方式等。

（3）利于设计经济发展的社会、文化以及地理氛围。例如，其吸引创意型人才的生活方式以及鼓励前卫艺术的文化制度。弗罗里达尤其强调，设计经济发达的区域，一定是创意型核心群体与高科技集中的地区；其更加表现为能够容忍失败与个性张扬的地方。只有在这样的环境中才能在人才吸引、行业创新以及经济增长上形成良性循环。

2. 创意型生活圈的建立

我国要大力发展设计经济、大力发展创意生产力、大力发展艺术设计创意型人才，就要在社会结构转变上有深刻的认识。目前我国文化创意产业发展势头良好但发展速度与质量并不十分理想，究其原因就在于没有对构建创意型生活圈的深刻认识，把文化创意产业与创意型人才孤立开来这一点正是第二章所谈及的我国目前创意生产力与生产关系的矛盾。因此，要发展好设计经济就要正确地认识创意生产力与生产关系的问题。这就需要我们建立创意型生活圈，通过对专业人才的生活聚集促进人才的思想相互交流与碰撞。例如，可以在文化创意型产业园区附近开辟新的楼盘，这批楼盘主要面向在这个产业园区工作的设计创意型人才，从而建立创意型生活圈。通过创意型生活圈的建立，把人才集聚效应与产业效应协同发展。只有在这样的生活环境下才能在人才吸引、行业创新以及经济增长上形成良性循环。在这样的生活环境下我国的艺术设计创意型人才才能在良性循环中得到应有的发展。

（五）教育教学培养战略

1. 教学理念的与时俱进

各大高校对于艺术设计创意型人才的培养战略就要予以高度重视，要在我国经济发展的宏观考量下进行对其人才的高质量培养。这一点与以往截然不同，是新时代对高等院校教师的新要求。各大高校要明确艺术设计创意型人才培养的总目标与总方向，要以培养基础扎实、专业素质强、跨学科领域的复合艺术设计创意型人才为宗旨，以培养掌握创意生产力、能了解设计经济以及社会文化的高素质艺术设计创意型人才为目标。要把创意教育定位为“素质”教育以及终身教育，不断优化对其人才的培养模式，形成在新经济环境下我国艺术设计创意型人才的培养教学体系。

2. 学科理论体系的构建与完善

从我国各高校对于艺术设计创意型人才培养的课程来看，大多数都是零散的教学课程缺乏统一的、系统的学科理论体系。这就容易导致在教学过程中过于注重课程目标的完成从而忽略了教学的过程。因此，学生就无法从整体来理解与把握自己的知识结构，不能在各个领域里融会贯通，从而最终导致艺术设计创意型人才缺乏综合素质、缺乏创造力、缺乏创意生产力。由此可见，构建与完善学科理论体系对于我国艺术设计创意型人才培养的重要意义。一个完善的学科理论体系必然是在我国社会与文化的双重语境下跨学科、跨领域的理论体系。

大连工业大学艺术设计学院就提出了艺术设计学科基础以及形态体系树的教学理论体系，其形态体系树的架构清晰地说明了当代艺术设计教育应当从传统的经验论走出来，从方法论意义上来深化视觉知识以及其他跨领域、跨专业知识的传授。形态体系树是由形态认知、形态构成、形态语意、形态表达、形态创意等构成的一个有机的学科理论体系。其所谓的视觉知识，是指以能够被观察与感知的自然形态、人化形态、抽象形态为认知对象，运用视觉心理学、语言学、社会学等方法，对各种形态的结构、功能进行多维度研究的学科理论体系。大连工业大学学科理论体系的创立，从根本上改变了我国近60年艺术设计教育没有进行学科理论体系构建的现状，这也是我国艺术设计教育改革的重要成果，为我国艺术设计创意型人才的发展开创了教学理论体系改革的先锋。我国院校应以其理论体系为榜样，深化教育改革，构建与完善有特色的教学理论体系；为我国艺术设计创意型人才的发展奠基坚实的理论基础。

3. 新型教学模式的探索

有了院校与市场的双重合作，艺术设计创意型人才才能稳步向前的发展。但是在这过程中我们还要提高学生学习的能动性以及其接受知识的程度，因此我国艺术设计创意型人才的培养还需要有新的教学模式。我们要打破以往封闭式的教学模式，探索开放式新型教学模式。要经常带领学生到市场中去搜集第一手资料，通过在现场的授课学习让学生身临其境的感受到整体企业或市场的运作模式，激发其创意思考能力，并布置设计分析、市场预测以及针对市场现状设计产品的开发。让学生亲身参与设计开发的全过程，从而锻炼其系统的创意思维能力，真正地提高学生的创意生产力。

4. 教学管理模式的强化与创新

目前我国高等院校的教学管理模式基本上是学年学分制，这种管理模式使得学生必须遵循学校计划按部就班的完成学习任务。这种教学管理模式有助于学院管理、有利于学院从整体上来安排人才的培养计划。但是却不利于人才的自我发展，管理模式较为死板。笔者依据国内教学管理模式提出我国艺术设计创意型人才的教学管理模式基本办法。

（1）导学制度

导学制度是学员从高中到大学的一个过渡期，在这期间内学员将进行必要的军训活动、学科导学课程、大学选课等。导学制度可视学院的具体情况而定最多时间不能超过三个月。

（2）选课与学分制度

选课是实施学分制度的核心内容。学院要保证学生能够进行自主选择要上的课程以及专业导师。当然这就要求学院要开设相当数量的高质量教学课程，还要制定艺术设计创意型人才的专业培养计划。制定学员大学学习内必须要修完的学分，利用学分来对学员进行管理。针对我国艺术设计创意型人才培养的具体情况，可以将现有的学年课程转变为选课内容（见表2）。

表2：学年课程转变为选课内容

<table>
<tr><td>选课制度</td><td>大一课程</td><td>大二课程</td><td>大三课程</td><td>大四课程</td></tr>
<tr><td>第一学年</td><td colspan="2">选课内容</td><td>无</td><td>无</td></tr>
<tr><td>第二学年</td><td colspan="3">选课内容</td><td>无</td></tr>
<tr><td>第三学年</td><td colspan="4">选课内容</td></tr>
<tr><td>第四学年</td><td colspan="4">选课内容</td></tr>
</table>

（3）工作室与导师制度

在学员经历一年的学习之后对学员开放工作室。学员可以通过参加工作室来获取额外的学分。该制度由工作室的导师来制定与选择如何选拔、吸引学员进入其工作室。学员通过考核后正式进入工作室，其后的学习由其导师来进行辅助。

（4）确定免修条件

承认学员以往的学习与实践经历，允许学员通过自学获取一定的学分。学院要制定相关的免修条件以及一定量的学分换算制定，鼓励学生通过自学、实践来获取知识。

（5）学分换算制度

鼓励各个学院之间相互交流与合作，进行区域间的联合教学活动。从而为学员的学习与发展提供更为广泛的平台。

（6）学科成绩的构成与获取

目前我国艺术设计创意型人才的学科成绩构成与获取都较为简单，这使得这些学员能够较为轻松地获取学分，但其是否真正掌握学科知识就不一定了。因此学科成绩的构成与获取都要有所改变（见表3）。

表3：学科成绩的构成与获取

<table>
<tr><th>占总成绩的比例</th><th>必要标准（按百分制计算）</th><th>成绩构成</th><th>备注</th></tr>
<tr><td>无</td><td>无故旷课超过3次者该科目不合格，不超过3次者，每次无故旷课总成绩扣5分</td><td>课堂签到</td><td rowspan="5">1. 实践课程成绩由当地实践人员进行评分分为A（20分）B（15分）C（10分）D（5分）四档
2. 加分制度加分的总分数为5分，加分人数为该班级人数的10%（向下取整）</td></tr>
<tr><td>40%</td><td>成绩低于60分者，该科目不合格</td><td>平日作业</td></tr>
<tr><td>20%</td><td>无故不参加者，每次总成绩扣5分，超过3次该科目不合格</td><td>实践学时</td></tr>
<tr><td>40%</td><td>成绩低于60分者，该科目不合格</td><td>大作业</td></tr>
<tr><td>100%</td><td>成绩低于60者，该科目不合格</td><td>总要求</td></tr>
</table>

5. 教师的创意实践与理论创新

艺术设计创意型人才的培养离不开高质量创意型的教师队伍。相关学院应建立切实可行的激励考核机制，强化教师实践与理论创意生产的能力，使得教师队伍在质与量上有明显的提高。鼓励教师申报与参与实践性课题，到市场中去提高市场认识水平以及创意生产力。对部分有能力的教师甚至可以鼓励其自办设计公司进行创新实践，积累创新、创业实践经验。这不仅能为学员提供良好的发展平台，更可以促进我国设计经济的大发展、大繁荣。此外还要加大对国际师资与国外经验的引进，要在设计经济发展的宏观考量下来培养与发展我国艺术设计创意型人才。

参考文献

[1]刘军平．艺术设计学科基础研夯的可喜收获[J]．美术大观,2008(11):168－169.

[2]吴聆．艺术设计学科基础课程体系整合研究[D]．杭州:浙江师范大学,2004.

[3]李念之．创意产业哲学研究[D]．北京:中共中央党校,2007.

[4]周斌．创意产业发展背景下艺术设计人才培养探析[J]．教育探索,2010(12):91－92.

[5]梁伟．论艺术设计专业创新型人才培养模式的构建[J]．教育与职业，2010(29):112－113.

[6]胡建军．创意产业的发展与我国创意人才的培养战略[J]．改革与开发，2011(6):17－18.

[7]乔梁．设计经济时代的来临,设计管理程序模式的构建[J]．商品与质量，2011(6):150－152.

[8]晋凤．新经济形态下的社会结构变迁分析[J]．湖北经济学院学报2011,(7):19－20.

[9]理查德·弗罗里达．创意经济创意阶层创意城市[J]．创意设计源,2012(6):6－9.

[10]郭玉兰．探究:“文化创意生产力”的崛起与基本问题[EB/OL]．[2012－09－07]. http://theory.gmw.cn/2012－09/07/content_5007885.htm.

[11]潘鲁生．当代中国设计人才的需求与类型——写于山东工艺美术学院建校40周年之际[J]．设计艺术,2013(5):7－10.

基于大数据的动漫企业营销策略探析

Exploring the Marketing Strategies of Animation Enterprises Based on the Big Data

张立波　刘园香①

Zhang Libo　Liu Yuanxiang

摘要：动漫企业过去主要使用电视、广播、报纸和杂志等媒介进行作品的营销推广，互联网的快速发展催生了大数据的产生和发展。怎样使动漫企业在传统营销的基础上，借助大数据实现营销的形式多样化、渠道精准化、效果最大化，是需要探索的问题。文章首先介绍了动漫营销的概念、对象和目的；将大数据营销与传统营销进行对比，在动态中从渠道、组织、方式、管理四个维度把握大数据对传统动漫企业营销的影响；重点介绍大数据环境下的动漫企业营销策略的探索；大数据虽然也存在一些问题，但不能因噎废食，只要充分合理利用就能不断为企业创造价值。

关键词：大数据；动漫企业；营销策略

Abstract: Animation enterprises mainly used TV, radio, newspapers, magazines and other media as their marketing channels in the past. In the new era, the rapid development of Internet has spawned the emergence and development of big data. So how to combine traditional marketing method with the help of big data to diversify marketing form, refine marketing reach, and

---

① 张立波，博士，中国海洋大学国家文化产业研究中心副教授，北京大学文化产业研究院副研究员，主要研究方向为文化企业核心竞争力与商业模式等；刘园香，中国海洋大学国家文化产业研究中心文化产业管理专业研究生，研究方向为文化经济与文化企业管理。

maximize marketing effect? Firstly, this article introduces the concept, the object and the purpose of the animation enterprise marketing. Secondly, this article compares the big data marketing with traditional marketing to find out how the development of big data has influenced traditional marketing from the aspects of channel, organizing, method and management. On top of all, this article explores strategies of animation enterprise marketing in the environment of big data. Big data is not perfect, but it still can help enterprises create business value if used properly.

Key words: big data; animation enterprises; marketing strategies

动漫营销是指动漫企业以内容创意和知识产权为核心，通过图书、杂志、电视、电影、音像制品、剧目演出和网络新媒体等表现形式和渠道，将动漫作品在市场上推广、上映，并进行与动漫相关的服饰、玩具、游戏等衍生产品开发和延伸的经营活动。动漫市场营销是一个有机的整体，它涉及动漫作品的制作、宣传推广、衍生品的开发与销售等各个方面。动漫营销的对象主要有：电视动画片、动漫电影、动漫书籍、玩具衍生产品等有形商品和动漫节、动漫展会、动漫 Cosplay 互动活动等。

一、大数据对传统动漫营销的影响

营销观念的演变大致经历了从“生产营销—产品营销—推销营销—市场营销—社会营销—数据营销”几个过程。进入互联网时代后，营销以数据营销为主，基于大数据的营销对传统动漫企业的营销策略带来重大的影响和冲击，主要表现在它影响了动漫企业传统的营销渠道、组织、方式和管理。

（一）对营销渠道的影响

我国已经取代日本成为世界第一动漫生产大国，然而由于营销力度和模式等问题的困扰，很多优秀的动漫作品得不到市场的认可，或是口碑和收益有着很大的背离，所以中国动漫企业必须注重产品的营销推广。动漫营销对于动漫企业的发展具有重要意义，是沟通动漫生产与动漫消费的桥梁，企业通过营销才能把动漫产品顺利地转移到消费者手中。通过全面系统的营销，动漫企业一方面可以合理安排动漫作品的制作、销售和后期经验总结，实现企业的科学管理和利润最大化；另一方面可以生产出符合受众需求的动漫产品，使消费者获得所需的动漫乐趣，提升消费者的幸福指数，获得外部社会效益。

动漫企业传统营销主要是投入大量资金，靠借助如漫画杂志、电视、户外广告等和代理商、经销商等的外部销售渠道。互联网提供了动漫企业与受众及时、精确交流的通道，企业可以了解潜在消费者的需求和习惯，了解其感兴趣的产品和服务，进而企业则可以根据受众的数据和信息反馈对动漫作品进行改进，推出新产品。基于大数据动漫企业可以进行 O2O、T2O 互动营销，比如在动漫衍生品包装设计上加二维码以便可以直接进行品牌追踪和多次购买；电视台在播放动漫作品的同时可以提供作品中的相关玩具或者道具链接，实现衍生品的 T2O 快速销售。大数据时代，企业成为了最大的自媒体，有很多自有的渠道来进行营销。

（二）对营销组织的影响

动漫企业传统营销需要投入大量人力，基于大数据的营销使得企业沟通和经营管理依赖网络数据作为主要的渠道与信息源。这给动漫企业带来的影响主要有：营销人员和营销组织机构的减少。数据分析部门将取代传统的营销决策机构，成为动漫企业营销的核心部门，懂得大数据的人才将会成为企业营销部门的核心人物。这些影响与变化改变了动漫企业内部营销的结构体系，将促使企业内部组织的调整，而且企业营销组织的技术性和专业性将得到进一步提升。

（三）对营销方式的影响

动漫企业传统的营销方式主要是在报纸杂志、电视等媒体上做广告，向受众传递企业产品的信息，再以各种各样的调查方式来了解受众的需求。由于动漫产品的受众多是儿童，信息的搜集很困难，并且信息的发送和反馈之间存在着时滞。营销部门不能及时地得到受众的反馈，因而不能及时调整缺乏效率的营销方式，从而影响了企业的整体经营。大数据改变了过去动漫企业品牌依靠强势媒介的传播方式，基于大数据营销的所有工作将会围绕着数据采集、分析、处理而展开，其核心工作是通过对海量数据的分析找出市场和用户偏好，总结出被人们忽略的的相关关系。动漫企业可以用搜集到的大数据把传统同质化、大规模的营销转变为个性化、一对一的营销，如微博、微信营销。

（四）对营销管理的影响

在动漫企业传统的营销管理中，不同部门的多个人员负责企业营销的各个环节。基于大数据的营销与传统营销最大的区别在于，用户从被动的作品接受者，转为积极参与各个环节的创作者；以企业为中心的价值创造思维转向企业与用户共同创造价值的思维。大数据营销使动漫企业内部各部门之间充分利用海量的数据和先进的技术，对整个营销活动进行实时的监控，并进行不断的调整。如动漫企业可以将受众需求、衍生品的产品性能、价格等信息及时汇总，分析整合后将实时数据传送到生产、销售第一线，通过大数据实现企业营销管理的科学化和高效化。

二、基于大数据的动漫企业营销活动

国内动漫产业发展迅猛，从“十五”期末的不足 100 亿元，到 2014 年的超过千亿元，年增长率虽有所放缓，但每年仍以大于 10% 的速度增长，其中 2014 年比 2013 年增长 31.45%。(见图 1)

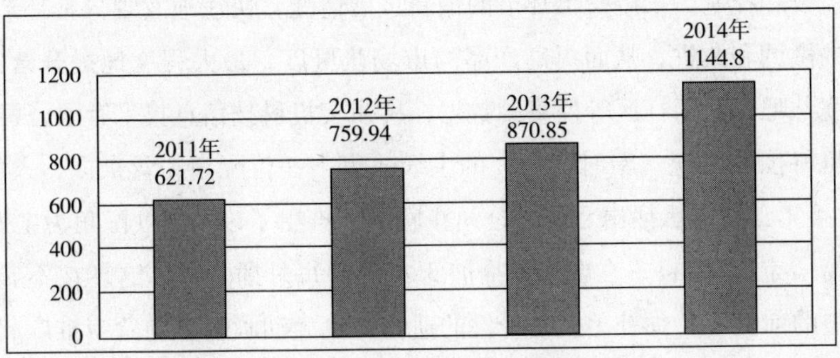

图 1：2011—2014 年中国动漫总产值（亿元）

我国虽然已经超过日本成为世界上最大的动画作品生产国，但量多质差，整体水平有待提高。动漫产业是一个复合型产业，需要整合从创作到零售终端等每一个产业。中国发展动漫产业，并不缺乏创意、资金、技术人才，而是商业模式环节有问题，重创作而轻营销，只有创作、运营双轮驱动，我国动漫产业才能更快更好地发展。大数据在动漫产业链的各个环节都有重要作用，其分析预测功能在动漫产品的营销环节尤为重要，有利于动漫企业实施全面、精准营销。

（一）产品策略

大数据可以运用到动漫作品和衍生产品创作和组合开发的整个环节之中。

1. 作品创作前的预测分析

对之前市场大数据分析可以为动漫作品创作前的预测提供支撑。动漫产品具有高风险、高投入、慢回报的特征，此外，由于资产专用性和进入壁垒的存在，贸然进入或开发新的动漫题材或领域，会使企业面临很大的风险。因此动漫企业在决定制作一部新的动画片、大电影或者开发一款新的动漫游戏之前，可以先根据大数据了解目前市场上行情，对市场竞争环境和消费者需求进行分析；对作品内容题材进行制作风险的评估和未来盈利的预测，减少动漫投资的盲目性，然后再进行动漫产品的设计和开发，提高动漫企业的投资回报率。

2. 作品创作过程的监督和纠偏

动漫企业通过分析搜集的大数据，可以对动漫作品的创作过程进行监督和纠偏。动漫企业利用大数据可以随时了解市场动向和消费者需求的变化，根据需求进行动画片、电影和衍生品的开发，对从形象设计到产品制作的整个生产流程进行实时监督和控制，了解每个环节的最新进展情况，快速地发现异常环节，进行有针对的微调和改进，从而提高产品的市场认可度，最大程度地提升营销效果。根据百度贴吧、网络社区等搜集的数据，杭州玄机科技信息技术有限公司（以下简称玄机科技）发现《秦时明月》的主线故事中一位配角粉丝众多，人气很高。于是2014年，在电影播出之前，公司在网络上推出了以高人气配角为主人公的3集番外篇《空山鸟语》，在电影开播前3个月中每月播一集。这样在不影响主要情节发展的前提下，弥补了人物粉丝的遗憾，也为动画电影的营销推广起到了市场预热的作用。

3. 作品制作后的推广和反馈

动漫企业在作品制作后的推广、反馈和再预测中可以使用用户群体大数据和企业运营大数据。传统市场调查收集到的数据具有滞后性，而基于大数据的信息却是实时更新且比较客观和详细的。对未来的预测功能是目前业界对大数据最看重的价值之一，因此，动漫企业可以根据大数据的信息反馈，对企业产品和衍生品及时做出战略调整。

（二）受众定位

1. 受众群体精准化

无论什么题材的动漫作品，受众的年龄定位很重要。动漫企业的受众很大一部分是低龄儿童，儿童消费者的真实需求具有隐蔽性、复杂性、多变性和依赖性，利用历史的、静态的、结构化的数据，动漫企业很难获得用户的真实需求。大数据对受众的分析可以在瞬间完成，使动漫企业可以精准识别他们的真实需求和潜在需求，有助于动漫企业真正地认识了解受众，实现精准化的价值信息传递。

玄机科技的代表作《秦时明月》的第四部《秦时明月之万里长城》主要通过优酷和土豆在线播放，截至 2015 年 1 月，第四部在优酷的总播放次数已经达到 2. 9 亿次，玄机科技基于播放数据的分析和整合，及时进行了营销策略的调整。从图 2 可知，“秦迷”以男性为主，因此公司在其之后的新动漫作品中更加注重武打和侠义元素的植入；秦迷网络受众年龄中 22 岁以上的观众占到了 48%，因此公司决定其以后的作品内容继续致力于走青年成熟路线，定位于青少年和成人；其网络受众人群中，学历为高中/技校以上人群占 79. 6%，因此公司决定仍坚持致力于打造高端精品、有文化内涵的动漫作品。

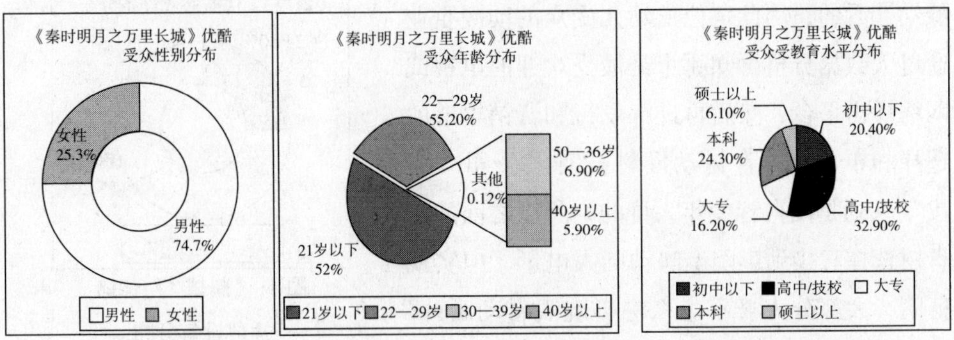

图 2：《秦时明月之万里长城》优酷受众性别、年龄和教育水平分布情况

动漫企业除了提供好的作品之外，还必须为观众提供更多的体验，满足人们更高层次的需求，从而增强客户的满意度与忠诚度。基于大数据企业可以了解动漫爱好者的潜在喜好，进行有针对性的营销推广。如《秦时明月》就根据网络数据邀请全国最具人气的 7 位 Coser 来表演《秦时明月》的 Cosplay，受到广大秦迷的热烈欢迎。

2. 受众位置精确化

与以往国产动画主要的营销活动集中在一线城市不同，上海淘米网络科技有限公司（以下简称淘米公司）通过分析大数据发现，二、三线城市的儿童网络社区注册用户不断增加，于是在上映动画大电影《赛尔号》之前，淘米联合光线主动将营销和路演活动的主要阵地由一线城市转向二、三线城市电影市场；此外根据网络搜索排名和社区口碑等数据的反映，淘米公司带着电影中人气高的主角人偶到地推活动现场与家长和小朋友互动，都受到了热烈的欢迎，营销获得了巨大的成功。

（三）渠道策略

动漫作品的宣传和播出渠道主要有电视台、在线视频网站和制成大电影后的电影院线。对于大多数动漫公司而言，在电视台进行播放是主要的渠道。但在这个渠道里，动漫厂商的议价权实在太少，以至几乎大部分动漫公司在发行阶段无法收回成本。而一部成功的动画片就必须依靠渠道获得市场认同后，才能继续靠发行的成功来获得日后利润更大的衍生品市场。动漫企业可以利用大数据高效地设计和开展多渠道营销活动，即依据对产品或地理市场等大数据进行系统分析之后分配营销资源，而不再仅仅依据历史经营业绩。

中国的电视台一般主要播放的动画片是给低幼儿看的，因此定位低幼儿受众的动漫企业通过大数据分析可知哪个是最受欢迎的电视或网络播出平台，然后再进行发行和营销渠道的选择和布局。青青树动漫科技有限公司“魁拔”系列是面向青少年人群的，所以之前的青青树选择直接到影院上映动画大电影。但实践证明，大部分人群不怎么进影院观看动画片，而且影院排片方也对国产动画电影存在偏见，不会将其排在适合大人看的场次。电视台和电影院线的暂时失利让青青树开始探索新的渠道出路。《魁拔3》虽然整体票房不尽如人意，但好评不断，在豆瓣的评分为8.1，在优酷上高达9.5。通过对《魁拔》网络大数据的分析整理，青青树发现这些好的口碑大都来自网络视频播出平台。截至2014年12月，《魁拔3》在优酷和土豆的累计播出量已经达到3300多万，其中土豆网为1730多万，优酷网为1610多万，优酷设备中，移动端占到75.2%。

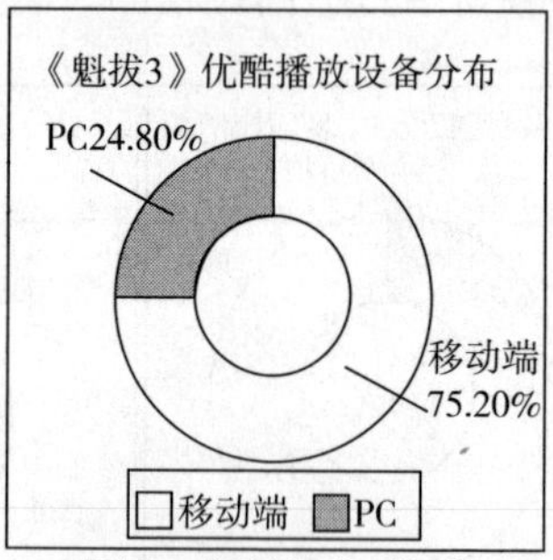

图3：《魁拔3》优酷播放设备分布

因此，青青树调整了企业的营销和发行渠道，决定停止《魁拔4》在电影院线的上映，抓住新媒体和网络视频平台，紧紧跟着观众走，先通过与视频网站等的合作，尤其是和移动互联网的合作与融合，打响作品的品牌，然后再进行后续产业链的深入挖掘。

（四）价格策略

动漫企业借助先进的大数据库技术、网络通信技术等手段，根据庞杂的受众大数据，按照纵横多角度的方式对企业的客户群体准确分析，甄别出核心目标客户，并且准确传达产品信息，建立稳定的企业忠实粉丝和受众群，实现用户增加。如淘米公司根据网络大数据将其游戏产品的在线用户，按照是否付费、付费额度、在线时长、时段分布等进行细分，然后有重点地进行动漫游戏产品的推送，根据不同受众群体分类制定不同的价格策略和产品组合。此外，动漫企业可以根据受众购买记录大数据调整衍生品的价格，也可以利用大数据对动漫衍生品的价格进行全球比较，极大地提高了定价的合理性。

（五）竞争环境

在竞争日益激烈的今天，动漫企业之间的竞争尤为残酷。以淘米公司为例，淘米公司在纽约成功上市以后，很多新企业开始进入儿童互联网市场，开拓儿童娱乐领域。如腾讯推出的免费虚拟游戏《洛克王国》和淘米公司的《摩尔世界》、《赛尔号》很相似，运营策略也是线上与线下并举，这造成了淘米营收的下降。如何基于以往的运行大数据，对市场上已有的竞争者和潜在进入者的威胁进行分析把握，对动漫企业自身未来的运行模式进行预测，从而提前进行战略部署或者加以利用、调整，使得企业在竞争中占得先机，这关系到很多企业生死存亡的问题。如果企业结合大数据可以对自身的产业链进行深入细致的 SWOT 分析，明确自身产业链的状况进而找到改进商业模式的切入点，就有机会冲出红海，开拓一片新的蓝海。

三、充分利用大数据

大数据对于合理布局动漫企业的营销活动进而提升经营水平有着重要意义，但也应该看到大数据开发利用中存在的一些问题。如有了大数据，企业就能预测消费者的行为，有时还十分准确，这就诱使企业依据预测而非实际行为来对消费者评价和采取行动，而其结果可能是存在偏差或事与愿违；过分依赖大数据也使企业的市场洞察力和自由选择的能力降低等。然而大数据的不利影响并不是大数据本身的缺陷，而是企业滥用大数据导致的结果，大数据为企业提供更多的是一种参考而不是代替企业做决定。

大数据体现的是数据的数量多、数据类型丰富，其重在不断的积累、强在细致的分析、好在对前景的预测。动漫企业应该积极拥抱大数据，充分利用大数据，通过将大数据信息与动漫作品、受众和市场环境结合，对数据关系进行深入挖掘，才能最终将数据更好地用于其营销活动的每一环节，达到营销模式的创新和企业价值最大化。

参考文献

[1]甄业萍．动漫产业市场营销问题论析[D]．济南:山东大学,2008.

[2]陈蕊蕊．中国动漫营销推广模式研究[D]．西安:陕西科技大学,2012.

[3]李艳．营销观念的变迁及启示[J]．晋城职业技术学院学报,2011(6):93－96.

[4]移动互联网品牌转型的四大要素[EB/OL]．[2015－03－10]．http://www.aliyun.com/zixun/content/2_62_1662078.html.

[5]我国动漫产业发展需要创作和营销双轮驱动[EB/OL]．[2012－04－13]．http://www.cccnews.com.cn/2012/0413/5768.shtml.

[6]去戛纳电影节卖动漫:青青树的另类“救赎”[EB/OL]．[2010－05－12]．http://comic.dbw.cn/system/2010/05/12/052503449.shtml.

[7]谢俊逸．中国动漫产业发展模式研究——基于与美日韩的比较[D]．北京:对外经济贸易大学,2013.

[8][美]维克托·迈尔·舍恩伯格,肯尼思·库克耶[M]．周涛,译．大数据时代．杭州:浙江人民出版社,2013.

电视产品的互联网变现路径和模式

Path and Mode of Realization of TV Products via the Internet

臧金英①

Zang Jinying

摘要：综艺节目的衍生品在近几年的网络中屡见不鲜，更多的电视产品逐渐向互联网进发。从电视节目到电视剧的网络营销，再到火热的“边看边买”模式，电视经典产品的互联网变现取得了卓越的成绩。本文即从电视产品互联网变现的基础分析入手，进而根植电视产品互联网变现的路径和模式，探寻电视产品互联网开发的理想模式。

关键词：电视产品；电视互联网变现；电视产业链

Abstract: The derivatives of variety show have become common on the Internet in recent years, thus more and more TV products gradually turn to the Internet. From the online marketing of TV programs and TV series to the prevailing "watch and buy" mode, the Internet realization of TV classic products has made remarkable achievements. This paper starts with basic analysis of the realization of TV products through the Internet, then excavates the path and mode, and explores the ideal mode for the online development of TV products.

Key words: TV products; TV internet realization; TV industry chain

近年来，互联网时代的来临，不断创收的传统媒体电视却一直被唱衰。其

① 臧金英，中国海洋大学国家文化产业研究中心文化产业管理专业研究生，主要研究电视产业等。

实，多项权威部门的最新数据表明：电视仍是强势主流媒体，其内容的时效性、精致性等特性让网络媒体仍无法取代。其实，在互联网时代，衰落的是电视传统的线性传播方式，不断兴起的是电视与互联网的深度融合，这其中关键的一环，则为电视产品的互联网变现。

一、电视产品互联网变现的分析

电视产品指的是以电视台作为生产主体中最重要的一环，制作出的电视产品，主要包括电视节目和电视剧。值得注意的是，本文中的电视产品暂不包括电视的衍生品。因而，电视产品的互联网变现，是在行业瓶颈的基础上，出现的一种电视经济行为，是电视获得新盈利的重要行为。

（一）电视产业瓶颈推动产品变现

步入“全媒体”时代，电视产品生产流程被重新定义，随之而来的是传统电视盈利能力以及高额的制作费用，都成为其发展的瓶颈，主要体现在如下两点：

1. 过分依赖广告收入

广告作为电视媒体最重要的收入来源，不断地被新媒体、互联网蚕食。2014年网络广告收入首次超过电视广告。《中国传媒产业发展报告（2015)》显示，2014 年互联网广告营收规模超过 1500 亿元，电视广告收入为 1200 多亿元。

这也时刻警醒着电视进行自我救赎，传统的电视产业瓶颈就在于内容的线性传播，在互联网时代得不到受众的认可，而用电视产品在新的网络平台营销、传播，最终通过内容结构电视产品平台，则为很好的一个变现方式。正如图 1 所示：

图 1：电视产品和互联网营销、互联网平台的关系

2. 高额的交易费用催化变现

交易费用的增加主要体现在两个方面。一方面，如今的电视节目制作，动辄上亿元，尤其是电视节目中的明星真人秀，高额的明星出场费，如《奔跑吧兄弟》中队长邓超的出场费为每集 100 万元，无形中增加了电视产品的交易费用。

所以，借助互联网变现，便可以将电视产品进行二次售卖。电视节目《女神的新衣》主张“内容即商品，屏幕即渠道”，节目的播出结束，并不是盈利的终结，节目中设计的产品在互联网电商平台的售卖，便是电视台、商家和电商平台的共赢。

另一方面，随着市场化制作公司的崛起，优秀的电视节目和播出平台之间却存在着不合理的交易方式。在以前，电视台以播出自身生产的节目为主，电视台对电视栏目的购买热情不高。可随着市场化公司，如灿星制作、光线传媒等力量崛起，其出售给电视台的节目费用也越来越高。

（二）电视产品的互联网变现

互联网时代，视频网站的围剿使得电视举步维艰，观众的流失也催促着电视产品加速变现，电视站在互联网的大潮前，必须加快“TV+”的步伐。

1. 定义

电视产品的互联网变现，主要指的是电视节目和电视剧，通过互联网抓住内容核心资源的爆点，构建“内容+网络”的变现方式，使得电视除传统盈利方式外，获得互联网带来的盈利增长点。

2. 可行性

（1）“互联网+”后的“TV+”

2015年3月5日，国务院总理李克强在政府工作报告中提出制定“互联网+”的行动计划，进而在全国掀起了对其讨论的热潮，各行各业开始加速融入互联网。6月24日国务院总理李克强主持召开国务院常务会议，部署推进“互联网+”行动，促进形成经济发展新动能。在政府政策的支持下，“TV+”成为电视前行指向。

（2）作为经济工具的电视

说到电视，我们的脑子至少应有四层含义，即作为一种传播技术发明的电视、作为大众传播媒介的电视、作为第九种艺术的电视和作为经济价值增值工具之一的电视。作为经济工具的电视，除了通过聚合受众获得注意力经济，更有能力去增加变现的互联网渠道。电视企业在综艺节目、定制电视剧等方面，都与电商有一定程度的合作。在电视经济方面，以电视和电商合作的变现为例，电商巨头手握“大数据”和“电商平台”两张王牌，大数据意味着购买潜力和消费潜力，电商平台省去了电视自建购物平台的费用，将电视受众移植到电商。

（三）可变现的电视产品

1. 电视节目

电视节目中的综艺节目成为了变现的主力军，因为其有不可替代的明星资源作为依托，能够更好地将资源互联网化，建构多媒体产品为基础的互联网产业链。以电视节目作为核心资源，将受众的注意力作为最重要的一环，除了广告经营外，延伸电视节目的PC互联和移动互联的变现。从最早的直接以热点推荐的F2O（Focus to Online）模式到如今火爆的T2O模式（TV to Online），电视将受众转移至电商平台已经屡见不鲜，由此，电视摆脱了纯粹依靠广告收入的樊篱，将综艺、明星、平台、商家、消费者跨界整合，从受众到消费者，完成了电视到电商平台的转移。

目前得到较好变现的电视节目，《一票难求》中的“摇电视”、《女神的新衣》中的T2O直接变现，都是电视产品盈利新路径。其实，对电视台而言，电视与电商的合作平台，只是电视台的暂时合作，电视应该争取更多的分成机会，找到在购买平台的话语权。

2. 电视剧

电视剧原本在电视平台播放时，盈利模式单一，基本停留在首轮播放、二轮播放，以及植入广告和版权的出售。另外，电视台在播放电视剧时会植根于某时段的剧场，并以“剧场冠名和特约播出”再次寻找广告商。例如，湖南卫视推广金鹰剧场，并进行电视剧的自制。这种传统的电视剧推广方式，虽说已经有所创新，但是在互联网拓展方面，却仍有很多提升之处。

粉丝经济和IP的产业链开发，都是电视剧互联网变现的热词。贵州卫视新推出的电视剧《锦衣夜行》，可谓是深度的“电视剧+互联网”的制作模式。电视剧《锦衣夜行》的筹划、制作与播出都与乐视网深度合作。

（1）多产业盈利模式

电视剧《锦衣夜行》制定了一个精品大剧的品牌模式——两部游戏以及配套番外篇，三部大电影。这种“三步走”的开发战略，让作为传统电视商品的电视剧，获得了互联网渠道的盈利。

（2）全产业链的电视剧

网络小说改编成电视剧获得成功的案例屡见不鲜，从《第一次亲密接触》

到《何以笙箫默》等，其成功正是基于网络小说分析的积累。电视剧把网络小说的内容作为载体，找到精准的粉丝群体，把IP开发作为全产业链打造的基础。

从“播出才火”到“开机即火”的电视剧，流程化的电视剧生产，都得益于互联网因素的注入，从2015年火热的电视剧《盗墓笔记》到《花千骨》的开发，也昭示着电视产品强大的经济能力。

二、电视产品互联网变现增值的路径

2014年，是中国接入互联网的第十二年，也是中国的“媒体融合元年”，多项关于传统媒体与新兴媒体融合大事件频出，中央通过了《关于推动传统媒体和新兴媒体融合发展的指导意见》，东方卫视成功建立资本市场，湖南广电布局芒果TV。电视互联网变现的现象层出不穷，其最大的好处就是借原来的影响力和注意力优势，在互联网平台增值。

（一）自建网站：双平台增值

从湖南卫视的芒果TV到江苏卫视的网络电视台，创建自有网站，将电视内容移植到网络平台，实现同一内容在双平台的增值。湖南卫视建立芒果TV，中央电视台建有CNTV，浙江卫视布局蓝天下官方网站等，各大电视台将自制的电视产品置于自建网站上，在新平台实行二次广告的冠名、合作，实现双平台的增值。

（二）跨屏互动：一种资源多次创新

多屏时代，电视、电脑、手机等终端都可以实现用户的互动。跨屏互动，主要指的是通过移动互联建立起各种终端之间的链接，使得电视具有了交互性的传播功能。

1. 发力PC端合作

以湖南卫视的明星亲子真人秀《爸爸去哪儿》为例，第一季的热播导致第二季的版权价格一路走高，2013年底爱奇艺宣称以2亿元的价格拿下《爸爸去哪儿2》等节目的网络独家播放版权。可见，节目的价值体现在金钱上，成为了许多媒体抢占的资源。

例如CNTV转播世界杯时，内容和产品全面覆盖了CNTV的PC端和移动客户端，并与新浪达成合作，新浪获得世界杯全部场次视频点播权。而且，通过CNTV网络直播观看冠军赛的用户规模达到了900万人。

2. 从“好电视产品”到“好商品”的距离

电视是一种具有强烈品牌特征的消费品，尤其是电视节目的热度往往持续很久，具有很强的品牌识别度。所以好的电视节目必须进行完整的开发。电视节目《爸爸去哪儿》和《中国好声音》都取得了不错的收视率，后者的收视率一度达到了4.5，但是从电视节目的互联网变现上，《中国好声音》却显得后劲不足。《爸爸去哪儿》在推出同名综艺电影后，还与电商平台合作推出同款明星产品，将互联网变现做到极致。

跨屏互动除了发力PC端和移动互联端之外，也可以利用第三方接入跨屏互动，为变现创造更多机会。如“媒体桥”为一款服务于200多个电视媒体，用户达1.08亿的产品。

（三）新媒体增值

2015年6月24日，由中国社会科学院新闻与传播研究编写的新媒体蓝皮书《中国新媒体发展报告（2015）》在北京发布，该书指出在2014年新媒体已经向所有行业渗透。

1. APP开发

APP的开发近年来往往推行“病毒式”营销，过程为“用户发现—用户参与—用户分享。”其实，在2012年，旅游卫视推出“年假旅行”品牌，其通过新产品的“预售模式”也收获了一定数量的旅游订单。在移动互联风行的时代，为更好地抓住用户，推出“看得见的旅行”，2014年8月，旅游卫视建立了自有的旅游产品互联网销售平台，开发了“年假旅行”APP，并与中国第一家民营旅游上市公司“众信旅游”合作，在保障路由产品质量的前提下，预计三年内，将旅游卫视旗下可收看到的旅游节目都以相对应产品的形式在APP上实现订购。这种从电视产品播出到移动互联变现的模式，实现了电视产品的T2O闭环。

2. 社交端推广

在社交端，微信的“摇一摇”、“扫一扫”、“搜一搜”功能，成为了电视新媒体增值、跨屏互动的主要方式。腾讯数据显示，参与过“摇电视”的用户已经达到了1.8亿元。截至到2015年5月，上线“摇电视”的电视台达到了60个，节目达到了110个。

（四）“边看边买”的T2O

T2O模式是TV to Oline的简称，意为电视台与电商平台合作，边看边买，电视节目《女神的新衣》，电视剧《何以笙箫默》为此模式的经典代表。电视系列纪录片节目《舌尖上的中国2》就采用了T2O模式，互联网平台——天猫商城就与央视达成合作，打造整合传播体验平台，同步首发《舌尖上的中国2》节目中的食材和美食菜谱，并邀请摄制组为同步上线的食材把关。这一举措取得了巨大的利益，从《舌尖上的中国1》的基本不盈利，到《舌尖上的中国2》投资1000万元，初期盈利3亿元，电视产品的互联网变现能力得到充分体现。

1. 内容即商品

电视产品的互联网变现，直接瞄准用户消费。《舌尖上的中国2》的热播，“淘宝指数”显示纪录片中农产品的搜索量在激增，仅“雷山鱼酱”的搜索指数在2014年4月22日就达到40962的峰值，而在4月份之前节目未曾播出时，其搜索指数显示为0。另外，电视节目《女神的新衣》还运用了直接的方式，引导受众购买，在电视荧屏下方实时滚动的“天猫带您边看边买”以及主持人林海口播的广告，都在对观众进行销售，观众都会不由自主地拿起手机对产品进行搜索，甚至购买。

2. 追求更多分成的话语权

《女神的新衣》的确带动了卖家们销量和流量的增长：ASOBIO（节目中四家服装买手之一）的PC端流量增长5—6倍，手机端增长10倍，女神款的收藏量高达5000—6000，带动非女神款20%的销量；四位买家之一伊芙丽前三期的旗舰店访客UV较之前增长100%，成交额增长50%。清晰的数据证明了电视节目的变现能力。

T2O作为新型的互联网商业模式，对于电视产品的互联网盈利有一定的意义，给处在产业瓶颈期的电视带来一分活力。然而，此模式需要更完善的利益分成，尤其是给予电视更多的话语权。另外，需要强调的是电视节目的互联网变现，不仅仅是指将电视节目放在网络平台播出，节目中增加与新媒体的互动。而是树立“平台经济”的意识，通过互联网平台，找到电视产品的精准用户，并能够获得更大的利益分成，丰富电视盈利的途径。

（五）“后电视”产品网络开发

1. “后电视”产品的范围

“后电视”产品指的是以电视产品为基础，衍生出的相关产品，包括主题公园、图书、手机游戏、玩具等。“后电视”产品的传统开发路径，有开设专卖店营销玩具、文具等，而且停留在电视产品的动画片为主，而“后电视”产品的网络开发，主要指后电视产品在网络平台推广，而不是增加实体店铺数量。

2. “后电视”产品的推广

电视产品的增值路径不是单一的，而是一个需要从整体进行架构完整产业链，达到增值的目的。深圳卫视《极速前进》火热后，节目的衍生同名手游《3D 狂野飙车——极速前进》植根于移动互联的变现，将电视节目产品化，产品和影像节目相互作用相互促进，从而达成双赢的局面。目前已经取得了 5000 万元的创收，制作团队表示，在这之后还会推出更多电视节目的手游。

三、电视产品的三种互联网开发模式

可见，电视产品的互联网开发模式，主要有授权开发、自行开发和混合开发三种模式，三种开发模式是可混合使用的。

（一）授权开发

电视产品中的电视节目，电视台不一定有资源和能力去进行完整开发，便可以将其知识产权转让。电视节目的品牌、翻译版权往往是授权开发中的热点。电视节目播放版权在网络平台使用后，其推广授权便属于授权开发中的一部分。网络平台将电视节目的播放和推广进行捆绑，在互联网进行宣传。这样，电视产品不仅仅获得足够的播放量，还能够吸引更多的注意力。

（二）自行开发

电视产品的自行开发更加适合于资金雄厚的电视台。一类是传统的自行开发模式，例如中央电视台自建水浒城、三国演义城等主题公园。另一类就是新兴的互联网开发模式，电视产品在电视台自建的网络平台，如视频网站进行播放、推广、营销，不借助于第三方的力量。湖南卫视旗下的节目现在均为自家芒果 TV 进行互联网开发。

（三）混合开发

混合开发属于一种电视台与第三方网络平台之间的合作关系，尤其是电视台在资金不足，以及对网络发开模式不够明晰时，与网络平台共同推广某电视产品。在电视产品的创意阶段，就与第三方进行合作。很多网络小说作为电视剧的拍摄蓝本时，便由电视台和原作者的工作室以及拍摄方，进行深度合作，最终通过电视台和互联网双平台营销，提升热度。

四、电视产品的理想互联网开发模式

电视产品的互联网变现，需要电视产品制作方、播出平台和市场化的第三方，三者间良性互动合作，架构完整的电视产业链，才能够适宜于互联网时代电视产品的变现。

（一）三方的良性互动

由图2可见，围绕制片商、分销商、播出平台，分别形成了不同的电视市场。这是传统的电视市场开发图，在互联网时代，需要分别在这三方间，植入互联网基因。

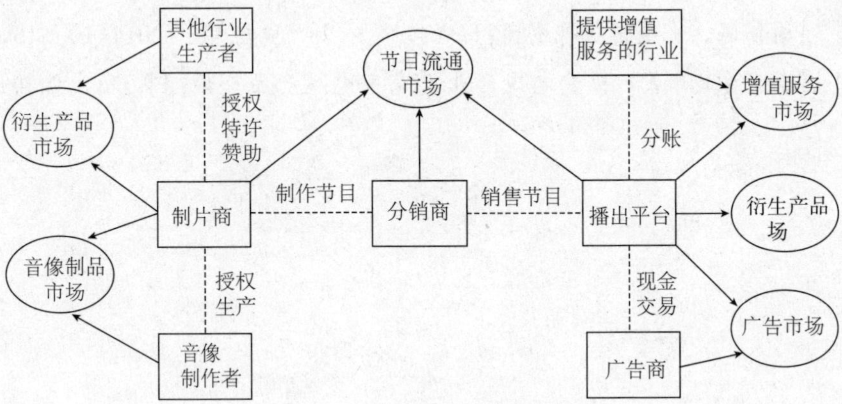

图2：中国电视市场示意图

首先，从制作商来看，由于本文主要是以电视台生产的电视产品为研究对象，故主要是电视台作为制作商。互联网时代，要求电视台在生产电视产品时，就要制定完整的规划，从节目的生产到营销，无时无刻要想到互联网平台。其次，播出平台更要注重互联网的传播方式，以用户为中心，驱动电视产品的传播。最后，市场化公司作为第三方，可不受体制的束缚，在公司内植入互联网思想，将电视产品进行完整变现。

（二）完善的电视产业链

目前，大部分电视产品都开始走向了互联网化营销，但是从创意到生产的阶段，却没有实现更多的变现。所以，从创意、生产再到营销，电视产品在走下电视荧屏后，不是终结，而是电视产品产业链新的开始。未来的电视应该是“IP +

用户+互联网”的全产业链。

传统媒体向新媒体转型融合是大势所趋，虽然传统媒体和新媒体在盈利模式、政策、资金等方面有很大的差异性和不确定性，但可以预见的是，电视产品的互联网变现，是对成型电视产品的二次售卖。一次制作、多次开发的电视产业链，会是电视产品变现的理想未来。

参考文献

[1]陆地．世界电视产业市场概论[M]．北京:中国人民大学出版社,2003:5.

[2]《女神的新衣》首播爆红 创新模式领跑综艺娱乐[EB/OL].(2014-08-25)[2014-12-01].http://ent.news.cn/2014-08/25/c_126914544.htm.

[3]周伟婷．当电视拥抱电商:T2O在路上[J]．成功营销,2014(10):15.

[4]李良荣,周亭．打造电视产业链完善电视产品市场[J]．现代传播,2005(3):17.

中国城镇社区舞蹈与资源库创意集成研究[①]

Study on Chinese Urban Community Dance and Creative Integration of Repository

张朝霞　闫海涛　颜　煌[②]

Zhang Zhaoxia Yan Haitao Yan Huang

摘要：本论文以城镇化背景下中国社区舞蹈创意集成信息为研究对象，从国内外相关资源库建设状况、资源库智囊团队长线培育、理论意义与实践探索角度研究。此资源包的建设将会从对策研究、创意思路等方面，推动国家各级各类艺术管理体制的创新，并从理念、方法、手段和案例等方面为舞蹈相关利益群体提供实用的创意集成路径与方法。

关键词：社区舞蹈；资源库；创意集成；网页设计

Abstract: This paper studies on creative integration of Chinese urban community dance under the background of urbanization, ananlyzing domestic and foreign relevant construction of the repository, long – term cultivation, theoretical significance and practical exploration of the repository think – tank. The construction of this resource pack will promote innovation of arts management system of various levels and types, and provide practical ideas for dance groups from aspects of the ideas, methods, means, case studies and so on.

Key words: community dance; repository; creative integration, web design

---

① 本论文隶属北京市属高校特色教育资源库建设项目主题资源包建设项目。资源包名称：城镇化背景下中国社区舞蹈创意集成信息资源；资源包负责人：张朝霞。

② 张朝霞，博士，教授，北京舞蹈学院艺术传播系主任，主要研究领域为文化创意产业、艺术管理、新媒体理论；闫海涛，硕士，首都师范大学科德学院教师，主要研究领域为演艺产业、社区舞蹈；颜煌，硕士，北京舞蹈学院艺术传播系教学秘书，主要研究领域为文化创意产业、艺术管理、社区舞蹈。

本资源包是对社区舞蹈原创优秀作品基础资料信息的整合和梳理，从社区舞蹈的基本概念、作品、人才、传播平台到国际社区舞蹈发展动态形成一个创新平台及集成服务体系，对于社会资源和舞蹈创意的融合起着重要的推动和提升作用。

对于非专业舞蹈领域而言，该平台为第一个从“创意集成”入手，系统构架国内外社区舞蹈创造性资源和机制的重要信息平台，势必会成为推动我国社区舞蹈自身创意提升和资源整合创新的支撑性资源库，起到一定的引领、培育和推广的作用。同时，对于专业性舞蹈领域而言，本主题资源包不仅为其观众拓展，特别是内行观众涵育起到重要的推动作用，而且同时也从概念、方法和手段上，为专业舞蹈编导和教育工作者提供了另外一个释放创意、规划职业生涯的新平台。

本主题资源包的立意在于立足本国实际、面向国际前沿，在理念和行动上，提高职业化舞蹈教育和非专业舞蹈培育的双重提升与超越，从而为建构一个可持续发展的舞蹈生态系统提供重要的信息资源库，并在虚拟交互实验等层面推动我国舞蹈的教育性、文化性和社会性功能的系统提升。

一、缘起

（一）国内外相关资源库建设状况

作为专业性舞蹈发展的群众基础和社会舞蹈的主流，以城镇社区为载体的社区舞蹈，自20世纪以来在世界范围内得到了跨越式的发展，一批旨在优化舞蹈文化管理体制、推动舞蹈艺术可持续发展的信息资源库和主题性舞蹈参与项目开始在全球范围内得到推广。其中，比较有代表性的社区舞蹈组织管理或运营机构包括英国社区舞蹈基金会（Foundation of Community，UK）、英国观众研究学会（Audience Agency，UK）、澳大利亚艺术委员会（The Australia Council for the Arts）、加拿大艺术委员会（The Canada Council for the Arts）、美国艺术基金会（NEA，USA）等。

自20世纪六七十年代以来，这些机构除了定期发布相关的舞蹈文化参与活动数据库、舞蹈观众数据库等信息外，还会组织相关调研和实践性研究项目，从信息平台构建、专业发展咨询和相关政策支持等层面有效推动了各国舞蹈生态系统的构建。从某种意义上讲，这些机构及其提供的系列信息资源、专业咨询报告、培训时间项目，有效地推动了国外专业舞蹈和非专业舞蹈的良性互动，获得了社会效益、文化效益和经济效益共赢的结果。事实上，作为舞蹈管理的高效模式，系列社区舞蹈信息资源库建设和主题性舞蹈参与项目推展，奠定了国外舞蹈发展的“正金字塔”结构模式。例如，在英国，已经形成了一个获得广泛认可的观念，业界人士“并不认为从事舞蹈教育工作或社区舞蹈工作的舞蹈家比全职剧场舞蹈演员或编导更不专业或更少创意”。相反，很多全球闻名的职业舞蹈大家正是从社区舞蹈领域转到职业舞蹈领域来的，而且这些大艺术家还会一如既往地从事舞蹈拓展和社区舞蹈的工作。应该说，这种从社区舞蹈中自然“培育”职业舞蹈家的模式，已经成为国外诸多艺术管理机构推动可持续舞蹈生态系统构建的基石。而这一艺术管理模式的重要操作平台就是各级各类社区舞蹈创意集成信息平台的建设以及相关主题性研究项目或实践项目。

21 世纪以来，特别是 2006 年以来，随着联合国教科文组织的第一届世界艺术教育大会的召开，构建艺术教育的全民机制、推动“大社区艺术观”的发展更是成为全球范围内社区舞蹈创意集成发展的“引擎”。在这里，“社区舞蹈”与其说是一个空间内的舞蹈发展概念，毋宁说是一个可以超越空间或区域界限的舞蹈生态系统建构的方法论。2010 年，联合国教科文组织的第二届世界艺术教育大会发布一份重要的纲领性文件，号召联合国教科文组织的各成员国从社会、文化等层面入手推动艺术教育成为教育革新、文化多元和社会发展的重要行动方式，在优化社区艺术的同时变革专业艺术教育的格局，使之成为全民教育和公民社会构建的重要手段。而该组织所发布的欧、亚、非等地区的艺术教育报告，也成为该领域重要的信息资源。

在教育和学术领域，新西兰奥克兰大学社区舞蹈教育硕士项目、博士项目的开展，建立在可持续发展全民艺术教育观和大社区艺术观基础上的专题性系列研究开始出台，标志着 21 世纪社区舞蹈创意集成研究已经从政策、管理等层面过渡到人才培养的层面。而该高等教育机构正在开展的“舞蹈故事”（Dance Story）项目，正是一项受联合国教科文组织委托并资助的重要的参与性社区舞蹈创意信息集成数据库项目。

在我国，群众性舞蹈活动早在 20 世纪 50 年代中期就已纳入国家文化管理体制之中，形成了一个体系完整、覆盖面广、发展历史较长的基于文化馆、群众艺术馆和青少年宫等基础设施的国办群众文化系统。一方面，21 世纪以来，在原有群文系统的发展基础上，国家文化部又成立了专门的公共文化司，形成了一套以公共文化设施投入、国家及各级文化共享工程为基础，以政府“群星奖”为创意催化平台为抓手的国家群众文化管理和服务机制。另一方面，伴随着中国城镇化的发展，在我国部分大中城市里，以新型城市社区为依托、以社区内居民文化生活为主体内容的现代社区艺术也开始出现萌芽。同时，城市民众自发的娱乐生活活动也在城镇化进程中趋向多元，中老年健身舞蹈、白领阶层健身舞蹈和企业文化舞蹈拓展训练项目、舞蹈医疗、素质教育型小微舞蹈企业的兴起，也进一步改变了我国非专业舞蹈的组织、管理、运营和创意形态，形成了公共空间和非专业舞蹈空间里的多元化、参与性、体验式舞蹈生态格局。

（二）社区舞蹈创意资源库智囊团队的长线培育

由于该领域实践形态是 21 世纪以来才开始大规模出现的，所以，成熟的各级各类信息资源库没有系统地建设起来。从政府文化管理的层面看，国家数字文化网的建设，填补了这方面的空白。特别是国家公共文化设施投入的相关统计报告、国家文化共享工程数字信息的采集，以及“群星奖”信息模块等特色资源库的建设，为本课题的开展提供了重要的权威信息支持。而从教学、科研层面看，北京舞蹈学院特色资源库等项目开展，成为本课题研究的重要基础。

在机制创新的基础上，本主题资源包还将着力从人才培养和项目孵化的层面，强化本课题的实用性和有效性。首先，参与本主题资源包建设的研究生和本科生具有超过一年以上的相关课题研究经验（多为北京市大学生创新实践项目和研究生创新实践项目的课题负责人或课题组核心成员），熟悉本课题研究对象，并具有一起工作的协同工作基础。其次，本主题资源的参与教师也是北京舞蹈学院艺术传播系艺术管理专业的专业教师，并先后承担过系列特色资源包建设和相关科研课题和创新实践项目的研究或教学指导工作，能够了解并深入本课题的研究。在一定的阶段还能将本课题研究的不同阶段的成果与其教学结合起来，实现研究成果的教学转换。从某种意义上讲，这类研究在过程中就局部实现了成果转换的使用价值。再次，本主题资源包的建设还将从对策研究、创意思路等方面，推动国家各级各类艺术管理体制的创新，并从理念、方法、手段和案例等方面为舞蹈相关利益群体提供实用的创意集成路径与方法。最后，本主题资源包还将从多元的角度对采集到的创造性社区舞蹈素材进行创作分析，通过现阶段兴盛的网络媒介进行包装策划，力求将优秀的社区舞蹈艺术作品辐射向社会，从而引发大众对于社区舞蹈的重视和热爱。

资源包的建设，能够促进学科案例实践教学和课程建设的提升，同时对于本院相关学科专业之间的交流和融合具有重要的意义。让参与资源包工作的人员在实践中锻炼能力、积累经验，在艺术管理和创意产业研究方面不断地开拓新思路，为今后的学科教学和学术研究搭建实践平台。

二、理论意义与实践探索

（一）本主题资源包的艺术特色和制作技术创新

“参与性”、“互动性”、“共享性”和“创造性”是本主题资源包建设的核心理念，也是该资源包最突出的艺术特色。该资源包整合了基于大社区艺术观念的国内外优势社区舞蹈资源，从人才、作品、平台等角度第一次全面、系统而又特色鲜明地集合了城镇化背景下原创性社区舞蹈的“创意之源”、“创意之法”、“创意之形”，不仅可以为公共文化服务系统内的广大社会文化指导员、舞蹈编导和广大的舞蹈艺术兴趣者和爱好者提供有效的创意集成理念与方法，而且还将通过对有关原创性社区舞蹈作品和编导的案例解析，为之提供适应未来发展的社区舞蹈发展的文化政策、编创策划理论与技巧。

从具体形态来看，本主题资源包以简洁、易读、翔实的资料提供城镇化背景下社区舞蹈创意集成的新理念、新方法和新手段，并借助技术手段实现“创意激荡”和“创意交流”的互动虚拟演练。为此，在资源包必备的大量相关的舞蹈图片、视频和指导性内容，本资源包还将从“参与性”、“互动性”、“共享性”和“创造性”角度设计一个“动作采集”和“网络编舞”的控制性交互模块。这种制作技术创新的目标是，在普通大众与舞蹈专业人士之间搭建一座沟通的桥梁，为专业舞者、编导、社区舞蹈爱好者、政府主导的文化场馆工作人员提供一个有效的信息交流和信息集成平台。使民众的参与性得到最大化发挥，专业舞者与非专业舞者一定程度上可以进行两类不同的风格平等对话与互动。

我们的最高目标是，优化资源配置，将原有国家文化管理体制下纵向积累的专业舞蹈创意资源（含创作者和作品等）与现有国家公共文化服务体系建设中的资源优势和平台优势进行优势互补和创意激荡的推动，推动专业“舞蹈社区”（含专业艺术院校和院团）与在地“社区舞蹈”的优势互补外，使现有舞蹈文化资源的优势最大化。在此基础上，职业“舞蹈社区”与在地“社区舞蹈”的良性互动，将有助于推动区域舞蹈的良性发展从而进一步推动舞蹈接受者从单向接受向参与式接受的过渡。而这种过渡将有助于不同的参与主体对自我及对方文化身份建立新的认识，在打破原有文化隔阂（含大众艺术与精英艺术的文化区隔）的基础上，构建起一个城镇化背景下基于群体文化身份认同的新型“艺术社区”，从而为建构我国创意舞蹈可持续发展系统打下一个新基础。

在本课题进行过程中，项目组将着力从“创意集成”的角度对北京市社区舞蹈进行针对性基础调研。具体而言，本课题研究将从“群星奖”获奖剧目、舞蹈类文化共享工程、区县街道级别群众性舞蹈活动和北京舞蹈学院参与、主持或辅导编排的非职业化舞蹈编导作品或舞蹈活动项目入手，本着“参与性”、“共享性”、“互动性”和“创造性”这四个基本原则，梳理出在城镇化背景下中国社区舞蹈创意集成特点的社区舞蹈原创优秀作品、社区舞蹈创意人才及传播平台信息资源。

具体内容包括：

（1）城镇化背景下中国社区舞蹈发展及管理概况（含政策、法律等环境要素和代表性项目等）；

（2）“群星奖”等国内社区舞蹈赛事平台及其代表性作品；

（3）国内外原创性优秀社区舞蹈剧目集萃；

（4）国内外优秀社区舞蹈编导和教育工作者介绍；

（5）国内外社区舞蹈精彩片段赏析；

（6）国内外社区舞蹈首演场地（含各类训练、排练场地等）；

（7）国际社区舞蹈发展脉络及代表性项目介绍。

上述七大板块以北京地区社区舞蹈为重点研究对象，兼及其他地区和其他国家的相关资源梳理和整合。其目的是搭建一个创新型的社区舞蹈共享式信息平台，并借助有关研究性、主题性舞蹈教育或拓展项目对提升我国舞蹈生态系统建构提供个案式的或者信息网络式的集成服务机制，促进专业舞蹈和社区舞蹈的完美融合。另外，在整个项目的推进过程中，舞蹈专业人士与社区舞蹈参与人士的互动式主题实践项目，将从实践研究和范本研究的角度，为建构可持续化的舞蹈生态优化提供参照。力争在理论、政策和实践等层面上，探索在原有“送戏下乡”、“送戏进社区”等政府文化共享工程的基础上，探索建构多元化的参与性的社区舞蹈创意集成系统的可能性和可行性，以最终在理论和实践两个层面提供实现专业舞蹈的观众拓展和非专业舞蹈的创意提升这样一个双赢目的的信息资源库。

（二）本主题资源包的协同组织创新、使用特色及效益分析

在协同组织创新方面，本主题资源包将依托核心课题组成员，通过网络视频会议、信息资源盘点、专题项目咨询等方式，有效整合教学、科研、政府和业界人力资源和信息平台资源，构建一个灵活、多元、开放、高效的创新机制。除了北京舞蹈学院和北京舞蹈家协会等组织机构之外，本主题资源包还将通过网络咨询和调研等形式整合新西兰奥克兰大学社区舞蹈项目组、中华女子学院社区艺术管理专业（舞蹈编导方向）、中国艺术研究院舞蹈研究所舞蹈教育研究项目、中央芭蕾舞团团办等相关机构成员及其研究资源，在“城镇化背景下中国社区舞蹈集成创新”这一主题下，初步实现政府、企业、研究机构和教学机构的协同创新。

该主题资源包建成后，将与北京舞蹈学院艺术传播系前三期主题资源包成果实现合拢，形成一张以时间为纵轴、以空间为横轴的舞蹈创意集成网络，该网络将包括“公共性”、“典型性”、“示范性”、“共享性”、“创造性”基本要素，为政府机关、教育工作者、舞蹈创意机构和培训机构等提供相关对策性建议和有关创意创作的参考：

首先，舞蹈传播媒介（剧场、院团）资源包（2010 年、2011 年），涵盖了与舞蹈相关的北京市代表性剧院、剧场的软硬件信息，并分别以图片、特色演出剧照海报、文字介绍以及剧院相关视频内容的形式向舞蹈利益相关提供了系统的信息资讯。对于普通受众而言，该资源平台能够全面鸟瞰首都北京的主要类型的剧院、院团，通过资源包平台获取剧场及院团的位置、空间、内容以及特色等链接内容，能够非常便捷的了解重要场馆或院团相关信息内容。前两期资源包的建成，为各级各类舞蹈利益相关者提供了最基础的信息资源交流共享平台。

其次，舞蹈艺术公共教育资源包（2012 年）的建成，则有机整合了职业舞蹈体系之外的舞蹈参与信息，收集和展示了北京地区舞蹈公共艺术教育主体（群众舞蹈队、校园舞蹈队、特色舞蹈机构和项目）及其行为结果。无论是对于普通高校的公共艺术课程、社区的舞蹈爱好者来说，还是对于中小学学生舞蹈第二课堂来讲，该资源都以简洁、易读、翔实的舞蹈文字、图片、视频等，使得公众对目前北京地区的非专业舞蹈发展现状有了一个基本的认识。

而此次本主题资源包的建设，就是对前三期特色资源包的一次整合式超越或者集成。首先，本主题资源包将参照国际经验、依据现有社区舞蹈创意平台，沿着新中国成立以来舞蹈艺术作为公共教育资源发展的时间路径，在历史的维度上以辩证的眼光分析社区舞蹈的历史沿革问题并详细梳理其发展脉络。同时，本主题资源包还将利用新的传播技术手段将现今大社区舞蹈观念的创意集成方法提炼并传播开来，着力考察城镇化背景下社区舞蹈创意集成的新理念、新手段、新方法和新成果，并运用手机 APP 等应用软件的形式加以推广，并在互动模块上建立起一个超越专业和非专业传统隔阂的创意集成的网络虚拟实验社区。

图 1：北京舞蹈学院艺术传播系“人人舞”公众歌舞集剧场版

三、成果形态

自 2010 年开始，北京舞蹈学院艺术传播系特色资源包在舞蹈传播媒介资源包项目（一期）舞蹈演出剧场信息集成（2010 年）、舞蹈传播资源包（二期）舞蹈院团机构信息集成（2011 年）和舞蹈艺术公共教育资源包（2012 年）等连续三期相关特色资源包基础，初步整合完成开展本课题研究的前期信息资源：城镇化背景下中国社区舞蹈创意集成信息资源包。

舞蹈艺术公共教育资源包的建设，更是以公共艺术教育的视角为构建基础，通过实践研究的调研、采风以及访谈等各种方法，系统性地收集和展示了北京地区现有的舞蹈公共艺术教育资源。在建设过程中，项目组先后深入北京各大社区、公园及学校，在网络数据采集和甄选的基础上，走访和专访 21 支业余舞蹈队、14 支社区舞蹈队、17 支校园舞蹈队以及 9 个舞蹈公共艺术教育特色群体，为本课题的开展积累宝贵的前期经验和基础成果。本资源包主要涉及图片、视频及经典案例、专家名人等网页 flash、html、java 等。同时，资源包的共享和资源建设力求能够实现 Web 2.0 的交互。

本资源包的设计将以本课题研究将从“群星奖”获奖剧目、舞蹈类文化共享工程、区县街道级别群众性舞蹈活动和北京舞蹈学院参与、主持或辅导编排的非职业化舞蹈编导作品或舞蹈活动项目入手，本着“参与性”、“共享性”、“互动性”和“创造性”这四个基本原则，梳理出在城镇化背景下中国社区舞蹈创意集成特点的社区舞蹈原创优秀作品、社区舞蹈创意人才及传播平台信息资源。具体来看，本资源包主要以国内外优秀社区舞蹈作品及其创意实施模式为主线，从创意激荡、编创手法、人才培养、传播方式等角度，深入挖掘一套适合推动全民、全社群参与的舞蹈创意集成信息平台，以创意资源库的方式，推动可持续的舞蹈创意资源整合与再造。

本资源包内容体系二级目录——社区舞蹈的组织机构、设施和赛事平台（图片 100 张，音视频 10 段、文本 0.5 万字、网页设计 8 个）、社区舞蹈编导、教育工作者和管理者（图片 200 张、音视频 20 段、文本 0.8 万字、网页设计 12 个）、社区舞蹈优秀作品和剧目分析（图片 300 张，音视频 18 段、文本 0.5 万字、网页设计 10 个）、社区舞蹈的文化政策和发展历史（图片 50 张、音视频 8 段、文本 0.5 万字、网页设计 8 个）、社区舞蹈的创意集成机制和网络互动平台（网页设计 1 个）。

其中关于网页设计：

图 2：主题资源包主页和栏目页的网页设计思路

整体设计思路：本资源包的视觉设计构思为一张地图板式的“羊皮卷”。其主页内容分为“精彩片段”、“赛事平台”、“首演剧场”、“发展动态”、“剧目欣赏”、“编导介绍”和“概念描述”七个模块。七个模块囊括了“社区舞蹈的创意集成机制和网络互动平台"、"社区舞蹈的文化政策和发展历史"、"社区舞蹈的组织机构、设施和赛事平台"、"社区舞蹈编导、教育工作者和管理者"、"社区舞蹈优秀作品和剧目分析"。

在本课题进行过程中，项目组将着力从"创意集成"的角度对北京市社区舞蹈进行有针对性的基础调研，并结合国内外相关工作经验，建构起一个旨在打通专业和非专业壁垒的创意集成交互平台。

图 3：用户访问曲线分析（资源包访问情况截至 2015 年 4 月 12 日）

主题资源包内容体系三级以上目录：

一级目录："城镇化背景下中国社区舞蹈创意集成特色资源包" + "羊皮卷"。

二级目录："概念描述：社区舞蹈的创意集成机制和网络互动平台"（A 模块）+ "发展动态：社区舞蹈的文化政策和发展历史"（B 模块）+ "首演剧场：社区舞蹈的组织机构、设施"（C 模块）+ "编导介绍：社区舞蹈编导、教育工作者和管理者"（D 模块）+ "剧目欣赏：社区舞蹈优秀作品和剧目分析"（E 模块）+ "精彩片段：社区舞蹈优秀作品和剧目视频"（F 模块）+ "赛事平台：社区舞蹈赛事平台"（G 模块）。

三级目录（部分）：

（1）城镇化背景下中国社区舞蹈发展及管理概况（含政策、法律等环境要素和代表性项目等）（B 模块）

（2）"群星奖"等国内社区舞蹈赛事平台及其代表性作品（G 模块）

（3）国内外原创性优秀社区舞蹈剧目集萃（E 模块）

（4）国内外优秀社区舞蹈编导和教育工作者介绍（D 模块）

（5）国内外社区舞蹈精彩片段赏析（F 模块）

（6）国内外社区舞蹈首演场地（含各类训练、排练场地等）（C 模块）

（7）国际社区舞蹈发展脉络（B 模块）

（8）国际社区舞蹈代表性项目介绍（A 模块）

图 4：主题资源包网页设计

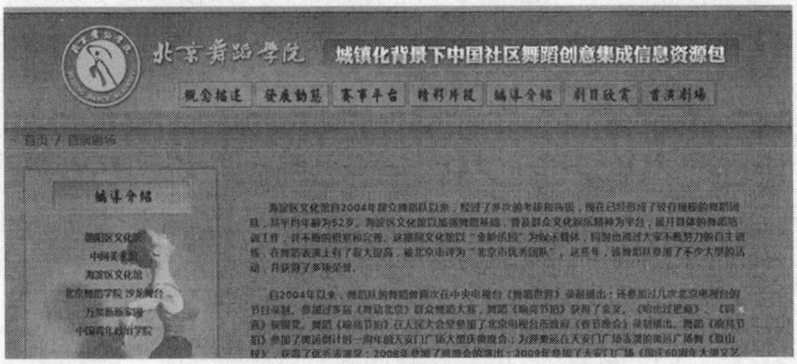

图 5：主题资源包网页设计

图 6：主题资源包网页设计

图 7：主题资源包网页设计

四、结语

本资源包建设对于发挥学院舞蹈创意产业及艺术管理学科建设的中介平台作用，打破学院传统学科壁垒，更好地发挥舞蹈学院对于发展首都文化创意产业以及建设世界城市的积极作用。

具体而言，该资源包的建设对于推动学院公共事业管理专业的本科培养和“艺术管理与创意产业研究”方向的硕士生培养具有的实践意义：

其一，参与本主题资源包建设的研究生和本科生多为北京市大学生创新实践项目和研究生创新实践项目的课题负责人或课题组核心成员。他们具有超过一年以上的相关课题研究经验，熟悉本课题研究对象，并具有一起工作的协同工作基础，相信一定能在本主题资源包建设过程中将其相关专业实践能力和研究能力提升到一个新的层次。

其二，本主题资源的参与教师也是北京舞蹈学院艺术传播系艺术管理专业的专业教师。他们不但先后承担系列特色资源包的建设，而且还具有相关科研课题和创新实践项目的研究或教学指导工作的经验，所以，他们能将本课题研究的不同阶段的成果与其教学结合起来，实现研究成果的实时转换。

台湾省文化创意产业之行业标准分类的探讨

The Standard Industrial Classification of Cultural Creativity Industry in Taiwan

黄伟伦

Huang Weilung ①

摘要：文化创意产业（文创业）政策的管理有效性取决于文创业现况，所以很多国家和地区都建立了文创业的行业标准分类统计数据。本文整理台湾地区文创业的2005—2012年产业状况，并以联合国教育科学文化组织（United Nations Educational Scientific and Cultural Organization，UNESCO）及中国大陆文创业的行业标准分类为基准和台湾地区比较，结果发现台湾地区文创业行业标准分类问题为不易跨年、跨部门、跨地区比较。本文建议台湾地区文创业行业标准分类之归属原则应考虑政策规划方向、跨地区比较问题、文创业所属之跨领域产业、相关产业或制造业等。且台湾地区应积极整理现今国际文创业统计分类系统的发展趋势，并配合国际趋势调整现今台湾地区文创业分类方式，进而达到国际比较之目的。

关键词：文化创意产业；行业标准分类

Abstract: The management effectiveness of cultural creativity industry (CCI) policy depends on the status quo of CCI, therefore many countries have established CCI statistics of standard industrial classification (SIC). This paper analyzes the situation of CCI in Taiwan from the year 2005 to 2012, and compares Taiwan's SIC system of CCI with that of UNESCO and Mainland China.

---

① 黄伟伦，台湾科技大学财务金融助理教授，研究方向为文化创意设计与管理。

The result shows that it is very hard to conduct cross - year, cross - sector and cross - district comparison regarding Taiwan's SIC system of CCI. This paper suggests Taiwan takes into consideration the direction of policy planning, cross - regional comparison, affiliated interdisciplinary industry, related industry or manufacturing industry, etc. It also points out that Taiwan should refer to current development tendency of international CCI statistical classification system and accordingly adjust its own classification methods so that international comparison can be achieved.

Key words: cultural creativity industry; standard industrial classification

一、前言

许多国家和地区利用行业标准分类（Standard Industrial Classification, SIC）统计文化创意产业（简称文创业）的营业额、营业额占台湾地区 GDP（Gross Domestic Product, GDP）等产业状况，且以文创业产业状况规划文创业的发展政策，但尚无文献探讨台湾文创业产业状况的统计问题，所以本文之第一个目的是整理比较台湾文创业的各年产业状况（家数、营业额、平均营业额、内销额、外销额），进而探讨台湾文创业以行业标准分类统计产业状况的问题（跨年、跨部门、跨地区比较问题）。

台湾“文化部”的《台湾文化创意产业发展年报》以《税务行业标准分类》整理文化创意产业的统计资料，结果发现文创业营业额从 2002 年的新台币 4, 352 亿元（人民币 987 亿元）上升到 2012 年的新台币 7, 574 亿元（人民币 1, 718 亿元），且文创业营业额占台湾 GDP 比例从 2002 年的 4. 32% 上升到 2012 年的 5. 39%。税务行业标准分类是以行业标准分类为基础，并依财税业务实际需要而多增加子类（6 位数编码）。为了使台湾与大陆具有可比性，本文增加相应的人民币单位，本文整理台湾“中央银行”的汇率资料，并计算 2001—2014 年人民币对新台币汇率资料，最小值为 2005 年的 3. 92，最大值为 2014 年的 4. 94，为了简化，本文换算值为 2001—2014 年的人民币对新台币汇率之平均值（4. 41）。

或如台湾于 2002 年的《挑战 2008：国家重点发展计划》之《文创产业发展计划》（时间为 2002—2008 年），2009 年的《创意台湾——文化创意产业发展方案行动计划》（时间为 2009—2013 年），2010 年的《文化创意产业发展法》，2012 年台湾“文化部”成立，2013 年的《7835 文化发展计划》（时间为 2013—2016 年）、《全球布局行动方案——国际交流中程计划》（时间为 2013—2016 年）、《价值产值化——文创产业价值链建构与创新中程个案计划》（时间为 2013—2016 年）等。

英国文化、媒体与体育部（The Department of Culture，Media and Sport；DCMS）于 2014 年的《创意产业经济统计》（*Creative Industries Economic Estimate*）以行业标准分类统计之结果发现创意产业毛附加价值（Gross Value Added，GVA）从 2008 年的 618 亿英镑上升到 2012 年的 714 亿英镑，且创意产业毛附加价值占整体比例从 2008 年的 4.71% 上升到 2012 年 5.16%。如台湾地区文化、媒体与体育部，商业、企业和法规改革部（Department for Business，Enterprise & Regulatory Reform，BERR）及创新、大学与技能部（Department for Innovation，Universities & Skills，DIUS）于 2008 年合作推动《创意英国——新经济的新天赋》（*Creative Britain - New Talents for the New Economy*）。或如台湾地区文化、媒体与体育部于 2012 年推动《2012—2015 年的商业计划》（*Business Plan* 2012—2015），计划重点为 2012 年的奥运会与残奥委会之举办与体育风气建立、创意产业成长条件的创造、社会投资与文化团体的推动、宽带普及率与移动电话覆盖率的促进。

现今（2014）由于各国的社会经济环境、科技发展及文创业整合程度等差异，各国各地区文创业的名称、定义与产业范畴（行业标准分类范围）不同，许多文献已探讨文创业的名称与定义之差异，所以本文之第二个目的是以联合国教育科学文化组织（United Nations Educational Scientific and Cultural Organization，UNESCO）及中国大陆的文创业之行业标准分类范围为基准和台湾地区比较，进而了解台湾文创业跨年、跨部门、跨地区比较问题的原因。

台湾行业标准分类于 1967 年公布且于 2011 年完成第 9 次修订，分类架构参考联合国国际行业标准分类（International Standard Industrial Classification of All Economic Activities，ISIC）及美国、日本、加拿大之行业标准分类，行业标准分类编订目的为国内外行业统计资料的整理与比较基准。

如台湾《文化创意产业发展法》第三条将文创业定义为：“源自创意或文化积累，透过智慧财产之形成及运用，具有创造财富及就业机会潜力，并促进整体生活环境提升之……产业……。”或如英国文化、媒体与体育部于1998年的《创意产业图录报告》(*Creative Industries Mapping Document*)将创意产业定义为“源于个人之创造力、技能与才华，透过智慧财产之形成与运用，具有开创财富及就业机会之潜力的产业”。或如中国广东于2008年的《深圳市文化产业促进条例》第二条将文化产业定义为“……社会公众提供文化、娱乐产品和服务的活动，以及与这些活动有关联的活动的集合”。或如中国国家统计局设管司于2012年的《文化及相关产业分类》将文化及相关产业定义为“……社会公众提供文化产品和文化相关产品的生产活动的集合”。

台湾《文化创意产业发展法》第三条将文创业之行业标准分类范围定义为：“……视觉艺术产业、音乐及表演艺术产业、文化资产应用及展演设施产业、工艺产业、电影产业、广播电视产业、出版产业、广告产业、产品设计产业、视觉传达设计产业、设计品牌时尚产业、建筑设计产业、数字内容产业、创意生活产业、流行音乐及文化内容产业、其他经中央主管机关指定之产业。”

DCMS将英国创意产业之行业标准分类范围定义为广告与营销(Advertising and Marketing)，建筑(Architecture)，工艺(Crafts)，设计(产品、平面与时尚设计)(Design：Product，Graphic and Fashion Design)，电影、电视、录像带、广播与摄影(Film，TV，Video，Radio and Photography)，信息科技、软件与计算机服务(IT，Software and Computer Services)，出版(Publishing)，博物馆，美术馆与图书馆(Museums，Galleries and Libraries)，音乐、表演艺术与视觉艺术(Music，Performing and Visual Arts)。

根据上述探讨可知，本文除前言外，第二部分为台湾文创业行业标准分类所统计的产业状况与问题，第三部分为各地区文创业行业标准分类与统计方式的探讨，第四部分为结论。

二、台湾地区文创业行业标准分类所统计的产业状况与问题

本文整理台湾文创业于2005—2012年以税务行业标准分类与“财政部”财政信息中心之磁带数据所计算的家数、营业额、平均营业额(=营业额/家数)、内销额、外销额为图1(a)—(e)，进而了解台湾文创业的产业状况。2005—2009年的文创业数据来源是台湾《文化创意产业发展法》施行前之13项次产业的税务资料，2010—2012年的文创业数据来源是台湾《文化创意产业发展法》

之16项次产业的税务资料。图1（a）—（e）的回归方程式之y为文创业的家数、营业额、内销额、外销额、平均营业额，且x为年序。①

由图1（a）—（e）可知，台湾文创业的家数、营业额、平均营业额、内销额、外销额虽具成长趋势（2011年或2012年的数值为最大值且回归方程式之β值大于零），但波动程度很大（如2008年的金融风暴使2009年的数值为最小值）。由图1（a）可知，台湾文创业家数由2005年的51，742家上升至2012年的58，686家（最大值），最小值为2009年的48，520家，每年约增加1，169家（回归方程式之β值）。由图1（b）和（c）可知，台湾文创业营业额与平均营业额由2005年的新台币5，620亿元与1，086万元（人民币1，274亿元与246万元）上升至2012年的新台币7，574亿元与1，291万元（人民币1，718亿元与293万元），最大值为2011年的新台币7，843亿元与1，353万元（人民币1，779亿元与307万元），最小值为2009年的新台币5，150亿元与1，061万元（人民币1，168亿元与241万元），每年约增加新台币341亿元与36万元（人民币77亿元与8万元，回归方程式之β值）。

由图1（d）可知，台湾文创业内销额由2005年的新台币5，249亿元（人民币1，190亿元）上升至2012年的新台币6，109亿元（人民币1，385亿元，最大值），最小值为2009年的新台币4，710亿元（人民币1，068亿元），每年约增加新台币136亿元（人民币31亿元，回归方程式之β值）。由图1（e）可知，台湾文创业外销额由2005年的新台币371亿元（人民币84亿元）上升至2012年的新台币631亿元（人民币143亿元），最大值为2011年的新台币983亿元（人民币223亿元），最小值为2009年的新台币440亿元（人民币100亿元），每年约增加新台币61亿元（人民币14亿元，回归方程式之β值）。

由图1（a）—（e）的资料可计算得知台湾文创业各年发展的不同状况，且可由资料比较（如内销比例或营业额占台湾地区GDP比例等）得知文创业发展状况及重要性，进而作为文创业发展政策的参考依据，所以文创业次产业与税务行业标准分类的适切性非常重要。如台湾文创业于2011年与2012年的家数成长率为1.71%与1.23%、营业额成长率为2.37%与-3.42%、平均营业额成长率为0.67%与-4.58%、内销额成长率为0.76%与0.81%、外销额成长率为13.12%

① 统计结果与参考文献的［3］、［4］相同。

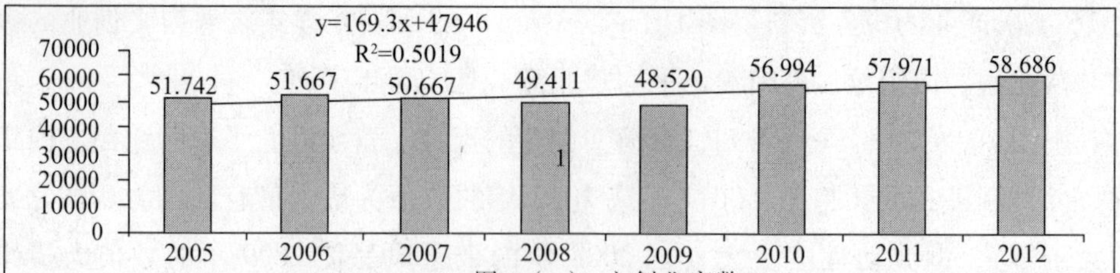

图 1（a）：文创业家数

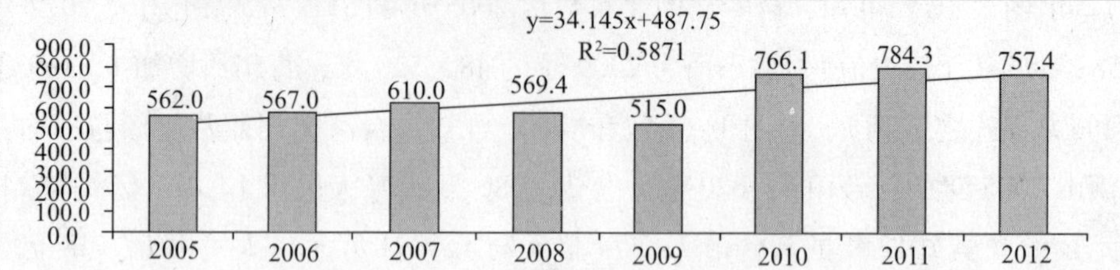

图 1（b）：文创业营业额［单位：新台币 10 亿元（人民币 2.27 亿元）］

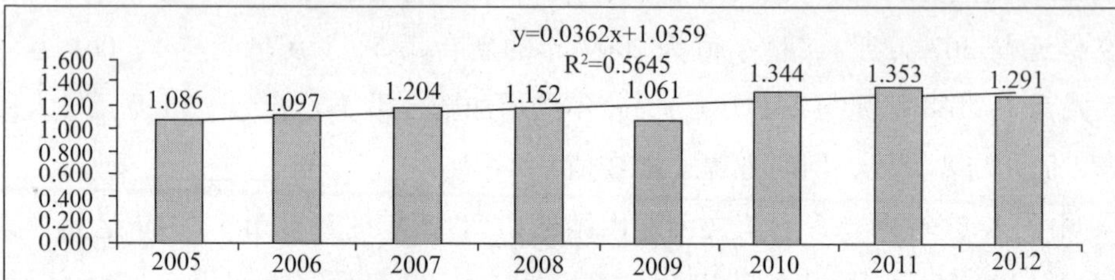

图 1（c）：文创业平均营业额［单位：新台币 1 千万元（人民币 227 千万元）］

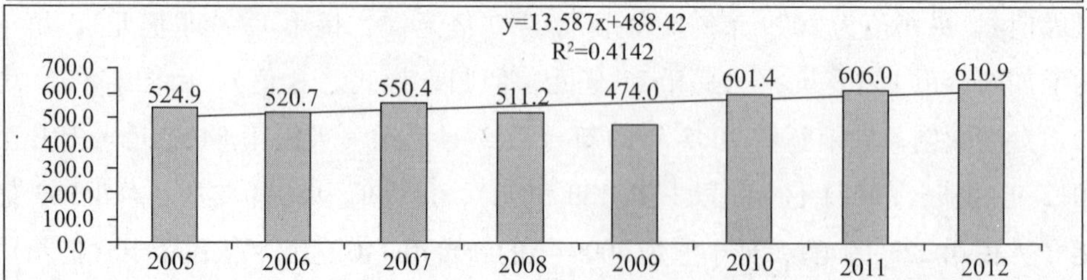

图 1（d）：文创业内销额［单位：新台币 10 亿元（人民币 2.27 亿元）］

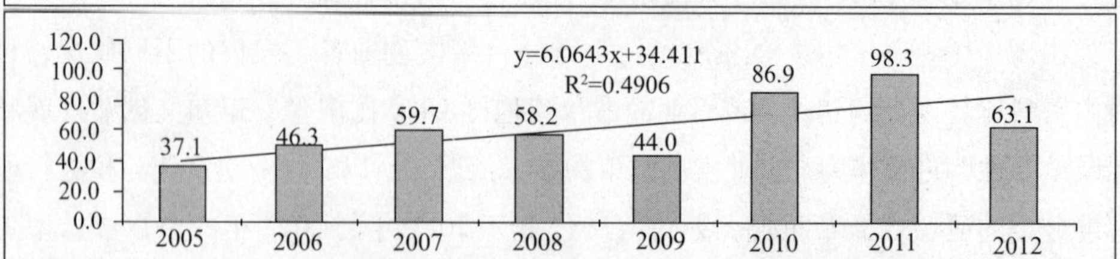

图 1（e）：文创业外销额［单位：新台币 10 亿元（人民币 2.27 亿元）］

图 1：台湾地区文创业于 2005—2012 年产业状况[①]

① 数据来源：本研究整理参考文献中［3］与［4］所得。

与 -35.81%、内销比例（=内销额/营业额）为 77.27% 与 80.66%、或营业额占台湾地区 GDP 比例为 5.74% 与 5.39%（2011 年与 2012 年的台湾地区 GDP 为新台币 136，743 亿元与 140，421 亿元，人民币 31，008 亿元与 31，842 亿元）。

根据上述的探讨可知，台湾文创业税务行业标准分类是产业状况的统计指标，但实际上，文创业税务行业标准分类现有许多问题未解决，所以统计资料不易跨年、跨部门、跨地区比较，一则为文创业税务行业标准分类常变动而不易跨年比较，如 2010 年因台湾《文化创意产业发展法》的调整，本文利用独立样本 T 检定法检定图 1（a）—（e）的 2005—2009 年与 2010—2012 年之数据，结果证明 2005—2009 年与2010—2012 年的家数、营业额、平均营业额、内销额、外销额有显著性的差异；或如“文化部”证明税务行业标准分类第 7 次修订的调整使 2012 年营业额差异甚大，调整前与后的 2012 年营业额为新台币 7，004 亿元与 7，574 亿元（人民币 1，588 亿元与 1，718 亿元）。

二则为文创业次产业与税务行业标准分类未完全对应，且台湾地区各部门统计方法不同，而不易跨部门比较，如 2005—2009 年的设计品牌时尚产业与创意生活产业、2010—2012 年的创意生活产业与其他经台湾地区主管机关指定之产业都无对应的税务行业标准分类，或如 2010—2012 年的数字内容产业只有部分对应的税务行业标准分类。创意生活产业家数、营业额、就业人数的计算方式是由台湾“经济部工业局”委托台湾财团法人中卫发展中心评选创意生活事业，再加总评选创意生活事业数据而得，评选标准为核心知识、深度体验、高质美感、经营特色。

根据文化创意产业内容及范围、台湾“经济部工业局”与台湾“文化部”的比较，台湾数字内容产业的数据现今无法跨部门比较。文化创意产业内容及范围定义数位内容产业为：“……从事提供将图像、文字、影像或语音等数据，运用信息科技加以数字化，并整合运用之技术、产品或服务之行业。”由台湾文创业税务行业标准分类可知，“文化部”之数字内容产业相对应的行业（税务行业标准分类代码）为电动玩具制造（3312 -11）、电子玩具制造（3312 -12）、游戏软件出版（5820 -11）、互联网接取服务提供（6100 -14）、游戏软件设计（6201 -11）、入口网站经营（6311 -00）、游乐园及主题乐园（9321 -00）、电动玩具店（9324 -11）、上网专门店（9329 -15）。为了避免重复计算、现有数据拆分等问题，所以台湾“文化部”将部分应为数字内容产业的税务行业标准分类现今归属于其他种类文化创意产业，如计算机动画及特效后制服务归属于电影产业，网络广播归属于广播电视产业，数字新闻出版与数字书籍出版归属于出版产业等。

台湾“经济部工业局”将台湾地区数字内容产业分为核心产业（数字游戏、计算机动画、数字影音、数字出版与典藏、数字学习）与关联产业（行动应用服务、网络服务及内容软件），且利用质化与量化方法推估 2012 年台湾数字内容产业的产值与成长率约为新台币 6，338 亿元（人民币 1，437 亿元）与 5.59%，但台湾“文化部”利用税务行业标准分类与台湾“财政部”财政信息中心之磁带数据所计算的 2012 年台湾数字内容产业的营业额与成长率约为新台币 840 亿元（人民币 191 亿元）与 4.40%，两年报的数据差异甚大且方法不同。台湾“经济部工业局”之质化方法为产业专家、公协会及重点厂商的专家访谈，量化方法是数字内容相关厂商问卷调查、上市厂商年报、产业报告的整合推估。

三则为各地区文创业行业标准分类未对应且统计方法不同，而不易跨地区比较，为了了解跨地区比较问题的原因，本文将于下文部分以台湾文创业次产业及行业标准分类为主体分类比较联合国教科文组织与中国大陆的文创业次产业。

三、国内外文创业行业标准分类与统计方式的探讨

第二部分已介绍台湾文创业次产业、行业标准分类与统计方式，为了了解文创业产业跨地区比较的问题，本文以 UNESCO 及中国大陆的文创业之次产业为基准和台湾地区比较（见表 1），并以台湾文创业次产业为主体分类联合国教科文组织、中国大陆的文创业次产业。因各国文创业次产业名称类似，所以本文以联合国教育科学文化组织、中国大陆的文创业行业标准分类和台湾文创业税务行业标准分类为表 1 比较的依据。

本文探讨主体为文创业行业标准分类且为简化，则表 1 与中国大陆文创业行业标准只介绍联合国教育科学文化组织以第四版国际标准产业分类体系（International Standard Industrial Classification of All Economic Activities Ver. 4.0，ISIC 4）定义的文化生产活动以及产品和服务。联合国教育科学文化组织的文化统计数据是依据不同使用目的而以四种国际分类系统计算而得，第一种是为了文化生产活动或产业之经济统计的第四版国际标准产业分类体系，第二种是为了文化产品和服务之经济统计的第二版产品总分类体系（Central Product Classification Ver. 2.0,

CPC 2），第三种是为了文化产品和服务之国际贸易统计的 2007 年版商品名称及编码协调制度（The Harmonized Commodity Description and Coding System in 2007, HS 2007）与扩大的国际收支服务分类体系（Extended Balance of Payments Services, EBOPS）Classification），第四种是为了文化职业之经济统计的 2008 年版国际标准职业分类体系（International Standard Classification of Occupations）。

由附件二可知，UNESCO - UIS 的文化统计数据分为四层，第一层分为文化领域、相关领域、横向领域（涉及多文化领域）。UNESCO - UIS 定义文化领域为："……一系列共同的经济（比如生产产品和服务）和社会活动（比如参加文化活动）"，相关领域为："……其他经济活动及社会活动……某些部分具有文化属性"。第二层分为文化领域的文化和自然遗产、表演和节庆、视觉艺术和工艺、书籍和出版、视听和互动媒体、设计和创意服务，相关领域的旅游、体育及娱乐，横向领域的无形文化遗产、教育和训练、档案和保护、设备和支持。第三层分为文化和自然遗产的艺术创作与娱乐活动、博物馆活动、历史遗址和建筑的运作、植物园、动物园和自然保护区的活动、二手商品零售等 101 项生产活动。第四层为生产活动的第四版国际标准产业分类体系代码，如艺术创作与娱乐活动的 9000、博物馆活动、历史遗址和建筑的运作之 9102 等。[①]

由表 1 可知，中国大陆的文化及相关产业可分为文化产品、文化产品生产辅助、文化用品和文化专用设备等四种生产活动，文化产品的生产活动为主体（含新闻出版发行服务等七大类），其他三种生产活动是补充。中国大陆的文化及相关产业行业标准分类编制原则是依据《国民经济行业分类》（GB/T4754 - 2011）与 UNESCO - UIS 的《2009 年联合国科教文组织文化统计框架》（The 2009 UNESCO Framework for Cultural Statistics, 2009 FCS），且中国大陆的文化及相关产业分类分为五层，但第五层为延伸层（目的为文化生产活动的内容说明）及篇幅限制，所以本文于表 1 以第二层为主体且附件三只介绍前四层。

① 由中国大陆文创业行业标准分类、可知，文化领域与横向领域会重叠，如出版报纸、杂志和期刊（5813），广告（7310），艺术创作与娱乐活动（9000），电视节目及广播活动（6020）、入口网站（6312）等。

表1：中国台湾、联合国教育科学文化组织、中国大陆文创业次产业

<table>
<tr><th>国家和地区</th><th>中国台湾</th><th>联合国教育科学文化组织</th><th>中国大陆</th></tr>
<tr><td rowspan="16">文创业次产业</td><td>音乐及表演艺术产业</td><td>表演和节庆</td><td rowspan="2">文化艺术服务</td></tr>
<tr><td>文化资产应用及展演设施产业</td><td>文化和自然遗产</td></tr>
<tr><td>视觉艺术产业</td><td rowspan="2">视觉艺术和工艺</td><td rowspan="2">工艺美术品的生产</td></tr>
<tr><td>工艺产业</td></tr>
<tr><td>电影产业</td><td rowspan="2">视听和互动媒体</td><td rowspan="2">广播电视电影服务</td></tr>
<tr><td>广播电视产业</td></tr>
<tr><td>出版产业</td><td>书籍和出版</td><td>新闻出版发行服务</td></tr>
<tr><td>广告产业</td><td rowspan="5">设计和创意服务</td><td rowspan="5">文化创意和设计服务</td></tr>
<tr><td>产品设计产业</td></tr>
<tr><td>视觉传达设计产业</td></tr>
<tr><td>设计品牌时尚产业</td></tr>
<tr><td>建筑设计产业</td></tr>
<tr><td>数位内容产业</td><td>视听和互动媒体、
体育及娱乐</td><td>文化创意和设计服务、
文化休闲娱乐服务</td></tr>
<tr><td>创意生活产业</td><td></td><td></td></tr>
<tr><td>流行音乐及
文化内容产业</td><td>表演和节庆</td><td>文化产品生产的辅助生产、
文化用品的生产、
文化专用设备的生产</td></tr>
<tr><td>其他经中央主管
机关指定之产业</td><td>旅游、体育及娱乐、
无形文化遗产、
教育和训练、档案和
保护、设备和支持</td><td>文化讯息传输服务、
文化产品生产的辅助生产、
文化用品的生产、
文化专用设备的生产</td></tr>
</table>

中国大陆的文化及相关产业分类第一层分为两部分（文化产品的生产、文化相关产品的生产），第二层依政府管理需要与文化生产活动特点而分十大类（新闻出版发行服务等），第三层依文化生产活动相近性而分为50个中类（新闻服务、出版服务、发行服务等），第四层依文化及相关产业的具体活动类别而分为120个小类，如小类的名称（代码）为新闻业（8510）、图书出版（8521）、报纸出版（8522）、期刊出版（8523）、音像制品出版（8524）、电子出版物出版（8525）、其他出版业（8529）等，小类的名称和代码与《国民经济行业分类》

(GB/T4754－2011) 相对应。

由表1可知，台湾文创业次产业划分较细且独设创意生活产业，如联合国教育科学文化组织与中国大陆文创业次产业大多涵盖2个以上的台湾文创业次产业，最多的是联合国教育科学文化组织的设计和创意服务与中国大陆的文化创意和设计服务涵盖5个台湾文创业次产业（广告产业、产品设计产业、视觉传达设计产业、设计品牌时尚产业、建筑设计产业）。

台湾地区设计产业划分较细或独设创意生活产业之目的应是各类设计产业或创意生活产业会有不同的培育政策与辅导措施，但现今“文化部”施政计划却无相对应的规划，则造成设计产业划分细化或创意生活产业独设目的无法达成，且造成文创业次产业不易跨地区比较的问题，本文建议台湾文创业行业标准分类之归属原则应考虑政策规划方向与跨地区比较问题。如台湾“文化部”的2014年度施政目标与重点之年度重要施政计划为小区营造业务、文化设施规划与设置、文化创意产业发展计划、影视及流行音乐策划与发展、影视及流行音乐推动与辅导、推动高画质电视普及发展、海洋文化及流行音乐中心计划、北部流行音乐中心计划、文学发展计划、人文研发计划、图文出版发展计划、出版事业之辅导等，由此可知，设计产业相关计划甚少。

由表1可知，台湾文创业次产业较无跨领域或相关产业且较未涵盖制造业，本文建议政府在台湾文创业行业标准分类之归属原则应考虑文创业所属之跨领域产业、相关产业或制造业。如联合国教育科学文化组织的文创业跨领域产业为无形文化遗产、教育和训练、档案和保护、设备和支持，文创业相关产业为旅游、体育及娱乐。或如中国大陆的文创业跨领域产业与相关产业为文化产品生产的辅助生产、文化用品的生产、文化专用设备的生产。UNESCO－UIS认为跨领域产业涉及多文化领域，如无形文化遗产可能存在于任一文创业次产业，且呈现方式为口头表达、表演艺术、仪式和节庆活动、传统手工艺等。

联合国教育科学文化组织的文创业所属制造业主要为设备和支持，中国大陆的文创业所属制造业主要为文化产品生产的辅助生产、文化用品的生产、文化专用设备的生产。UNESCO－UIS认为文创业次产业的文化产品是直接相关产品，而设备和支持为辅助产业和附带服务，如互联网、计算机与手机等。

四、结论与建议

现今UNESCO、UNESCO－UIS等许多文献认为文化创意产业可促进经济发展，且对个人消费行为、社会发展以及社会福利等有重大影响，但仍有文化遗产保护、知识产权（生产、所有权和使用）、文化多样性和文创业跨地区集团的市场垄断等问题待解决。如 Barrowclough and Kozul - Wright 与 UNESCO、UNESCO - UIS 等文献认为文化创意产业可以透过互联网提供产品或服务给消费者、跨地区生产或营销、保护和促进传统文化及文化多样性、提供工作机会给妇女或原住民等社会弱势族群等。African Union 归纳《非洲文化和创意经济内罗毕行动计划》（*Nairobi Plan of Action on the Cultural and Creative Industries in Africa*）之目标一则是在非洲全球化进程积极利用非洲文创资源，进而改善艺术家与创作者的生活条件、增加工作机会、改造小区环境等；二则是非洲文创业的保护、组织、生产、营销、运销、展览和保存等；三则是使非洲能在文创业的未来发展政策、技术与市场找到最好的定位。

各国都积极建立文创业管理的法规、机构、政策等，而管理的有效性取决于文创业现况，所以很多国家和地区都推动文创业行业标准分类的统计资料的建立，且文创业行业标准分类统计数据的考虑重点为广度（如文创产品或服务生产周期的创造、营销、消费、使用、展示和保护等）、深度（如文创产品的从业人员教育训练、生产与辅助的设备材料等）、现有统计数据的直接使用性、国际比较等。African Union 认为文创业统计数据对非洲文创业政策、技术与市场等非常重要。UNESCO - UIS 认为文化统计的考虑重点为部门的广度和深度、直接计量系统、国际对比评估的能力，且须考虑文化周期的五个阶段（创造、生产、传播、展览/接受/传递、消费/参与）。

本文整理比较台湾文创业的各年产业状况（家数、营业额、平均营业额、内销额、外销额），结果发现台湾文创业以行业标准分类统计产业状况的问题为统计资料因文创业税务行业标准分类常变动而不易跨年比较，并因文创业次产业与税务行业标准分类未完全对应，且政府各部门统计方法不同，而不易跨部门比较。如现今尚无行业标准分类或部分行业标准分类的数字内容产业、创意生活产业与其他经主管机关指定之产业等统计方法与数据数据源与其他文创业次产业都不同。

在台湾文创业以行业标准分类统计产业状况的跨地区比较问题，本文以 UNESCO 及中国大陆的文创业之行业标准分类范围为基准和台湾地区比较，结果发现各种行业标准分类的一致性及可比性不高，而台湾文创业次产业划分较细、独设创意生活产业、较无跨领域或相关产业、较未涵盖制造业，本文建议政府在台湾文创业行业标准分类之归属原则应考虑政策规划方向、跨地区比较问题、文创业所属之跨领域产业、相关产业或制造业等。

现今文创业统计分类系统还有第二版产品总分类体系、2007 年版商品名称及编码协调制度、扩大的国际收支服务分类体系、ISCO 08、2008 年版的国民账户体系（System of National Accounts in 2008，SNA08）、文化卫星账户等，所以台湾地区应积极整理现今国际文创业统计分类系统的发展趋势，并配合国际趋势调整现今台湾文创业分类方式，进而达到国际比较之目的。如 European Commission 认为欧洲各国文化支出不易取得、且数据的一致性及可比性都不高。或如 UNESCO - UIS 认为 2008 年版的国民账户体系确定的文化统计分类为政府职能分类、个人消费分类、非营利性机构分类的文化支出。或如联合国拉加经委会于 2013 年 10 月 7 至 8 日建立多米尼加共和国的文化卫星账户，且于 2013 年 12 月 18 日于圣地亚哥举办文化卫星账户技术会议。

本文建议未来研究方向可为文创业统计数据涵盖层面的增加，如文创业的统计数据除产业经济活动外，还应包括文创活动参与度、无形文化遗产（Intangible Cultural Heritage，ICH）及重大文创活动对社会经济的影响等。如 UNESCO - UIS 测量欧洲、不丹、泰国、乌干达等的文化参与活动，且文化参与的重要指针为广播收听、计算机与网络使用、书籍与报纸阅读、电影院、演剧院、演唱会、博物馆与国外博物馆的观赏等。因语言是无形文化遗产的载体，所以 UNESCO 利用语言用户的数量等九种语言活力与濒危状况之评估指标列出世界濒危语言地图（Atlas of the World's Languages in Danger），进而了解无形文化遗产和语言多样性的消失现象，结果显示 2，473 种濒危语言之中，230 种语言自 1950 年起已消失，577 种语言严重濒危，146 种语言使用人数少于 10 人，178 种语言使用人数在 10—50 人。

参考文献

[1]台湾“文化部”. 价值产值化——文创产业价值链建构与创新[M]. 中程(102 年至 105 年)个案计划 . 102 年度重要社会发展计划书,2013.

[2]DCMS. *Creative Industries Economic Estimates Statistical Bulletin*[Z]. 2009.

[3]台湾“文化部”. 2013 台湾文化创意产业发展年报[M]. 台北:台湾“文化部”,2013:17－19.

[4]台湾“经济部”. 2008 台湾文化创意产业发展年报[M]. 台北:台湾“经济部”文化创意产业小组办公室,2009:21－24.

[5]台湾“财政部”统计处编印. 台湾税务行业标准分类(第7次修订)[M]. 2012.

[6]台湾“中央银行”. 台湾与主要贸易对手通货对美元之汇率(银行间交易汇率)[EB/OL]. [2015－04－29]. http://www.cbc.gov.tw/public/Attachment/522617291071.pdf.

[7]DCMS. *Creative Industries Economic Estimates Statistical*[Z]. 2014.

[8]DCMS. *Creative Britain－New Talents for the New Economy*[Z]. 2008.

[9]DCMS. *Business Plan 2012－2015*[Z]. 2012.

[10]台湾“行政院”主计处编印. 台湾行业标准分类(第9次修订)[M]. [出版单位不详]. 2011:1－2.

[11]台湾文化创意产业发展法[M]. 2010.

[12]DCMS. *Creative Industries Mapping Document*[Z]. 1998.

[13]中国大陆深圳市文化产业促进条例[M]. 2008.

[14]中国大陆文化及相关产业分类[M]. 2012.

[15]台湾“经济部工业局”. 创意生活产业发展计划[M]. 2013.

[16]台湾文化创意产业内容及范围[M]. 2010.

[17]台湾“经济部工业局”. 2012 Taiwan 数位内容产业年鉴[M]. 2013:97.

[18]UNESCO－UIS. *The 2009 UNESCO Framework for Cultural Statistics*[Z]. 2009.

[19]台湾“文化部”. 2014 年度施政目标与重点[M]. 2014.

[20]UNESCO. “*Our Creative Diversity*,” *Report of the World Commission on Culture & Development*[Z]. Paris: UNESCO, 1995

[21]Barrowclough, D., & Kozul－Wright, Z. (Eds.). *Creative Industries and Developing Countries: Voice, Choice and Economic Growth*[M]. Taylor & Francis, 2008.

[22]UNESCO. *Convention on the Protection & Promotion of the Diversity of Cultural Expressions*[Z]. Paris: UNESCO, 2005.

[23]African Union. “Plan of Action on the Cultural and Creative Industries in Af-

rica," Second Session of Conference of African Union Ministers of Culture, CAMC/MIN/2(Ⅱ)[Z]. 2008.

[24] European Commission. *Report by the Task Force on Cultural Expenditure & Finance*[Z]. 2001.

[25] United Nations. *Report of the Inter - secretariat Working Group on National Accounts*[Z]. Economic & Social Council, Statistical Commission, 2014.

[26] UNESCO - UIS. *Guidelines for Measuring Cultural Participation*[Z]. Paper submitted by Adolfo Morrone. Montreal: UNESCO Institute of Statistics, 2006.

[27] UNESCO. *UNESCO's Atlas of the World's Languages in Danger*[Z]. UNESCO Project, 2011.

关于深化节庆产业链的问题研究
——以朝阳国际风情节为例

Research on the Problem of Deepening the Festival Industry Chain
——Take Chaoyang International Spring Carnival as an Example

熊冰雪　李有平[①]

Xiong Bingxue　Li Youping

摘要：节庆产业作为文化产业的一个分支，在我国发展尚处于初期阶段，其原因在于长时间依赖官方支持，节庆产业缺乏专业系统的顶层设计，导致节庆活动没有持续性、品牌化，不利于节庆活动延伸相关产业的发展。本文力求在实践中设计出可操作性强的节庆产业链的一般模式框架，以顶层设计建立风情节产业链的上中游，上游以创意为灵魂开拓多种资源与物理空间，中游着重打造营销节庆活动，下游力求延伸节庆产品与相关行业。佐以朝阳"国际风情节"为案例分析，针对每个链条上的客观情况，特别是存在的问题，给出分析对策与思考方向。

关键词：节庆产业链；模式框架；国际风情节；问题对策

Abstract: Festival industry, a branch of cultural industries, is still in its earlier stage of development. Due to dependency of long - term official support and a lack of professional and systematic top - level design, festival events generally couldn't last long and failed in branding, which in turn hindered the development of extended industries of festival events. This paper tries to work out a general framework which is operative in the festival industry chain, to establish the upstream and midstream of the Chaoyang International Spring Carnival with top - level design. The upstream focuses on creativity, explo-

① 熊冰雪，北京大学保卫部研究人员，主要研究美术史与文化产业理论；李有平，北京市朝阳区对外文化交流协会副秘书长，主要研究节庆文化。

ring a wider range of resources and physical spaces; the midstream focuses on marketing of festival activities; and the downstream endeavors to promote the development of extended products and related industries. This paper takes Chaoyang International Spring Carnival as an example, through analysis of the current situation of each part in the industry chain, and especially the analysis of existing problems, tries to offer some ideas for the solution.

Key words: festival industry chain; pattern; International Spring Carnival; the countermeasure of problems

一、节庆产业链模式框架

（一）产业链结构及研究方法

节庆产业是基于节事管理的产业。节事管理（events management）产生于20世纪80年代的美国，根据世界特殊事件协会主席哥特布莱特（Goldblatt）博士的定义，为了庆祝、教育、营销、宣传、娱乐的各种公共聚会就是节事管理行业的产品。节事活动的外在形式具备可物化的经济效益，可以转化为节事经济，进而发展为节庆产业。

节庆产业作为融合表演艺术、节庆市场及商品开发、会展旅游、文化创意项目等为一体的文化产业，其“产业链经营在文化产业商业模式建构中居于核心地位，而全产业链是产业链经营中一种最典型的形式，当然也是一种最能体现文化产业独特性的商业模式。”产业链是产业经济学中的一个概念，是各个产业部门之间基于一定的技术经济关联，并依据特定的逻辑关系和时空布局关系客观形成的链条式关联关系形态。从节庆活动到节庆产业，需要产业链条的实现，即对上中下游活动的设置。

节庆产业研究主要包括探索节事活动管理的方式方法、产业链条的配备与延伸，对现有研究和相关理论的评估，活动的具体策划，执行和管理以及节庆产业研究的展望，其所依托的理论主要来自社会学、管理学、艺术学、人类学以及其他相关学科。节庆活动的管理基于对上述知识和理论的运用。本文根据系统论进行节庆产业的上中下游产业链研究。整体性、关联性、等级结构性、动态平衡性和时序性等是所有系统共同的基本特征。以系统论为研究方法，从价值链、企业链、供需链和空间链四个维度研究产业链，文化产业的全产业链需要做到："其一，往横向和纵向延伸，附加价值高，使上下及周围资源配置平衡，创新与品牌贯穿始终；其二，通过内容的知识产权对从起点到终端的每个环节进行有效管理，并对关键环节进行有效掌控；其三，各环节相互衔接，整个产业链前后左右贯通为一体；其四，不同产品线之间的相关功能可以实现整合或者战略性有机协同。"产业链的本质是用于描述一个具有某种内在联系的企业群结构，它是一个相对宏观的概念，存在两维属性：结构属性和价值属性。产业链中大量存在着上下游关系和相互价值的交换，上游环节向下游环节输送产品或服务，下游环节向上游环节反馈信息。

（二）节庆产业链模式框架

节庆产业作为文化产业的一个分支，理论界针对节庆产业链的认识莫衷一是。大多学者把产业链作为一个经济概念进行探讨，如吴金明和邵昶在《产业链形成机制模型——"4+4+4"模型》中规定，"产业链是一个包含价值链、企业链、供需链和空间链四个维度的概念"，"其外在表现形式有：市场交易式、纵向一体化、准市场式和混合式产业链"。此文给出一个宏观的产业链模型，并没有针对文化产业的特性进行分析，可借鉴性不强。针对文化创意产业的产业链研究，董承华和王莹莉在《产业链研究：发展文化创意》中认为："文化创意产业链是指能把文化、创意与市场有效紧密联系，使最终消费（无论是产品还是服务）具有更加鲜明的文化内涵，使创意能更加贴切或者更加超前地反映时代特征的产业链条。""文化创意产业包括创意研发、内容生产、产品和服务销售、衍生产品开发等具有纵向关联的环节，构成了前后连续并可多次循环的产业链条。"此文重在阐述产业链研究对文化创意产业的重要意义，但没有对产业链本身进行分解分析，更没有引入具体的产业情况加以分析。张立波与陈少峰在《文化产业的全产业链商业模式何以可能》中对"文化产业的全产业链"进行阐释，认为"在空间上，文化产业的全产业链以创意内容为轴心，既可以实现纵向伸展，使上下游各产业要素有机地连接为一体，又可以实现横向打通和协同，使各个向周围辐射的产业内在地构图起来，实现内容资源重复开发的价值增值，或者实现内容服务驱动硬件增长"。"在时间上，全产业链以顾客需求为导向，使文化创意内容时刻跟随或者引导顾客生活方式以及消费方式的变化，保持文化产品生产过程的时效性和动态性。""由此，文化产业的全产业链能够做到这样几个方面：

其一，往横向和纵向延伸，附加价值高，使上下及周围资源配置平衡，创新与品牌贯穿始终；其二，通过内容的知识产权对从起点到终端的每个环节进行有效管理，并对关键环节进行有效掌控；其三，各环节互相衔接，整个产业链前后左右贯通为一体；其四，不同产品线之间的相关功能可以实现整合或者战略性有机协同。”本文对文化产业的全产业链进行理论研究，给出产业链的形式，有助于以此为模版进行进一步的案例研究，但总体看来还处于形而上的探讨之中。以上三篇学术论文，基本代表了目前针对文化产业链的研究的一般情况。

笔者认为，针对节庆产业的产业链理论研究尚需进一步的探索。节庆产业的理论研究起步较晚，但节庆活动历史悠久，可以说实践先行，理论滞后。因无指引顶层设计的理论落后，导致实践中问题众多。因此，通过实践规矩理论，再通过理论指引实践，是本文的写作目的。根据以往学术成果，笔者特针对节庆产业，设计产业链模式，其产业链框架包括产业链上中下游。框架如图 1：

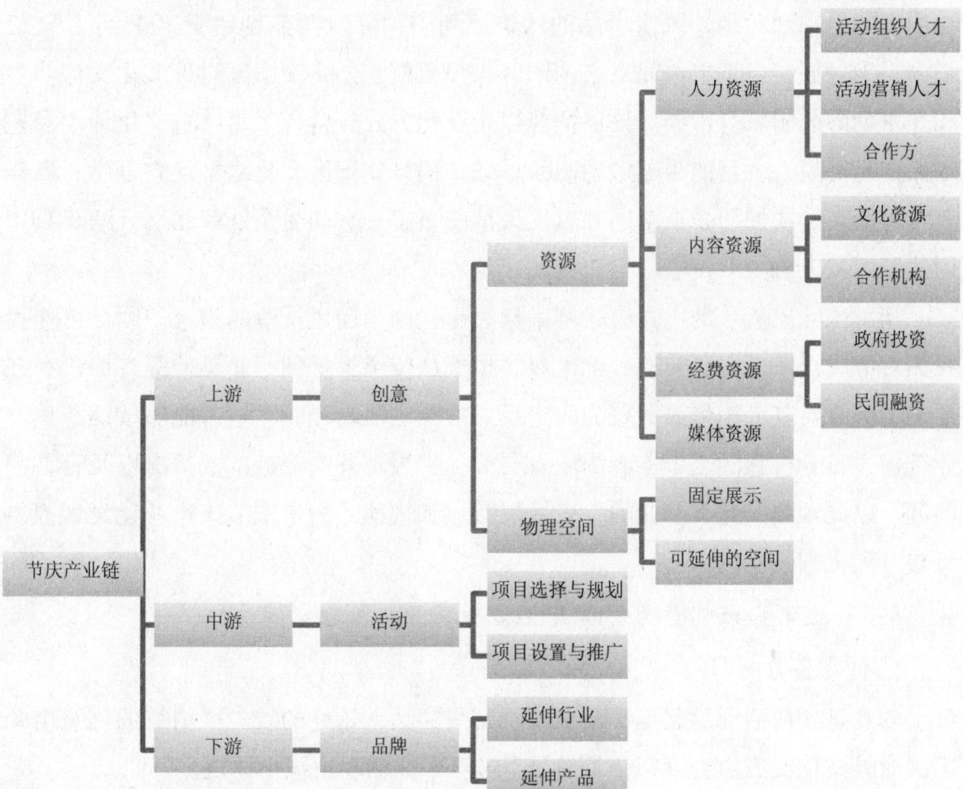

图 1：节庆产业链模式框架

节庆产业链上游以创意为核心，指引各种资源的积累和空间的开拓；中游以节庆活动为主体，节事管理以活动项目的选择与规划为首，以项目落地和推广为尾，首尾呼应，完成紧扣创意核心的完整节庆活动；下游以打造品牌为核心，基于上游的准备和中游的造势，延伸节庆活动的文化内涵，以商业运作，延伸节庆产品和节庆相关行业。明晰了节庆产业链条的上中下游三个层次后，着重将以北京朝阳“国际风情节”（以下简称风情节）的节庆产业运作为案例，进行对应分析。

二、以朝阳国际风情节为案例的风情节产业链的具象形态分析

随着国民对文化活动要求的提高，风情节这种“洋庙会”在国内正在升温。从近年来对节庆产业的报道来看，目前基本上呈现“散”、“乱”、“时间不固定”等参差不齐的表现，长此以往会造成资源的极大浪费，也不能满足人民对精神文化生活的需求和对国外风情产品的认识。朝阳国际风情节创始于2002年，现已举办了十一届，风情节由北京市朝阳区人民政府主办，朝阳区对外文化交流协会和北京朝阳公园联合承办。该风情节以企业化方式经营，采用特色文化演出及艺术品交易等模式，目的为塑造朝阳区形象，提升朝阳区文化水平。它以举行歌舞节目等动态形式加深公众对国外风土人情的了解。它的受众针对北京市民及CBD周边国际友人。

朝阳国际风情节的运作模式基本代表了我国当前风情节的情况。因此可作为我们对节庆产业进行研究的一个入口。虽然从资金筹募到行业延伸等方面仍存在缺陷，但针对其多年形成的较为固定模式的节庆活动经验，笔者能够按照节庆产业链模式，分析它的上中下游的职责与分工，展现其产业链构成情况以及存在的问题。以此勾画出此类产业的一般发展特点和规律，为未来节庆产业化发展提供可参考和批判的案例。

（一）上游：以创意为灵魂开拓多种资源与物理空间

1. 创意是方向

创意是任何活动的起点和基准点，是贯穿活动始终的线。风情节的创意由朝阳区对外文化交流协会（以下简称“协会”）在活动组织中体现。

首先，对活动项目的选择与规划：以官方的主题旋律为指导：①按照文化部、区政府的文化建设精神和宣传主题，在活动中注入“正能量”，表现“中国

梦”。如今年开展一项社会公益活动“笑满京城：送父母一条红围巾”。②各国使馆作为交流平台。利用地域优势，与各国使馆形成长效互信合作机制。根据每年活动的主题，向海外演出机构发出邀请，初设范围包括行进、街头、舞台等节目形式。根据反馈资料，选取最契合本次活动内容的节目。③与国外多个民间文化交流社团长期合作。朝阳区对外文化交流协会每年组织外出访问，参与当地一些节庆活动并邀请特色表演团队来风情节演出。对曾合作过的优质海外演出机构，协会会跟踪其新的演出节目。2011 年至 2013 年以来，来自爱尔兰、波兰、匈牙利、立陶宛、俄罗斯、英国、德国、苏格兰、希腊等 15 个以上国家的 200 多名演员参与过北京朝阳国际风情节歌舞、乐器表演、街头巡游等各类节目的演出 30 组以上。

2. 资源是保障

任何一个产业地崛起和发展，都与资源的开发利用密切相关。节庆产业的资源在于节庆文化、节庆活动和节庆经济，由人力、内容、经费、媒体资源组成。协会具备的人力资源包括文案策划、演出活动、外事接待、场地招商、工程搭建、媒介宣传、安保应急、办公行政、后勤保障等种类。

（1）内容资源，一方面，通过与海外的专业机构以及演艺经纪人保持战略合作关系，持续、高品质地选送与节庆主题相关以及表演形式独特的海外节目。另一方面，协会主要创意人员长期、固定地对国外节庆活动进行学习和借鉴，确保选送的节目品质。

（2）经费资源主要来自政府支持和招商引资。朝阳公园作为活动的承办方之一，是风情节的常驻地。公园与协会的合作采取门票分红制，达到双赢效果。招商引资主要通过设置企业展示版块的方式与企业开展合作。如风情节与中国农业银行、阳光上东、红牛、中国移动、土耳其巴扎公园、爱尔兰使馆、突尼斯使馆等采取项目合作制参与风情节，年均项目合作金额达 600 万元。调查显示：2011 年风情节项目合作金额达到了 560 万元，同比增长 10.5%，2012 年达到了 610 万元，较上年略有提高，截至 2013 年活动结束，项目合作金额有了新的突破，达到了 630 万元。

（3）媒体资源，协会利用自身与媒体的友好关系，从活动开始前到活动中，邀请包括中央电视台、北京电视台、北京日报、京华时报、87.6 文艺广播等主流中央及市属 43 家媒体对风情节的活动筹备、活动的状况给予宣传报道。各媒体共发表120多篇报道。风情节组委会还同新浪网开展了网上互动宣传活动，吸引年轻群体的参与。充分利用网络媒体的影响力，达到宣传目的（见表1）。

表1：媒体概览表及相关分析

中央媒体	《人民日报》	其他媒体	《香港文汇报》
	中新社		《香港大公报》
	《光明日报》	重要网络转载	人民网
	《中国日报》		新华网
	《中国青年报》		《中国日报》
	《中华工商时报》		光明网
市属媒体	北京电视台《北京新闻》		凤凰网
	北京电视台《特别关注》		新浪
	北京电视台《都市晚高峰》		网易
	北京电视台《北京您早》		搜狐网
	《北京日报》		千龙网
	《北京晚报》		和讯
	《新京报》		《扬子晚报》
	《京华时报》		21CN
	《北京晨报》		华龙网
	《北京青年报》		中国网
	《法制晚报》		中国广播网
	《信报》		中国青年网
	《北京社区报》		北京青年网
	《北京商报》		北京广播网
	《劳动午报》		中国文化传媒网
	千龙网		中国青年网
	北晚新视觉		中国经济网
			重庆晨报官网

（4）其他宣传资源：大使馆，企业对点宣传。爱尔兰驻华大使安排风情节活动的新闻发布会在爱尔兰驻华使馆举行。爱尔兰驻华大使，农行领导及朝阳区政府负责文化的官员及近40家新闻媒体的记者出席了新闻发布会。爱尔兰驻华大使馆举行酒会，招待出席发布会的官员，媒体记者及农行VIP客户。酒会为中外各方加强沟通与了解提供了机会。京城春节众多大型群众文化活动的新闻发布

会能够在外国驻华使馆举行，提升了风情节文化活动的品牌知名度。

（二）中游：打造营销节庆活动

确定了创意方向，准备好了各项资源，如何使活动落地将是中游主要任务。

海外节目的选送是打造节庆活动的重要渠道。协会选择节目的出发点是：以大型活动的形式表现出海外节目的“新、奇、特”。具体考察中，注意的是节目的表演性；道具新颖性和安全性；与观众的互动性；节目是否可以作为海外城市或者文化特色的代表；是否能够与中国传统文化结合。

以朝阳区将要举办的2014年国际风情节为例，其活动版块有：①“多国文化风情荟萃”：以波兰作为主宾国，加以突尼斯、意大利等国家的节庆风俗。②“国际街头艺术展演”：街头艺术展演是朝阳国际风情节的必备项目。③“欧洲名琴联展”：波兰、意大利、匈牙利都是小提琴名家辈出的国度，将欧洲名琴请到北京与广大观众见面。与国内小提琴机构合作，展开联合互动项目。④“波兰绘画艺术”：波兰是艺术之都，绘画艺术具有鲜明特色，今年是波兰主宾国，因此由波兰大使馆特别推荐波兰国内著名代表画家，推荐并制作展具，以图文形式展出多位画家的代表作品。⑤“爱琴海大集市”：本次国际风情节纳入“特洛伊木马”（主题展示）和巴扎公园（土耳其文化礼品展示）呈现典型的爱琴海封闭式大集市风情。⑥“美丽朝阳，世界风情”摄影展包括“我眼中的世界”摄影大展和“朝阳区文联摄协摄影展”。通过公开征集市民各国旅行的精美照片评选颁奖，组织区摄影家协会会员精品摄影作品展。⑦“笑满京城：送父母一条红围巾”社会公益活动“每逢佳节倍思亲”。

以朝阳公园为载体的朝阳国际风情节要对公园进行充分的设置。以2014年的风情节展示设置为例：①主草坪：艺术雕塑集群——设置当代艺术雕塑，作为春节游园的重要艺术景观。②红酒冰马雕塑展示区：2014年为农历马年，红酒企业赞助雕制骏马冰雕。冰雕为空心设计，灌注红酒，作为活动重要标志景观。并通过现场活动达成与游客互动。③国际食尚展示区：来自波兰、意大利、突尼斯、马来西亚等特色食品。④国内美食长廊展示区：国内特色美食。⑤Q逗街区：娱乐嘉年华，开放朝阳公园的大型娱乐器材。⑥“动漫风情”集市：联合中动传媒集团，售卖以卡通动漫形象为主题的动漫形象礼物。

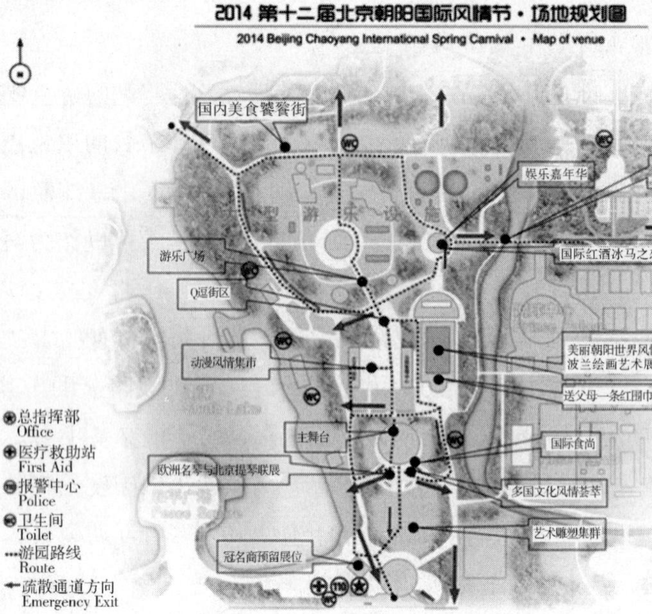

图 2：第十二届北京朝阳国际风情节 · 场地规划图

从朝阳国际风情节的起源和活动等设置发展，可见该风情节主打外国文化，通过歌舞演艺，外国特产展示等力求以“大烩菜”的做法，使活动尽可能在空间上布满朝阳公园，在视觉感官上给予游客以充实的感觉。存在问题是：①活动相对松散，核心不突出。因此活动设置时需要继续挖掘其蕴涵的文化理念，使不同活动之间能有一条主线联系，使游客在观赏之余，积淀出一些较为笼统的认识，才能在认知层面给予游客更深刻的教育意义。同理，在宣传方面，也能找到更精准的宣传点，提升活动的层次。②活动落地，应配套烘托活动环境的一系列准备，如科技支持，使活动能通过触摸式显示屏等达到观者获取背景知识和进行活动的目的。

活动营销通过媒体、广告等。广告宣传包括在朝阳北路呼家楼至红领巾公园桥，农展南路长虹桥至朝阳公园桥路段设立灯杆旗，在朝阳公园桥、工体春秀路、甜水园街路口设立大型户外宣传广告，印制风情节游园书发放给市民。如何评其效果，需要进行游客回访。目前掌握数据有：

1. 风情节媒体覆盖及影响人群情况：

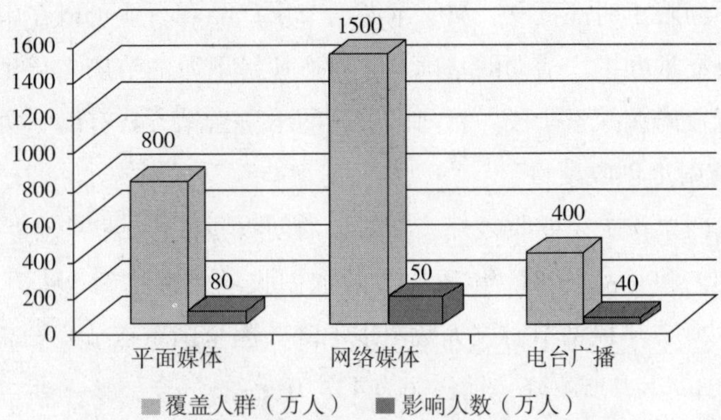

图 3：风情节媒体覆盖及影响人群情况分析图

据数据统计，风情节媒体覆盖人群情况如图 3：被平面媒体、网络媒体、电台广播所覆盖的人群分别约为 800 万人、1500 万人、400 万人；而受这三类媒体影响的人群分别约为 80 万人、150 万人、40 万人。

2. 2011—2013 年北京朝阳国际风情节游客信息获取渠道（%）分析：

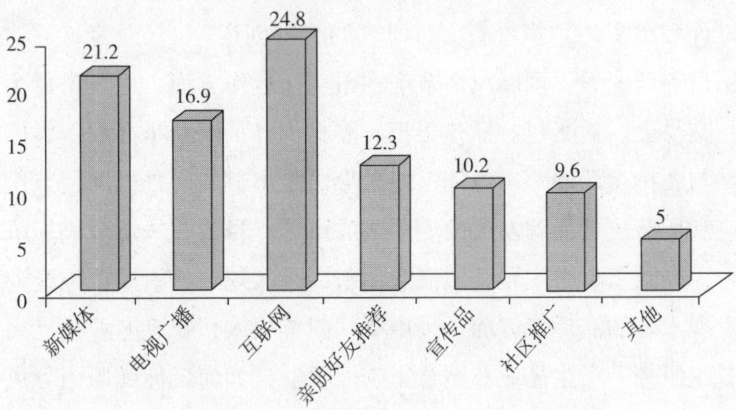

图 4：2011—2013 年北京朝阳国际风情节游客信息获取渠道（%）分析图

统计数据显示，2011—2013 年北京朝阳国际风情节有 12.3% 的游客是通过亲朋好友推荐获知风情节相关信息。通过互联网与电视广播获取相关信息的游客也比较多，分别为 24.8% 和 16.9%，其他信息获取的途径主要是新媒体，如微博及微信等。

（三）下游：延伸产品与行业

下游，不局限于时间概念，属于下游的节庆产品和行业可以在中游的活动中体现。风情节在举办推广活动的基础上，对产业链下游的节庆文化延伸产品和节庆文化延伸行业尚在探索阶段。目前已进行的下游营销方式有以下两种：

1. 风情节附加创收项目

风情节除门票作为主要收入外，其附加的创收项目包括：企业广告展示，餐饮，嘉年华游艺和礼品。2011 年风情节附加创收项目额达到 394 万元，2012 年达 510 万元。2013 年风情节游园人数出现下降，因全国重点节假日高速公路免费政策，较之 2012 年有所下降，销售额为 433 万元。

2. 朝阳公园周边相关商业作为衍生品

国际风情节还带动了周边地区相关行业的发展，为朝阳周边地区的餐饮、住宿、购物、娱乐及交通等行业带来的间接收入 1000 万元以上。总体看来，风情节已初具节庆产业雏形，即具备上游的节事文化理念探索，资源配置和物理空间的固定化；中游活动的设置与管理；下游多种经营渠道的开拓。然而作为完整的节庆产业链，风情节模式仍有很大的发展空间，特别是下游的产业开发，需要上游的顶层设计和更多的“摸着石头过河”的大胆创意。

从我国目前情况看，国际风情节庆在市场化运作方面，主要渠道为门票、广告、赞助、交易会、冠名权、摊位出租、委托承办、买断举办权、媒体和企业投资或入股参与、拍卖活动等。总体呈现未形成跳出节庆所处时间、节庆所在地点的缺陷，应利用节庆的品牌发展的更广阔的市场。目前，风情节仍局限于朝阳公园的平台中，受限于上游主题公园概念创新、园区规划、附属设施设计和主题节目策划等发展水平的滞后等方面，采用单一门票收入，缺乏专业创意人才，与影视娱乐、餐饮服务、衍生品业务结合紧密度不够，如何延伸朝阳国际风情节的下游产业链——延伸并覆盖更多公共区域，吸引更多民众参与，是节庆产业链研究亟待解决的问题。

三、制约节庆产业链发展的问题及对策研究

本部分内容试图从个案入手，探索制约节庆产业链模式发展现存的重要问题：活动经费来源，活动设计管理，活动主题与市场定位如何一致以及如何进行下游产业的开发渠道。

（一）资金来源问题及解决办法

1. 依靠政府的资金不稳定性的问题

北京朝阳区对外文化交流协会和朝阳区政府的宣传部门是上下级关系，这个身份特点是目前国内许多从事类似活动主体部门的共性。基于此，政府对于群众活动的支持态度是决定活动是否顺利运行的重要影响因素。由于目前政策的不稳定性，政府并非采用招标采购等完全市场运作的模式对待大型群众活动，政策和态度上的不稳定性势必造成经费划拨的不稳定性，每年变化的经费投入很难保障大型群众活动的稳步发展。风情节的档期处于“农历春节”，在这个中国人最重要的节日期间，绝大多数中国企业出于休假和歇业的状况，这使得招商遇到不小的阻力。而且，冬季的户外使得企业宣传和产品展示有一定的局限性。

2. 国内外招商融资不成规模的问题

受场地限制，在经费和时间的限制下，搭建的规模性较弱，也很难为入驻商户提供理想的服务。因此，入驻的大部分商户存在“松、散、小”的特征，吸引关注少、利益回报弱、客户群针对不够精细使得大品牌入驻的并不多。海外招商方面，由于海外商户对中国市场了解不深，不确定购买力的强弱，害怕造成货品积压或者前期成本投入过大，所以海外招商的情况不算理想，仅有的是部分人员自己的销售行为，没有完全形成规模。

解决办法：针对政府补贴资金的不稳定性和招商融资渠道的有限性，应在今后的节庆产业中，大力宣传活动品牌，加强广告公司、公关公司和活动经营公司开展合作和共同经营。着重培养与合作伙伴的长效机制，避免完全依靠政府政策。运用深入整合客户和合作伙伴资源让经营模式更加灵活，通过科学管理让活动运作更专业和让服务更有竞争力。尝试建立文化交流俱乐部，吸纳单位会员和个人会员，加强活动资源的管理和控制。在经营类型上可涉及游艺类、企业展示类、使馆主题类、文化交流类等，与相关部门（使馆、投资促进局等）尝试更多类型的合作。

（二）缺乏顶层设计管理的解决方案

实现从活动管理到节庆产业的飞跃，首先需要定位活动管理者的身份。朝阳区对外文化交流协会正在以“国际文化艺术交流中心”为目标打造自身品牌。确立身份后，协会需要增强上游建设，即从单纯的活动把关者成为文化推广者，这需要对小到节目的设计与大到展示国文化的理解，从而进行集文化、经营、管理为一体的“顶层设计”。

在顶层设计上，政府作为活动的主要支持者，缺乏其稳定的决策地位。结果是，政府对于大型活动缺乏长期稳定的规划导致大型活动难以竖立稳定可靠的市场“品牌”。其他政府部门（安全、工商、卫生、交通等部门）的支持也是顺利举办大型活动的必要因素，但是由于缺乏激励制度和政府层面的统一要求，各部门对于支持大型活动通常采取“多一事不如少一事”或者“回避”态度居多，安于“平静”的现状。

在解决对策上，主要包括三个方面：

从政府层面，希望区级政府可以建立大型活动统一协调机构，加强整合对外文化交流协会、旅游委、文委等各方资源利用，避免不必要的资源浪费，进而带动区域文化经济的发展。

从执行团队角度来说，现在的活动运营机构多是公关或者广告公司兼职或者转业经营，在盈利模式和安保工作上还缺乏经验。活动管理者应通过整理十年来的经验和流程，尝试品牌输出，继续顺应执行—品牌—整合—品牌输出—商业运作的运营思路。精选特有的东方文化代表，多开展与国际间的文化交流。逐步摆脱只针对朝阳区的地域限制，以及只经营大型活动的形式局限，在这个过程中，逐步加重活动主办者在活动运营中话语权、执行力和决策力的权重。加快活动资料整理，彻底明确和标准化整个活动流程，方便今后的品牌输出和活动合作；尝试在办公区域和经营方面的扩大，多元化包装我们的活动品牌。

从培养节事管理人才出发，应秉承理论与实践相结合。上文已述，节庆产业理论需要多门学科的支撑与融合，从事节庆产业的人才应该是综合性人才，除了具备理论的修养，需要通过大量的观察和实践，才能掌握我国节庆产业发展的未来方向。大型活动需要的人才是复合型人才，要求工作人员以及管理人员具备文化审美、商业运作管理、应对突发事件等良好心理素质等综合素质。这需要对人才有一个系统的培训和长期的行业培养，可是现有教材、培训或者专业机构还很匮乏，所以目前执业人员的专业度远远不够。应完善公司培训和学习参观计划，转变闭门造车的现有模式，让从业人员从感性认识、创意创新和科学管理执行有一个全面的提高；培养或者招聘专业策划人才，在策划上持续创新和执行服务上精益求精，提高公司整体的竞争力，使自己在利用政府资源上保持住优势，但并不依赖。节事管理者在实践中应自觉做到与时俱进，紧跟时代潮流，积极学习领会政策。随着中国国力的日益强盛，人民生活水平的迅速提高，体育赛事、会展、旅游、文化、娱乐等产业会日益成为主导产业。学习领会党和国家关于文化建设的最新要求，学习和借鉴国外先进的节事管理经验，对自己所从事的节事活动下功夫学习并领会其中内涵，只有自己精通其中脉络，才能有清晰的思路进行管理，才能在应急时刻游刃有余。2008 年奥运会、2010 年世界博览会等世界性重大活动相继在中国的举办，标志着中国必将成为节庆活动管理需求与应用的最大市场，该领域管理人才奇缺的问题也随之凸显。国际节庆与盛事策划中心主席裘·杰夫·戈德布莱特教授认为：①中国急需受过良好培训的节庆和重大活动的高级管理人员和志愿人员。据美国华盛顿大学事件管理中心的调查数据显示，超过半数的节庆活动管理从业者拥有学士学位，20% 拥有硕士学位。希望中国不仅要吸引世界各地的精英和有识之士来发展自己的节庆产业，也必须成为世界节庆理念和技术的创意中心，向世界输出出色的节庆管理人才。②中国应建立和完善具有中国市场特色的产业管理标准和职业认证体系。他建议，尽快在中国建立全球节庆文化研究与培训中心。通过系统科学的培训项目，如在爱丁堡艺术节举办期间的现场实践，学习和借鉴世界先进的节庆管理体系经验，内在地提高中国节庆管理水平。

（三）活动主题定位与市场定位不一致的解决对策

归根结底，这是一个为谁办活动、谁会看节目的问题。解决对策一方面要充分理解表现活动主题的节庆产品，另一方面要定位受众群体，及时调整活动表现形式。

1. 确定活动主题要从理解节庆产品入手

基于中游的活动展示决定节庆产业的层次特色，要求节庆产业的管理人员对节目进行文化的深度挖掘。如果只限于“原汁原味”的外国演出项目，没有为演出制作出烘托其特殊性的文化氛围，那么对于大多数游客来说，还是“看个热闹”，没有表现出节目的身份特色。观众对“原汁原味”的接受和评价结果可想而知。如何使展示文化更加深入人心，笔者认为，技术是创造文化氛围的攻坚力量——将演出活动的演出空间的界限消融，使“身临其境”成为现实。互动是展示文化的重要方式——提供对话、挑战、智力题、节目选择活动，遵循文化“可读性”原则，使沟通建立秩序。

活动主题的不明确体现在活动创意落地的过程，对核心主题的“挖掘”深度有限。同时，在现有营销网络的利用上也缺乏“大胆和富有创意”的纵向开发。伴随着新媒体（例如微博和微信）的快速崛起，如何和新媒体一起为活动预热、造势和深切地“影响”民众是对主办方提出的新问题。活动主题的定位不明确直接导致风情节市场定位不够清晰、创新力度不强、文化挖掘不够深刻。节庆产品应具备以下功能：①记忆功能：是指产品的某些元素可以唤醒人民日后对该节事的记忆；②感受延续功能：如节庆的音像、视频资料等；③体验功能；④创造受益；⑤提供报酬；⑥品牌提升；⑦整体形象塑造。把握好节庆产品的身份定位和功能，就能迅速找准市场，从活动延伸到产业。

2. 活动主题要与市场定位一致

确定活动的市场地位要首先考察受众对象。无论引入的是哪国的歌舞或是哪个地区的特色演出，都带着地域的风格，即特定场所的身份感，这种独特的身份是吸引游客的最有力因素。节庆活动本身既是人们消费的对象，也是人们消费商品的场合。根据相关数据统计，2013 年北京朝阳国际风情节总接待人数达 45 万人次。以下是游客的几个特征统计（见图 5 至图 9）：

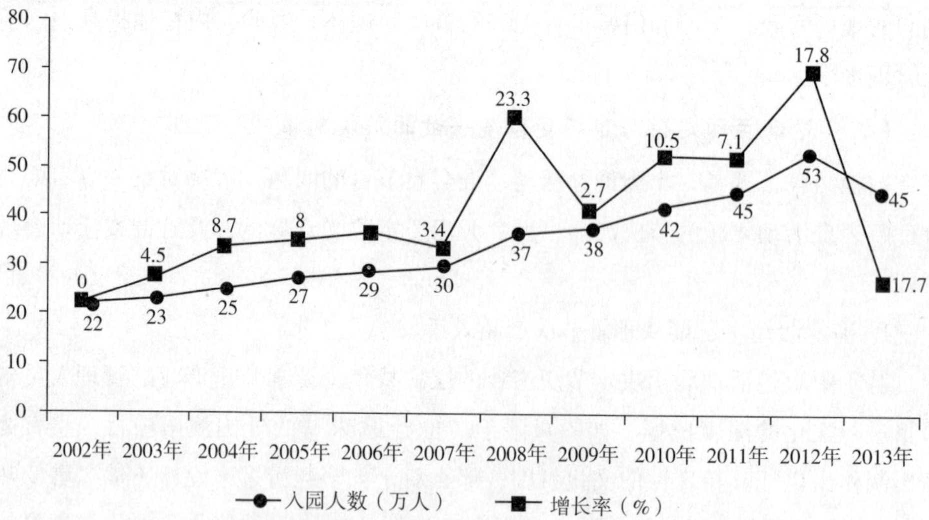

图 5：2002—2013 年北京朝阳国际风情节接待游客数量统计

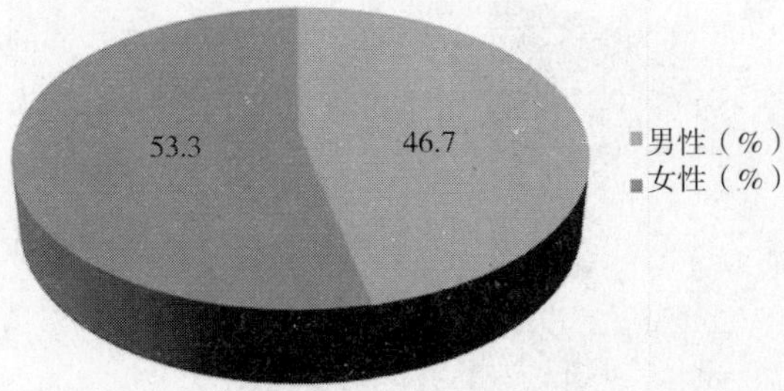

图 6：2011—2013 年北京朝阳国际风情节接待游客性别构成分析

数据显示，近三年北京朝阳国际风情节游客中男性占 46.7%，女性占 53.3%。

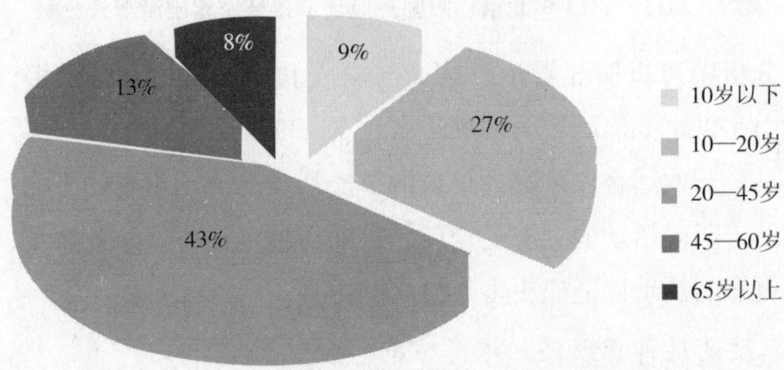

图 7：2011—2013 年北京朝阳国际风情节接待游客年龄构成分析

统计数据显示，近三年来入园游客主要以 20—45 岁游客居多，占总数的 43%。另外，10 岁以下、10—20 岁、45—60 岁及 60 岁以上的游客分别占总数的 9%、27%、13% 和 8%。

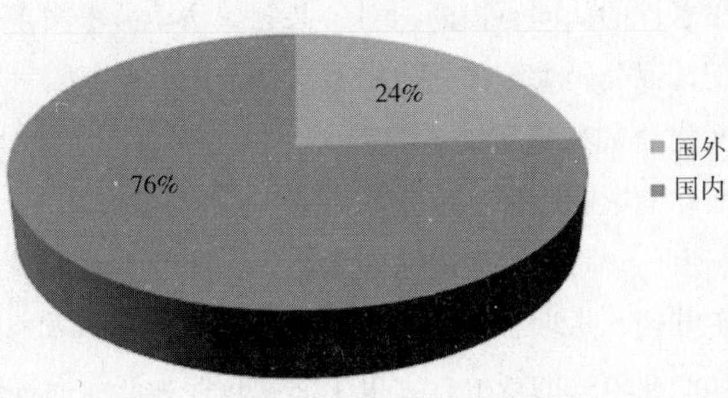

图 8：2011—2013 年北京朝阳国际风情节接待游客来源构成分析

统计数据显示，近三年来入园游客主要以国内游客居多，占总数的 76%。

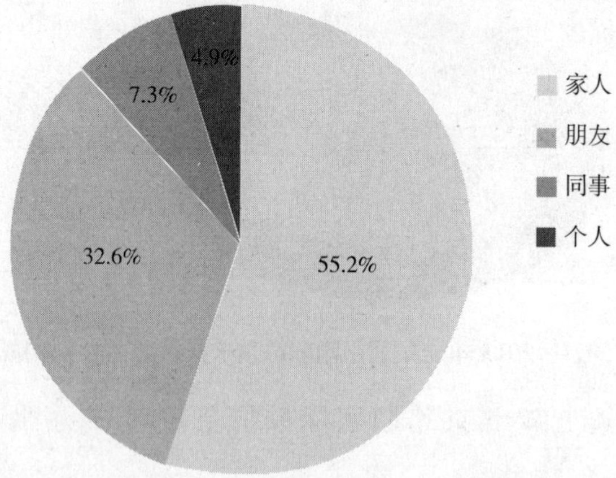

图9：2011—2013年北京朝阳国际风情节接待游客出游形式分析

从统计分析中可以明显看出，选择与家人和朋友出游游客最多，比例高达87.8%。其中又以家庭出游较为常见，占比55.2%。

由此可见，开发适合以家庭为单位的节庆活动是活动主题的方向，通过对游客分析，有助于明确活动的主要受众层，进而清晰定位，保住此客源，并在此基础上，增加更多的活动以适应更多年龄层的游客。

（四）三度是延伸产业链的思考方向

中国特色的"广场舞"的"全球热"引发了群众的讨论。我们且不去争辩广场舞的存在意义与缺陷，就其存在情况可以看出，随着老龄化城市的增长，民众需要更多空间和对集体活动的引导。对于节庆产业的运营者来说，应思考如何借助已有的节庆活动项目去延展更多的产业，即如何更好的开辟节庆产业下游链。基于国人公民意识的认同感提高，对公共领域活动需求增多，经济与要求节日活动消费相匹配，以公园为载体的展示型文化节庆产业急需大力发展，以配合民众日益增长的文化消费和空间娱乐的需要。想实现节庆产业社会效益最大化，关键在于如何把活动的影响延伸到未来的商业中。

实现途径：三度——将活动的内涵、形式、影响开发利用最大化。产业下游的渠道需要在上游开拓，从理念到行动，皆需进行专业的思考和商业运作，如从专业人才的培养和产业模式的规范，为单个活动拉伸为产业面提供可持续发展的动力；从开辟系列活动到延伸活动表现场所、经营场所、挖掘活动内涵。从中游活动的开展同时验证上游的思路，及时总结并朝着实现经营利润的目的矫正。如从参与活动的受众分析，得出我们针对性的服务群体，使下游活动尽可能符合这一部分观众趣味，建立稳定受众群体。

广度：项目设置可突破更多的空间与时间。考虑到基于朝阳公园一处作为活动载体，表演时间只有5天，应扩大国内更多地区的展示空间、延长展示时间，包括演艺活动的复制和异域风情的民俗、建筑等模型。在此之中，要注意增添民众可参与环节，参与到活动节目的设计并推广到其他地区，形成系列汇演。

力度：流动空间与固定场所相结合。与商家沟通，开拓多种展销，以风情节作为气氛烘托和广告宣传，进行商品销售；如开设实体经营场所，如可依托某大使馆建设该国建筑风格、装饰该国风情的宾馆、餐厅等，甚至可以以此作为演出基地，在观众用餐中体验该国风土人情和精品演出。“风情节”品牌的长期维系和持续开发需要三个层次的工作：第一层次是品牌的宣传，比如商户的密集使用带来的持续影响和消费者的口碑；第二层次是品牌的开发，包括带有风情节Logo的纪念品、印刷品，模式化合作过的海外机构在国内市场的开发和经营等；第三层次是品牌热度的保持和升华，比如延续“风情节”的公益活动的年度影响，创办“风情节”节庆论坛用以延伸品牌在行业中影响力等。

深度：挖掘引进活动项目的文化内涵和精神象征。考察制作或引进能表现其特色的文化产品，援请专家学者艺术人，开展针对特定范围内的中西方文化交流学术论坛、艺术家沙龙等，以文化氛围烘托商业营销。

通过“三度”，内在地深化延长节庆产业链发展方向。掌握好“三度”，将是决定未来节庆产业能否立足于文化产业之林的重要因素。

参考文献

[1]张立波，陈少峰．文化产业的全产业链商业模式何以可能[J]．北京联合大学学报(人文社会科学版)，2011，11(4)：94－98.

[2]王春雷，赵中华．2009中国节庆产业发展年度报告[M]．天津：天津大学出版社，2010：24.

[3]吴金明，邵昶．产业链形成机制模型——“4+4+4”模型[J]．中国工业经济，2006(4)：36－43.

[4]董承华，王莹莉．产业链研究：发展文化创意[J]．北京工业大学学报(社

会科学版),2013,12(2):30 - 33.

[5][英]贝拉迪克斯. 被展示的文化——当代"可参观性"的生产[M]. 冯悦,译. 北京:北京大学出版社,2012.

[6]王春雷,赵中华. 2009 中国节庆产业发展年度报告[M]. 天津:天津大学出版社,2010:38.

互联网文化产业发展新格局

New Pattern for the Development of Internet Cultural Industries

陈少峰①

Chen Shaofeng

摘要：文化产业在互联网平台上正获得蓬勃发展，迎合了中国经济转型发展的时代要求。随着互联网与文化产业进一步的发展，互联网文化产业将颠覆传统的传媒文化产业，逐渐将呈现十大发展趋势：大平台的优势发展；互联网的大融合；集团化、舰队化的企业聚集形态；大范围、多领域的线上线下整合；视频产业的大发展；植入现象的常态化；大市值的互联网文化企业的出现；研发现象在互联网文化产业领域的兴起；互联网文化产业的创新趋势；蓬勃兴起的创业热潮。

关键词：互联网；文化产业；问题；发展趋势

Abstract: Cultural industries are booming on the platform of Internet, which has met the requirement of the times during the transitional development of China's economy. Along with the further development of the Internet and the cultural industries, the Internet cultural industries will subvert the traditional cultural and media industry, presenting ten development trends: the advantage of development on bigger platform, the Internet integration, the gathering of enterprises in groups or fleets, large - scale and multi - field integration of online and offline business, the flourishing of video industry, the normalization of built - in advertise, the emergence of Internet cultural enterpri-

① 陈少峰，博士，北京大学哲学系教授、北京大学文化产业研究院副院长、国家文化产业创新与发展研究基地副主任，主要研究伦理学、管理哲学和文化产业等。

ses with huge market value, the rise of research and development in the field of Internet cultural industry, the trend of innovation in Internet cultural industry, and entrepreneurial boom.

Key words: Internet; cultural industries; question; developing trend

文化产业在互联网平台上正获得蓬勃发展，预计到2015年底，互联网平台上的文化产业公司的市场价值大概会占到中国文化产业的70%，也就是说，互联网文化产业颠覆了传统的传媒文化产业。文化产业现在有两个大趋势：一个是互联网文化产业，一个是文化旅游。事实上，互联网文化产业基本上能涵盖文化旅游，互联网文化产业的产业结构与传统形态相比发生了巨大的变化，我们只有把握了互联网文化产业的发展趋势，在趋势的视野下才能更好地对商业模式进行思考。

首先要思考几个问题，第一个问题关于"互联网+"的含义，精通互联网首先应该像互联网人一样思考互联网需要什么样的文化消费。例如在阅读方面，"互联网+"不是要把报纸放在互联网上就可以了，而是要把报纸抛在一边，重新思考如何在互联网上进行全新的新闻出版。第二个问题关于互联网思维，互联网思维不是一般而言的极致、口碑、专注等，这些仍然属于传统的企业文化。笔者认为互联网思维最大特点就是无边界，可以把互联网比喻成太平洋，我们可以在互联网这篇海洋上做任何想做的商业规模，可以在太平洋上成为鲸鱼，也可以成为舰队，互联网的太平洋有时候风平浪静，有时候又巨浪翻天，这是我们需要把握的互联网思维。第三个问题关于互联网文化产业的性质，互联网文化产业是在互联网平台上的文化产业，是以互联网作为平台或者在这个平台上发生的关于文化产业的交易。第四个问题关于互联网文化产业园，互联网文化创业可以集聚，我们以前称其为高新技术园，今后可以形成互联网文化产业园。在互联网文化产业园里，可以进行创业、创投和创投辅导，它可以把创客、创业融合、创业投资全部融合在一起。

在理解上述关于互联网文化产业的基本问题后，笔者认为互联网文化产业当下有十大发展趋势。

第一个发展趋势是大平台的优势发展。互联网是无边界的平台，不受时间和空间的限制，包括移动互联网在内的互联网有一个非常宽广的宽度和一种程式化的高度，互联网上可以做任何我们平时做的事情，除了现场体验之外，电商、技术、娱乐、传播、金融、教育、营销、社交都可以，传统的商业项目都可以搬到互联网上开展。在这个平台上，企业经营的模式也发生了变化，商家大多采用多样化经营，企业在互联网平台上往往呈现为舰队式的企业集团，比如阿里巴巴（后简称阿里）是一个航空母舰，边上有好多护卫舰、驱逐舰等各种舰艇，对于互联网文化企业而言，单独的一艘航空母舰是不敢出海的，因此大型互联网企业会收购其他企业形成一种舰队式的结构，比如腾讯就与京东形成一种舰队结构。互联网上有文化产业的要素，也有非文化产业的要素，各种各样的行业都能整合在一起，比如淘宝原本主要销售非文化产品，但现在也开始涉足电影票的销售，淘宝说不定会成为最大的电影集团。需要澄清人们的一个错误认识，新媒体不是互联网，新媒体只是互联网的一种功能，所以，互联网远远比新媒体大很多很多。如果我们把互联网比作十万层的高楼的话，那么每一层都卖一种产品，有新闻，有鞋子，有口红，有报纸，在互联网上绝对不能只卖一种东西，而必须卖尽可能多的产品。换句话说，如果在互联网上只做新闻的话，那这个企业就违背了互联网的规律，因为互联网的规律是适合卖各种东西，只卖一种新闻的企业是无法与淘宝这些多样经营的互联网平台相竞争的，因为只要某一天淘宝也卖新闻那就可以排挤掉其他竞争者。当然，也有例外情况，如果要在互联网上只卖一种产品，那这种产品就必须是独家的。归根结底，互联网上只能卖大众化的商品，这是非常重要的特征。所以，我们要把互联网平台当成一个包罗万象的大卖场，然后通过卖场掌握了消费者的大数据，从而进行更精准的销售，所销售的产品要么是多样化的，要么是独家的，这两个是互联网平台的产品特点。

第二个发展趋势是互联网的大融合。在互联网上所有东西都是融合的，比如技术和金融需要融合在一起，硬件终端、入口、内容也需要融合在一起。与互联网有关的项目必须融合，不融合就会被互联网排斥。所以，围绕着互联网首先有新硬件，新硬件进一步促进了其他产业的融合，比如当我们拥有了穿戴设备之后，远程医疗、物联网、汽车产业、云技术、视频产业都会融合在一起。所以，文化企业在互联网领域需要上下游相互协商，上游的电影生产必须要与下游的衍生产品开发进行融合，下游的衍生品企业必须清楚电影生产的内容才能更好的开发衍生产品。不同的平台在互联网领域可以组合在一起，形成一种组合平台。

第三个发展趋势是集团化、舰队化的企业聚集形态。在互联网上发展的企业大多情况下没办法写商业计划书，因为其很难预测自己的潜在竞争对手是谁，比如某人投资了电影，投资的时候他的竞争对手并不包括阿里，但是阿里发现这个电影很赚钱的时候，阿里马上就可以进入电影领域成为那些传统电影公司的竞争对手，阿里、腾讯、Facebook 在互联网领域都是潜在的竞争对手。所以，互联网企业没有商业计划书，只有商业模式，互联网企业不能预测竞争对手是谁，只能预测自己的商业模式能不能成功。但是在互联网上，企业商业模式能不能成功取决于企业有没有合作伙伴，单独一艘航空母舰是无法在太平洋上生存的。因此，企业在互联网上必须形成企业联盟才能生存下去，互联网用合作替代了竞争，包括 BAT 在内的互联网企业都越来越重视合作了，大企业都抱在一起，阿里与华谊兄弟合作，大企业对小企业也不是采取竞争压倒的方法，而是通过投资、并购、收购来进行全面的合作。所以说，企业集团化、舰队化成为互联网领域的基本企业聚集形态。

第四个发展趋势是大范围、多领域的线上线下整合。参与资源整合的互联网的企业作为一个产业整合者一般会有两种身份，一种是自我整合，另一种是被整合对象。笔者认为 O2O 有 4 句经典的语言：第一，想做 O2O 的人都是想骗人的人；第二，线上线下可以形成商业模式；第三，在拥有线上线下的情况下企业可以自己骗自己，企业有独家的产品，那么企业可以同时在线上线下进行营销，但是线上线下的产品不能是大众的，并且如果只做线上不做线下，那么企业的成本就会加倍；第四，如果企业只有线下，并且线下商场的规模很大，那么企业要进入线上是十分困难的，不管骗别人还是想被别人骗都没有办法进入互联网领域。线上整合线下的资源整合发生在营销、金融等多个方面。线上整合线下，意味着企业要成为主动的资源整合者，不然企业就会被其他企业所整合，被整合的命运就是被削足适履，元气大伤了。从上游做到下游，从线上做到线下，如果没粉丝的话就作为一个平台运作者把其他企业整合在一起，目前中国互联网还是平台为王。在这个过程中最大的问题就是很多人觉得重点不是“互联网 +”，而是“ + 互联网”，笔者认为这是错的，行业加不了互联网，我们必须先懂互联网，然后在互联网的基础上寻求传统行业的发展空间，而不能简单地在传统行业基础上叠加互联网。很多传统行业的人无法进入互联网，这是因为传统行业的人一定要以硬件等看得见摸得着的东西为准，他们只愿意为硬件投资，一个商业模式无法让这些传统行业的人掏钱，这种思维惯性是与互联网相冲突的。

第五个发展趋势是视频产业的大发展。互联网正在由文字时代转为视频时代，内容为王的特征越来越明显，所以，互联网文化产业需要非常多的内容，这催生了 IP 热，即知识产权热。现在所谓的 IP 热其实就是改编热潮，很多网络文学或网络游戏被改编成网络剧，也有把网络剧改成网络游戏的情况。现在 IP 改编很流行，但是其改编的内容都是利用现成的 IP 资源，然而现成的 IP 资源是很有限的。中国的影视公司都在抢夺几个有限的 IP，做得不错的动画片大多利用了传统的 IP 资源，2015 年十分成功的国产动画电影《大圣归来》也是改编了传统的 IP，因此，如何开拓新的 IP 资源是我们现在面临的很大问题。当然，今后互联网文化产业领域会有很多视频营销，现在的很多微电影、网络剧等视频都会涉及商品营销，观看者可能会一边看视频一边购物。笔者认为对于视频网站而言，最好的商业模式类似于湖南卫视的芒果电视台——平台 + 部分自己制作的内容，这是未来视频网站最好的商业模式。在互联网的视频时代，视频网站不能仅仅做一个大而全的门户网站，而是要在平台上拥有一部分属于自己的内容，平台 + 部分自制的内容是最好的商业模式。

第六个发展趋势是植入现象的常态化。游戏、视频在互联网上都可以植入广告，可以说互联网是无处不植入的。比如社交应用微信最近也开始不断地插入广告，通过朋友圈推销产品。从植入方式的角度看，有自主的植入，也有合作的植入，有的网络营销是以植入为主的，几乎所有的电商都是以植入为主，然后再卖产品，比如把鞋子变成范冰冰等影视明星的衍生产品，消费者就会愿意去购买明星的衍生产品。今后的电商很可能都会先植入广告，然后再进行销售，如此可以实现中国销售行业的产业升级，只有拥有自己的品牌，就会拥有独家的定价权，产品的价格也会高很多。

第七个发展趋势是大市值的互联网文化企业的出现。在互联网领域，产业集中度是较高的，BAT 每年都增长百分之几十，部分领域增长百分之几百。今后互联网企业将把文化产业作为主要的利润增长点，例如，在文化产业方面，腾讯的优势是游戏，百度的优势是广告，阿里的优势是大娱乐，互联网公司可以涉及几乎所有的文化产业的门类。对于互联网文化企业而言，利润可能不再是一个问题了，企业不一定赚钱越多市值才高，我们关注的是企业的发展前景和市场定位。换句话说，企业哪怕现在不赚钱，但只要拥有好的商业模式或新型商业模式，那么企业在新的商业模式中不一定要现在赚钱，但人们相信它在未来收益，那么它同样会拥有很高的市值。例如京东已经亏了十年了，但京东的发展越来越好，市值也越来越高，京东可以利用市值出让一部分股份或者抵押贷款或者发行债券等各种各样的方式进行融资，这就是新的商业模式。

第八个发展趋势是研发现象在互联网文化产业领域的兴起。包括网络剧、游戏、网络文学在内的各种 IP 都需要我们进行研发，今后的自主产品和自主的 IP 将会是一个很重要的方面。主要有两个方面需要注意研发，第一是要卖大众的产品，第二是要卖独家的产品。此外，企业要通过研发不断地创新自己的产品。所以，对于互联网文化企业而言，研发投入和设计投入将会增加很多，所有互联网产品的营销模式都需要进行研发设计。整个互联网文化产业的结构都是由企业自己来设计开发的，进而形成一种设计 + 内容播出 + 明星经济 + 粉丝 + 衍生品的消费的研发链条。所以，互联网文化产业领域的研发不是一个简单的产品研发，其研发必须面向消费者，面向衍生产品来做前端的设计，这需要整个研发环节贯穿各种创意，这样做出来的东西才能吸引粉丝。

第九个发展趋势是互联网文化产业的创新趋势。在研发的前提下，互联网文化产业会呈现出很多创新趋势，包括大公司的创新，小微企业的创新，还有各种商业模式创新。比如直播商业模式，明星通过网络演唱歌曲，他的粉丝交十块钱，如果全国有一千万粉丝，一人十块钱就会有一亿元的收入。再比如大数据带动的模式创新可以实现精准营销，还有创业辅导模式，笔者认为对创业、创投的辅导能够让创业有更大的成功概率。所以说，最重要的创新就是商业模式的创新，商业模式创新是企业所拥有的自主竞争力，只要拥有好的商业模式，企业可以很长时间以后再盈利。

第十个发展趋势是蓬勃兴起的创业热潮。创新建立在创业的基础上，现在创业的成功率不太高。大家有没有看到全国很多百货业比较发达的城市现在都面临很大的压力，因为百货业现在没有税收，新增的电商的税收都交到杭州，交到北京，交到深圳的电子商务总部了，各个地方公司没钱交税，税收都转移到互联网很发达的地方，结果地方政府一着急就打算赶快发展电商，但地方政府越着急，这个地方的电商对大企业的依赖就越强，这就陷入了恶性循环。所以，地方政府急功近利的后果是很严重的，笔者认为做电商必须有四个步骤：第一步要有人进入互联网，成立互联网公司；第二步是要有人去做平台；第三步是依靠平台再开始做专门的电商平台；第四步才是电商交易。所以，发展电商必须把这四个步骤的问题都解决好，如果仅仅做电商，那么最后还是会依赖于阿里、京东这些大的电商平台，这是无法拥有自主生存能力的。所以，今后各地应该围绕互联网来支持创业活动，传统的文化企业要进行跨界，第一要进行创业，第二要成立互联网公司，第三打造平台，第四可以考虑电商平台，最后才能着手做电商，如此创业能够支撑地方政府的未来发展。

中国经济正进入转型发展的关键时期，改变经济发展方式成为当下以及未来中国产业的关键问题。而互联网文化产业的兴起、壮大恰恰应运了中国经济转型的时代要求，因此，我们有理由相信，在移动互联网的良好市场环境中，依靠政府的扶持政策，中国互联网文化产业拥有无限美好的未来，上述互联网文化产业的发展趋势会越来越明显，更多优秀的互联网文化企业会诞生，也孕育着中国发展的创新力量。